천명(天命)과 유교적 인간학

송인창(宋寅昌)

충남대학교 철학과를 졸업하고, 같은 학교 대학원에서 「선진유학에 있어서의 천명(天命) 사상에 관한 연구」로 박사학위를 받았다. 현재 대전대학교 철학과 교수이자 동양문화연구소 소장으로 재직하고 있다. 한국동서철학회 회장, 새한철학회 회장, 한국주역학회 회장, 한국동양철학회 회장, 2008년 제22차 세계철학자대회 한국조직위원회 부회장 등을 역임하였고, 현재 한국철학회 회장이다.

저서로는 『화해와 포용의 예학자 송준길』, 『기호유학의 융화정신』(공저), 『주역과 한국역학』(공저) 등이 있으며, 주요 논문으로는 「주역에 있어서 '감통(感通)'의 문제」, 「권시 공(公)사상의 철학적 체계와 융화정신」, 「퇴계 이발설(理發說)의 역학적 이해」, 「多夕 柳永模의 周易觀」 등이 있고, 역서로는 『오행, 그 신비를 벗긴다』가 있다. 시집으로 『不仁한 칼』이 있다.

천명(天命)과 유교적 인간학

초판 1쇄 발행 2011년 5월 1일

지은이 | 송인창
펴낸이 | 최원필
편　집 | 양상모, 이경은
펴낸곳 | 심산출판사
주　소 | 서울시 은평구 불광동 219-7 예은 101
전　화 | 02-357-0633
팩시밀리 | 02-357-0631
E-mail | simsan@korea.com
등　록 | 제1-2114호(1996년 11월 28일)
ISBN | 978-89-94844-08-4 93150

천명(天命)과 유교적 인간학

송인창 지음

심산

머리말

'천명(天命)'이란 말은 유교(儒敎)를 올바로 이해하려고 할 때 가장 기본이 되고 핵심이 되는 개념이다. 유교의 모든 이론과 주장은 천명을 근거로 하여 이루어지며 또 그러할 때만 진정한 의미를 갖기 때문이다. 천명은 인간을 초월해 있으면서, 동시에 인간의 생명과 인격성의 근원이 되고 인간의 인간다움을 밝혀주는 존재원리이자 당위원리이다. 공부자(孔夫子)가 "천명을 알지 못하면 군자가 될 수 없다"라고 한 말이나, "군자에게는 세 가지 두려워하는 것이 있다. 천명을 두려워하고, 대인(大人)을 두려워하고, 성인(聖人)의 말씀을 두려워한다. 소인은 천명을 알지 못하므로 두려워하지 않고 대인을 가볍게 여기고 성인의 말씀을 모독한다"라는 말을 통해서도 이 점은 어느 정도 확인된다. 이처럼 천명은 인간이 정말 인간답게 살아가기 위해서 반드시 깨치고 실천해야 할 궁극적 가치의 근거가 된다.

다시 말해서 '천명'은 인간 밖에 존재하는 권위도, 불가항력의 힘도 아니다. 인간의 주체적인 자각을 통해서 인간이 자신의 운명을 스스로 결정하고 또 주재해야 할 능력이다. 그러므로 '천명'을 운명적인 것으로만 보지 말고 인간의 실천적 사명이자 실존의 방식으로 이해하는 태도가 필요하다. 이를 바탕으로 우리는 도덕주체로서 인간의 위대함을 자각하고 사회적 존재로서 인간의 역할과 책임에 더 많은 관심을 기울여야 할 것이다. 비록 현실이 답답하고 고통스러워도 하늘을 본받아 자신을 강하게 단련시키고, 그것을 사회적으로 구현하는 성실한 삶이야말로 희망을 가질 수 있는 삶이 아닐까.

오늘 우리 사회는 과거에 비해 삶의 조건이 물질적으로 풍족해지고 편리해졌음에도 불구하고, 사람들은 참된 자아를 상실한 채 자신을 세계의 중심 또는 자기 행위의 창조자로 인식하지 못하고 있다. 그 결과 출생률은 저조해지고 자살률은 증가하는 양상을 보이고 있다. 경제논리로 삶의 질을 판단하고 미래를 계획하면서 희망이 없다는 말을 많이 한다. 과연 희망 없는 삶에 인격적 존재로서의 가치를 소진하는 것이 우리 삶의 모습일 수밖에 없는 것일까? 그렇지 않다면 우리는 자신이 어떤 존재인지 어떻게 살아야 할지 다시 한 번 진지하게 성찰해 보는 계기를 마련해야 할 것 같다.

저자가 천명을 화두로 삼아 철학적 방황을 하기 시작한 것은 대학원 석사과정에 입학한 무렵이다. 그 결과물이 1987년에 취득한 박사학위 논문 「선진유학(先秦儒學)에 있어서의 천명사상(天命思想)에 관한 연구」이다. 이를 저본으로 하여 거기에다가 살을 붙이고 뼈를 가지런히 한 것이 바로 이 책이다. 이렇게 보면 이 책은 강산이 두 번 이상 변할 정도의 기간 동안 천명에 매달린 내용을 담고 있다고 할 수 있다. 여기에는 저자 젊은 시절의 열정과 무모함, 눈물과 외로움, 지적 방황과 오만이 고스란히 녹아 있다고 감히 단언한다. 캄캄한 세월 속에 숨어 있던 학위논문을 다시 매만지던 지난 몇 달은 진심으로 자신의 학문의 부족함과 게으름을 뼈아프게 반성해야만 했던 시간들이었다. 그리하여 하루에도 몇 번씩 낯뜨거움과 무지함에 주눅 들어서 책 내는 일을 그만둘 것인가 말 것인가를 반복해서 묻고 답해야만 하였다. 그럼에도 불구하고 감히 이 책을 세상에 선보이게 된 데에는 나름대로 두 가지 이유가 있다.

하나는 천명사상에 관한 체계적인 연구서가 아직도 전무한 현금의 학계의 상황에서, 이 책이 우리 학계에 유학사상의 진정한 면모를 이해하는 데 도움이 될 것이라는 저자의 학문적 바람 때문이다. 다른 하나는 인간이란 무엇이며 어떻게 살아야 하는가에 대한 유교적 답변을 제시하여, 세상과 소통하고 또 사람과 사람이 진정으로 함께 어울려 살아갈 수 있는 대동(大同)의 세상을 만들고자 하는 철학자로서의 사회적 의무와 책임을 다하기 위해서이다. 뿐만 아니라 이 책은 『주역(周易)』「곤괘(坤卦)·문언전(文言傳)」의 "신하가 그의 임금을 시해하고 자식이 그의 아비를 시해하는 것이 하루아침과 하루저녁의 변고가 아니다"라는 말이 지극히 당연한 일처럼 되고, 인간세의 가치 기준이 이미 오래 전에 덕(德)보다는 재(財)가 되어버린 상황에서, 존재하는 모든 것들이 계량화·도구화되고 돈으로만 평가되는 세태에 대한 저자 나름대로의 저항의 몸짓이라고 할 수 있다. 이는 엄살도 아니고 그렇다고 겸사도 아니다. 이 책의 출판을 결심하면서 가진 개인적인 욕심이 있다면 앞으로 이 방면의 연구를 보다 진척시키고 심화·확대시켜 학술적인 면과 대중적인 면을 두루 갖춘 '유교적 인간학'에 관한 저술을 내는 일일 것이다.

이 책이 책으로서의 얼굴을 갖기까지 많은 사람들에게 큰 빚을 지고 말았다. 『주역』이 저자 인생의 중요한 부분이 되게 해준 지도교수 유남상 선생님, 철학에서 논리와 언어의 중요성을 일깨워 주신 신동호 선생님께 머리 숙여 감사드린다. 증산도 상생문화연구소 양재학 박사는 최근 완성된 원고를 다시 처음부터 꼼꼼하게 하나하나 짚어가며 읽어주는 수고를 아끼지 않았고, 건양대학교 김문준 교수, 대전대학교 도면회 교수, 그리고 제자 박태옥 교수와 이시우 강사는 헌신적인 노고와 애정을 기울여 미흡하고 문제투성이인 이 책이 세상에 나오는 데 결정적인 역할을 해 주었다. 미안스럽고 고마울 뿐이다. 저자와 같이 인생을 동반해 오면서도 이제껏 실망만을 안겨준 아내 이미숙 교수의 그 외로웠던 삶에 이 책이 작은 위로라도 되었으면 좋겠다. 한편 너무 일찍 유명을 달리 하신 아버님 · 어머님 두 분을 기억하며, 저세상에서도 이 책의 출판을 진심으로 기뻐해주시리라 확신한다. 끝으로 결코 경영에 보탬이 될 까닭이 없는 이런 종류의 학술적 출판을 기꺼이 허락하고, 번거로운 편집 작업을 통해 정성껏 갈무리하여 책으로 만들어준 심산출판사 최원필 사장님을 비롯한 직원 여러분에게도 뜨거운 감사를 전한다.

2011년 3월

용운골에서 송 인 창

차례

Ⅰ. 서론

인간은 본질적으로 사유하고 실천하는 도덕 주체이다. 인간은 세계를 인식 대상으로 파악하며, 자기반성에 의하여 자아를 깨닫고, 나아가서는 자아와 대상의 공통적인 존재 근거를 묻고 밝히려고 한다. 이처럼 인간이 사유하고 실천하는 존재라는 사실은, 인간이라는 도덕 주체가 '역사적 세계'라고 하는 객체에 대하여 어떤 물음을 던지고 그에 답하며 책임지는 것을 의미한다. 역사적 세계는 물론 지속과 변이를 본질로 삼는다. 현실적이고 역동적인 역사적 세계에 대한 이해와 관심, 그리고 실천적 의지를 가짐으로써 사람은 자신이 속한 '우리 사이와 우리 속에 직접적으로 현존하고 있는' 공동체의 위치와 성격을 올바로 파악할 수 있고, 그러한 파악을 통하여 현실을 넘어선 미래를 새롭게 창조할 수 있는 것이다. 그러므로 "영원한 진리에 대한 신앙은 옛것을 동화시키는 방법 속에서만 이루어질 수 있다"고 확신하면서[1)] 영원한 진리의 전통에서 나온

---

1) 칼 야스퍼스, 『소크라테스·佛陀·孔子·예수』, 황필호 옮김, 종로서적, 1980, 74쪽.

새로움을 삶의 본질로 여긴 최초의 철학자 공자(孔子)가, "전통을 좋아하고 숭상하는 정신[好古]"[2]을 강조했던 것은 상당한 설득력과 타당성을 지닌다.

이런 점에서 유가(儒家) 천명사상(天命思想)에 관한 연구는 과거만을 절대화시킴으로써 과거를 맹목적으로 미화시키고, 미래를 경시하여 창조적이고 살아있는 힘을 모두 마비시킨다고 비난하는 혹자들의 주장처럼 그렇게 무익하거나 시간을 낭비하는 일은 결코 아니라고 본다. 왜냐하면 오늘날 우리는 첨단 과학기술문명에 뒤따르는 환경오염과 생태계의 파괴, 물질주의 만연과 지나친 배금주의, 인간소외, 인륜상실의 도덕적 파탄의 시대, "지식의 양적 증가에도 불구하고 삶의 질적 향상에 필요한 인간에 관한 통합적이며 포괄적인 인식이 나타나지 않고 있는 상황"[3]에 직면하고 있다. 이러한 상황에서 '생명과 도덕적 실천'을 무엇보다 중요시하는 인간 중심의 철학[4]인 유가사상의 핵심이요, 유교사상의 종지(宗旨)라 할 수 있는 '천명사상'에 대한 올바른 이해와 해석은 우리의 분열된 인격과 정신을 회복시키고 참된 '사람다운 사람'의 모습을 발견하는데 기여할 수 있는 하나의 처방이 될 수 있을 것이라고 믿기 때문이다. 그러므로 공자가 "오십에 천명(天命)을 깨달았다"[5]고 하고, "천명을 알지 못하면 군자(君子)가 될 수 없다"[6]라고 한 말은 오늘날 현대인들이 다시금 성찰해야 할 철학적 과제가 아닌가 생각된다.

일본학자 다카다 신지(高田眞治)나 현대 중국학자 펑위(馮寓)가 지적하였듯이,[7] 천명(天命)의 문제는 중국 전통철학이 해결하고자 하였던

2) 『論語』, 述而. "述而不作, 信而好古."
3) 林孝善, 『삶의 政治思想』, 한길사, 1996, 17쪽.
4) 牟宗三, 『中國哲學的特質』, 台北: 學生書局, 1978, 11쪽 참조.
5) 『論語』, 爲政. "五十而知天命."
6) 『論語』, 堯曰. "不知命, 無以爲君子也."

가장 중요한 과제 중의 하나였다. 특히 유가 천명사상은 실로 동북아 문화권에서 그 사상적 근간이 되는 것이라고 할 수 있는데,[8] 이에 대한 연구는 일체의 유가사상의 해명에 있어서 선행되어야 할 문제이고, 또한 그만큼 중요하고 값진 일이다.

종래의 유가 천명사상에 대한 연구는 대개가 개설적인 것이 많고 그 내용에 있어서도 순수철학적인 연구보다는 역사학, 문화인류학, 종교학, 정치사상적 입장의 연구가 많은 것 같다.[9] 유가 천명사상의 본질·전체

---

7) 高田眞治, 『支那思想の展開』, 第一卷, 東京: 弘道館圖書株式會社, 1944, 1~2쪽 참조; 馮寓, 『天與人』, 北京: 重慶出版社, 1990, 2쪽 참조.

8) 郭沫若, 『天の思想』, 東京: 岩波書店, 1935, 3쪽 참조.

9) 이에 관해 그간의 국내외의 주요 연구 성과로는 다음과 같은 문헌을 들 수 있다. 杜而未, 『中國古代宗教研究』, 台北: 學生書局, 1978; 李 杜, 『中西哲學思想中的天道與上帝』, 台北: 聯經出版事業公司, 1978; 楊慧傑, 『天人關係論』, 台北: 大林出版社, 1981; 施湘興, 『儒家天人合一思想之研究』, 台北: 正中書局, 1981; 傅佩榮, 『儒道天論發微』, 台北: 學生書局, 1985; 朱天順, 『中國古代宗教初探』, 中和: 谷風出版社, 1986; 郭洙若, 『天の思想』, 東京: 岩波書店, 1935; 赤塚忠, 『中國古代の宗教と文化』, 東京: 角川書店, 1977; 池田末利, 『中國古代宗教史研究』, 東京: 東海大學出版會, 1981; 穴澤辰雄, 『中國古代思想論考』, 東京: 汲古書院, 1982; 平岡武夫, 『經書の成立』, 東京: 創文社, 1983; 安炳周, 『儒教의 民本思想에 관한 연구』, 성균관대학교 박사학위논문, 1986; 金能根, 『天思想之史的考察』, 崇實大學, 1969; 주재용, 『선유의 천주사상과 제사문제』, 서울: 가톨릭출판사, 1988; 王志躍, 『先秦儒學史槪論』, 台北: 文津出版社, 1998; 向世陵·馮寓, 『儒家的天論』, 北京: 齊魯書社, 1991; 馮寓, 『天與人』, 北京: 重慶出版社, 1990; 江曉原 外, 『天人之際』, 上海: 古籍出版社, 1994; 陳來, 『古代宗教與倫理』, 北京: 三聯書店, 1996; 王治心, 『중국 종교사상사』, 전명룡 옮김, 서울: 이론과 실천사, 1988; 김승혜, 『原始儒敎』, 서울: 민음사, 1990; 배옥영, 『周代의 上帝意識과 儒學思想』, 서울: 다른생각, 2003; 宋寅昌, 「先秦儒學에 있어서의 天命思想에 관한 연구」, 충남대학교 박사학위논문, 1987; 劉岱 主編, 『敬天與親人』, 台北: 聯經出版社業公司, 1986; 張懷承, 『天人之變』, 湖南: 教育出版社, 1998; 양국영, 『유교적 사유의 역사』, 황종원 외 옮김, 서울: 유교문화연구소, 2006; 佐藤貢悅, 『古代中國天命思想の展開』, 東京: 學文社, 1996; 이재봉, 「中國哲學에 있어서의 天人合一論에 관한 연구」, 부산대학교 박사학위논문, 1990; 劉勝鐘, 「先秦儒家의 天思想研究」, 동국대학교 박사학위논문, 1990; 張永伯, 「古代 中國人의 天觀研究」, 연세대학교 박사학위논문, 1994; 孫世濟, 「天道觀의 變遷에 관한 연구」, 성균관대학교 박사학위논문, 1997; 朴美羅, 「中國祭天儀禮研究」, 서울대학교 박사학위논문, 1997; 李世鉉, 「先秦儒家의 天人關係論 硏究」, 성균관대학교 박사학위논문, 2000; 미조구치 유조, 『개념과 시대로 읽는 중국사상 명강의』, 최진석 옮김, 서울: 소나무, 2004; 최영선, 「『中庸』의 '天'思想 연구」, 대구가톨릭대학교 박사학위논문, 2008; 李杜, 「中國古

적 이론체계에 걸친 연구보다는 천명사상에 대한 종교·역사적인 고찰이나, 정치적 천명사상, 도덕적 천명사상 등의 특정한 부분의 연구가 대부분이다. 그러나 유가의 천명사상을 올바로 이해하려면 존재론적 입장에서 고찰을 시도해야 할 것이다. 그러기 위해서는 천명과 인간본질은 무엇이며, 천명의 주체적 자각은 어떻게 가능하고 실현되는지 구명해야 할 것이다.

이 글은 선진유학(先秦儒學)에 있어서 천명을 인간성명(人間性命)의 근원 및 인간존재의 근거로 자각하기까지 사상적으로 어떤 변천과정이 있었으며, 천명의 자각 주체로서의 인간존재의 근본 구조는 또한 무엇이고, 사람은 '왜, 어떻게' 그 천명을 자각·구현하는가 하는 문제를 시대적 연관 속에서 조명하여 드러내고자 하는 데 그 의도와 목적이 있다.

이 글의 주요 관심사는 하늘의 지고한 도덕원리와 우주적 보편 가치를 직간접적으로 한 몸에 지닌 모든 물음의 주체요, 모든 논의가 궁극적으로 회귀해야 할 인간의 문제에 집중되었다. 따라서 천명을 자각하는 주체로서 인간존재의 본질구조 내지 자각방법 등을 해명하는 데 보다 많이 경주(傾注)될 것이다.

널리 알려진 바와 같이 유학은 많은 사람들에 의해 인간주의·도덕주의·현세적 합리주의 등의 특징을 지니는 것으로, 또한 그것을 당연한 것처럼 받아들여 왔다.[10] 물론 그것은 부정할 수 없는 사실이다. 그러나 유학의 본령에는 인간, 도덕, 합리성 등의 개념만을 가지고는 한정지을 수 없는 세계가 엄연히 존재한다. 그것이 바로 천명이라는 세계이다. 천명은 인간과 자연의 세계를 초월한 것이며, 동시에 인간의 생명과 인격

代天道思想論」, 台北: 藍燈文化事業股份有限公司, 1996.

10) 田丸德善, 「儒教的思維の特質」, 山峯鳥旭雄編, 『東西思維形態の比較研究』, 東京: 東京書籍, 1977, 216~217쪽 參조.

성의 근원이고, 자연의 질서와 법칙을 주재하는 존재이기도 하다. 『시경』의 "하늘이 만민을 낳으시니 모든 사물에 법칙이 있게 하였다"[11]라든가, 『논어』의 "하늘이 나에게 덕을 주셨다",[12] 그리고 『맹자』의 "자기 본성을 깨달음이 곧 하늘을 깨닫는 것이다"[13]라는 구절이나, 『중용』의 "하늘이 품부한 것을 성(性)이라고 이른다"[14] 등에서 볼 수 있는 것처럼 천명은 인간성명의 근원이며 인간도덕의 근거이다.

인간이 천명을 주체적으로 자각하는 일은 유가의 가장 근원적인 체험이며 선진유학(先秦儒學)의 본래 정신이기도 하다. 여기서 비로소 천명의 자각주체(自覺主体)로서의 인간이 중요한 문제로 제기될 수밖에 없다. 더욱이 역사적 행위의 주체임을 자각한 참된 자아는 궁극적으로는 단독자(單獨者)인 인간이다. 단독자란 그 낱말이 가리키듯이 불가분할(不可分割)을 의미한다. 불가분할자는 적극적으로는 통일성이며 따라서 일자(一者)요, 자기 자신과의 동일성이다. 그것은 타자와 교환되지 않고 반복되지도 않으므로 존엄성 그 자체이다.[15] 공자가 "삼군의 장수는 빼앗을 수 있으나 필부의 지조는 빼앗을 수 없다"[16]라고 말한 것은 그 단적인 표현이다. 그러한 이유에서 우리는 유가 천명에 관한 논의가 새로운 정향(定向)에 근거하여 이루어져야 하고, 아울러 유가적 사유의 특징도 인간 주체성의 입장에서 찾아야 한다고 확신한다.

이 책에서는 선진유학에서의 천명은 도대체 어떠한 의미와 성격을 가지고 있는지 고찰함에 있어, 먼저 천을 인간성명의 근원으로 이해하게

---

11) 『詩經』, 大雅, 烝民. "天生烝民, 有物有則."
12) 『論語』, 述而. "天生德於予."
13) 『孟子』, 盡心章句上. "知其性則知天矣."
14) 『中庸』, 第一章. "天命之謂性."
15) 蘇光熙, 「時間과 時間意識」, 서울대학교 박사학위논문, 1977, 2쪽 참조.
16) 『論語』, 子罕. "子曰 三軍可奪帥也, 匹夫不可奪志也."

되는 사상적 발전과정을 살펴보고, 다음으로 천의 자기시현(自己示顯)으로서의 천명과 천(天)·인(人)의 성명(性命)적 연관성 위에서 규정되는 인간의 인격적 본질의 문제, 그리고 천명의 자각주체로서의 인성(人性)과 인간의 본래적 덕성에 바탕을 둔 천명의 도덕적·정치적 구현문제 등에 접근하고자 한다.

이 과제를 달성하기 위하여 다음과 같은 네 가지 문제를 중점적으로 다룰 것이다. 여기에서 얻어지는 성과 여하에 따라서 유가적(儒家的) 사유(思惟)의 특징과 선진유학의 진면목에 관하여 어느 정도 새로운 전망을 확보할 수 있으리라고 생각된다.

① 천(天)은 인간성명(人間性命)의 근원이다.

② 사람다움의 본질은 인간성명에 있고, 사람은 그것을 자각할 수 있다.

③ 인격성의 구현은 사람다워짐이다.

④ 인격성과 천은 일치한다.

이 글에서 다루어지는 자료는 선진유가의 기본 경전인 사서오경(四書五經)을 중심으로 할 것이며, 후대 학자들의 주석서는 일단 참고하되 거기에 첨가된 후대사상은 가급적 배제하고, 선진유학의 진면목을 탐구하는 데 도움이 되는 것만을 취할 것이다. 다만 유감스럽게도 전제해 두어야 할 것은 가능한 한 광범하게 관련 자료를 수집하고자 노력하였으나, 필자의 노력이 부족해 만족할 만한 조사를 했다고 장담할 수 없는 점이다. 그러므로 이 글은 새로운 자료가 나올 때마다 수정 또는 보완할 여지를 많이 담고 있다.

하지만 이제까지 조사 분석한 결과만으로도 유가 천명사상의 진면목을 밝히는 데 있어서 그 대체적인 윤곽을 드러냈다고 생각한다. 아울러 위에서도 밝힌 바처럼 '유가 천명사상'이 우리의 역사적 현실과 무관하지 않다는 데에 보다 실제적인 연구관심을 두었던 까닭으로, 서술의 비중이 실천적인 측면에 더 많이 쏠려 있음을 지적해 두고자 한다.

따라서 유가철학을 구체적 역사 · 사회현실에서 추출하여 단지 형이상학적으로만 이해하려고 하는 이들에게 이러한 입장은 아마도 지나치게 압도적이거나 무의미한 것으로 보일지도 모른다. 그러나 철학이 아무리 오묘한 독자적 세계와 원리를 가진다 할지라도 결국 도덕 주체인 인간의 사회적 실천의 문제로 귀결된다. 그리고 철학의 관심이 궁극적으로 삶의 문제 해결에 있는 것임을 감안한다면, 진리는 인간이라는 존재가 하늘을 본받아 자신을 강하게 단련하는 노력을 통해 실현된다고 한다면[17] 우리의 물음은 정당하고도 본질적인 것이리라 여겨진다.

---

17)『周易』, 乾卦, 大象傳. "象曰. 天行健. 君子以自彊不息." 참조.

II. 천사상(天思想)의 변천과 천명사상의 형성

1. 중국 상대(上代)의 천관(天觀)

천명사상이 유가의 중심적이고 근원적인 사상으로 확립되고 발전되기까지는 오랜 역사적 전통과 연원을 가지고 있다. 중국 상대(上代)의 천명사상은 일반적으로 자연신관(自然神觀)에서 비롯된 원시종교신앙에 그 연원을 두고 있는데, 이는 당시 한족(漢族)의 지리적인 환경과 지식수준, 생활조건에서 온 필연적인 결과였다.

중국 상고의 초매(草昧) 시대에서 한족의 정신생활을 강하게 지배하던 자연숭배, 즉 천지자연 사물에 어떤 정령이나 영력이 존재한다고 믿어 이를 경배하던 소박한 사고방식이나 종교심리는, 인지(人智)의 발달과 경험의 축적에 따라 낱낱의 자연 현상을 통합하고 이를 체계적으로 관찰함으로써 우주 전체를 통할하는 절대지고의 권능을 가진 영적 존재자가 있음을 상정하기에 이르렀다.[1) 『서경』과 『주례』의 다음 대목도 같은 의미로 이해될 수 있을 것이다.

> 드디어 상제(上帝)께 유제사(類祭祀)를 지내시며, 육종(六宗)에 인제사(禋祭祀)를 지내시며, 산천(山川)에게 망제사(望祭祀)를 지내시며, 군신(群神)에게 두루 제사를 지내셨다.[2]

> 길례(吉禮)로써 국가의 인귀(人鬼)와 천신(天神)과 지시(地示)를 섬기고, 인제사(禋祭祀)로써 호천(昊天)과 상제를 제사 지내고, 실시(實柴)로써 일월성신에게 제사 지내고, 유료(槱燎)로써 사중(司中)·사명(司命)·풍사(飌師)·우사(雨師)에게 제사를 지낸다. 혈제(血祭)로써 사직과 오사(五祀)와 오악(五嶽)에 제사 지내고, 이침(貍沈)으로써 산천과 천택에 제사 지내고, 벽고(疈辜)로써 사방의 온갖 사물에 제사를 지낸다.[3]

자연계의 제신(諸神) 내지 우주 전체를 섭리 지배하는 신비스런 영적 존재자가 상제 또는 천이고, 그것을 숭배하는 신앙이 곧 경천사상(敬天思想)으로서,[4] 천명사상은 바로 이러한 경천사상에서 비롯된 것이라고 할 수 있다. 물론, 이 자리에서 우리가 사용하는 '천(天)'이라는 용어는 특정시대의 일회적 사조에 국한되지 않는 일반적 개념이다. 그 다기한 의미 변화를 모두 논의하기는 매우 어려우나, 대체로 물질적인 천과 주재적인 천의 두 가지 의미로 구별된다.[5] 하나는 물리적으로 존재하는

---

1) 狩野直喜, 『中國哲學史』, 오이환 옮김, 을유문화사, 1986, 61~71쪽 참조.

2) 『書經』, 虞書, 舜典. "肆類于上帝, 禋于六宗, 望于山川, 徧于群神."

3) 『周禮注疏』 권18, 大宗伯. "以吉禮事邦國之鬼神, 以禋祀祀昊天上帝, 以實柴祀日月星辰, 以槱燎司中司命飌師雨師, 以血祭祭社稷五祀五嶽, 以貍沈祭山林川澤, 以疈辜祭四方百物."

4) 高田眞治, 『支那思想の研究』, 東京: 春秋社, 1940, 14~18쪽 참조.

단순한 의미의 천이고, 다른 하나는 인간의 행위를 감시하고, 상벌을 주는 절대적 인격으로서의 실재이다.[6] 그러나 경천신앙의 대상이 되는 것은 주재적인 천의 경우임은 더 말할 나위도 없다. 여기에서 천은 인간과 만물의 시원자(始源者)로서[7] 절대적 권능을 인간과 자연에 행사할 수 있는 영력(靈力)을 보유한 지고무상의 초경험적 실재로[8] 종교적 숭배의 대상이 되었다. 이와 같은 경천사상은 철학적으로는 유신론적(有神論的)·유심주의적(唯心主義的)인 세계관에 해당하며,[9] 당우(唐虞) 삼대(三代)를 통하여 정치·도덕·종교·교육 등에 지대한 영향을 끼쳤던 것이다. 이러한 점은『시경』·『서경』·『역경』 등의 문헌과 금문(金文) 등의 기록까지 함께 살필 때 더욱 명료하게 확인된다.[10] 일본학자 다케우치 요시오(武內義雄)도 이와 비슷한 입론의 단편을 제시한 바 있다. 그에 의하면 고대 중국에서는 사람은 모두 천에서 태어났다고 하는 '천생증민(天生烝民)'의 사상이 민족 신앙의 중심을 이루며,[11] 유가의 천명사상은 경천사상의 전통에 근거하고 있다고 할 수 있다.

---

5) 穴澤辰雄은 經書에 보이는 天개념의 의미를 크게 物質之天·主宰之天·運命之天·自然之天·義理之天의 다섯 가지로 분류한 馮友蘭(『中國哲學史』, 上冊, 上海: 華東師範大學出版社, 2000, 35쪽)의 입장에 동조하면서 이 중 天의 原義에 가장 가까운 것은 物質之天과 主宰之天의 두 가지임을 밝히고 있다. 穴澤辰雄,『中國古代思想論考』, 東京: 汲古書院, 1982, 7쪽 참조.

6) 宮瀨睦夫,『東洋哲學の根本思想』, 東京: 目黑書店, 1941, 41~49쪽 참조.

7) 이 점은 다음의 자료들에서 뚜렷이 나타난다.
『詩經』, 大雅, 烝民. "天生烝民, 有物有則."『書經』, 周書, 金縢. "天大雷電以風."『禮記』, 禮運. "天生時而地生財."『孟子』, 萬章章句上. "天之生此民也."『詩經』, 小雅, 小弁. "天之生我."

8) 郭沫若의 다음 지적은 그 단적인 例이다. "天時의 風雨, 농작의 收成, 전쟁의 승패, 官職의 파면 등 모든 것을 主宰하고 있는 이 帝 또는 天이라는 것은 확실히 至上神을 의미하고 있다." 郭沫若,『天の思想』, 東京: 岩波書店, 1935, 4쪽 참조.

9) 楊榮國主編,『簡明中國哲學史』, 北京: 人民出版社, 1962, 4쪽 참조.

10) 出石誠彦,「天の思想」,『世界精神史の諸問題(二)』, 東京: 理想社, 1941, 107쪽 참조.

11) 武內義雄,『中國思想史』, 東京: 岩波書店, 1979, 5~7쪽 참조.

그러면 경천사상이 성립된 시기는 역사적으로 어느 때일까?

추상신(抽象神)이나 추상적 신권관념(神權觀念)의 출현은 인지(人智)가 어느 정도 발달한 뒤에라야 가능하다. 특히 절대신(絶對神), 지고무상(至高無上)한 존재의 출현은 지상의 인간 사회 내에 종교적 대상이 형성되고서야 가능하기 때문에, 중국에 있어서의 천이나 제(帝)의 출현은 대통일의 제국이 성립된 이후라야 가능했다고 할 수 있을 것이다.[12] 하상(夏商) 이전의 소박한 신의 관념은 원시시대와 다름없는 다신적(多神的) 미신사상으로 또 거기에는 인격적인 의미가 부여되어 있었다.

그런데 하상(夏商) 이후에 와서는 자연신적 주재자의 숭배가 이제 민지(民智)의 발달로 인하여 사상적으로 심화되고 이로부터 일련의 변화가 이루어져 점차 다신론에서 일신론적 경향으로 옮겨가게 되어 마침내 '천제(天帝)' 관념이 나타나게 되는데,[13] 이와 같은 지고신(至高神)의 출현은 대개 천자국(天子國)과 제후국(諸侯國)의 질서가 잡혀가는 은주지제(殷周之際)나 혹은 그보다 조금 이른 때라고도 할 수 있을 것이다.[14] 그러나 이는 어디까지나 그 대체를 개괄적으로 말한 것이고, 실로 그 사상적인 변화는 점진적인 것으로, 천(天)관념의 형성은 그 유래가 오랜 것이라고 보아야 할 것이다.

그런데 여기서 주의 깊게 살피고 넘어가야 할 것은 '생성(生成)과 주재(主宰)'의 두 가지 직능(職能)을 지니고 있으면서[15] 인간과 만물의 조물주로서의 권능을 행사한다는 주재적인 천, 즉 상제가 인간과의 관계에서 어떠한 의미를 가지며, 또 그 관념은 어떻게 변용되면서 천명사상으

---

12) 金忠烈, 『中國哲學散稿』, 汎學圖書, 1977, 5~7쪽 참조.

13) 馮友蘭, 앞의 책, 36쪽 참조.

14) 金忠烈, 「論'天'」, 『人文論集』, 第19集, 고려대학교 출판부, 1974, 3~5쪽 참조.

15) 穴澤辰雄은 天과 帝의 職能으로서 生成과 主宰의 두 가지를 들고 있다. 穴澤辰雄, 앞의 책, 27쪽 참조.

로 이어졌는가 하는 문제이다.

중국 고대인들의 '천'에 대한 관념에서 제일 기본이 되는 것은 일체의 주재자로서의 상제관념(上帝觀念)이다.[16] 그들은 사람의 생명은 천으로부터 받은 것이고, 또 천이 부여한 법칙이나 질서에 따라 삶을 영위해 나가야 한다고 믿었다. 이의 해명을 위해 '제(帝)'와 '천'[17]의 자의(字義)를 간략하게 살펴보자. 그 내용은 지금까지의 연구 성과를 토대로 하여 본 연구의 진행에 필요한 최소한의 윤곽을 마련하는 데 그쳐야 마땅할 것이다.[18]

'천(天)'자(字)는 복사(卜辭)나 금문(金文)에 의하면 天(복사)·天(금문) 등의 모양을 봐서 바로 알 수 있듯이, 사람이 직립하고 있는 형태이며 특히 두부(頭部)를 명확하게 표시한 글자이다.[19] 이런 방식으로 천을

---

16) 狩野直喜, 앞의 책, 61~71쪽 참조.

17) 上帝와 天을 구별하여 사용하는 학자들도 있다. 그들에 따르면 상제는 殷商人이 숭배하는 至上神이고 천은 周代人이 신앙대상으로 삼았던 최고신이다. 杜而未, 『中國古代宗教研究』(台北: 學生書局, 1978)와 楊筠如, 『荀子研究』(台北: 商務印書館, 1976) 그리고 朱天順, 『中國古代宗教與初探』(中和: 谷風出版社, 1986); 陳來, 『古代宗教與倫理』(北京: 三聯書店, 1996); 미조구치 유조, 『개념과 시대로 읽는 중국사상 명강의』(최진석 옮김, 서울: 소나무, 2004); 김충열, 『중국철학사』(서울: 예문서원, 2004); 劉明鐘, 「古代中國의 上帝와 天」(『哲學研究』 第二十五輯, 형성출판사, 1978) 등이 특히 주목된다. 그러나 본고에서는 천과 상제를 구분하지 않고 동일한 개념으로 사용하고자 한다. 그것은 상제나 천이 모두 종교적 절대성을 지닌 신앙 대상으로서, 주재자로서의 신성과 인격성을 포함한 개념이기 때문이다. 천이란 말과 상제라는 말이 같은 뜻으로 쓰인 예는 도처에서 발견되고 있는데, 다음 구절들은 그 좋은 전거라 할 수 있다. "皇天上帝, 則不我遺"(『詩經』, 大雅, 雲漢), "以昭受上帝, 天其申命用休"(『書經』, 虞書, 益稷), "皇天上帝, 改厥元子玆大國殷之命"(『書經』, 周書, 召誥), 그리고 『易經』 乾卦의 程傳에도 "夫天 …… 分而言之則以形體, 謂之天, 以主宰, 謂之帝"라 하여 天과 上帝가 同義語로 쓰이는 經緯를 단적으로 설명하고 있다.

18) 이하의 天과 帝의 語源에 대한 서술은 다음의 연구서를 종합하여 정리한 것이다.
安炳周, 「儒教의 民本思想에 관한 研究」, 성균관대학교 박사학위논문, 1986; 申東浩, 「先秦儒學에 있어서의 人本思想의 展開」, 『새마음論叢』, 創刊號, 충남대학교 부설 새마을연구소, 1977; 池田末利, 『中國古代宗教史研究』, 東京: 東海大學 出版會, 1981; 郭沫若, 『天の思想』; 穴澤辰雄, 『中國古代思想論考』; 傳佩榮, 『儒道天論發微』, 台北: 學生書局, 1985.

해석하는 실마리는 이미 『설문해자(說文解字)』에서부터 보였으나,[20] 이 주장이 본격화되어 '천'을 뇌천[腦天: 전정(顚頂)]으로 표시한 것은 왕궈웨이(王國維)의 석천[釋天: 관당집림(觀堂集林), 권6]에서 비롯되었다. 이처럼 널리 유포된 뇌천(腦天) 또는 전정(顚頂)설은 오늘날 천의 연구에서도 일반적으로 인정되고 있다.[21]

유가의 경전에 나타난 '천'이라고 하는 글자는 물론 다의적으로 해석될 수 있는 상징문자이다. 그것은 천공을 말하거나, 이케다 쓰에토시(池田末利)의 주장처럼[22] 천신(天神)의 의미이기도 하다. 중요한 것은 이들 모두가 뇌천 또는 전정을 원래의 의미로 한 '천'의 확대된 의미 내지 전의(轉義)라는 사실이다. 그리고 이때 '천'의 원초적 의미는 '생명력의 근원성', '절대적 존재인 천제의 구체적 표현', '인지(人智)로써 헤아릴 수 없는 불가지성(不可知性)' 등을 함축하는 상징적 이름이 된다.

다음으로 '제(帝)'자의 의미를 살펴 볼 필요가 있다. 주지하다시피 '제'자에 관한 이론은 한대(漢代) 이래 오늘날까지 학자들 사이에 현저한 이견의 흐름을 보여 왔다. 그 가운데서도 대부분의 학자들이 채용하고 있는 설은 두 가지이다. 그 하나는 '심체(審諦)하는 상제(上帝)'[23]라는 의미로 '제'자를 풀이하는 견해이고 다른 하나는 '인간의 시조'를 의미한다고 보는 경우이다. 전자의 경우에 속하는 학자인 가노 나오키(狩野直喜)의 견해를 들면, 그는 『설문해자』에 제는 '체(諦)'라고 말한 것과 『광아(廣雅)』에 시자(諟字)로써 '제'를 풀이한 바에 근거하여, "상제(上帝)가

---

19) 加藤常賢, 『漢字の起源』, 東京: 角川書店, 1970, 724쪽 참조.

20) 『說文』에 "天, 顚也, 至高無上, 從一大"라고 쓰여 있고, 段玉裁는 이에 注를 달아 "顚, 人之頂也"라고 하였다.

21) 穴澤辰雄, 앞의 책, 4쪽 참조.

22) 顚頂을 天神으로 이해하고 있는 그는 天과 神과는 원래 같은 근원의 글자임을 분명히 하고 있다. 池田末利, 앞의 책, 3쪽 참조.

23) 穴澤辰雄, 앞의 책, 12쪽 참조.

만물의 위에 있어서 이를 주재하고, 또 언제나 공평무사한 마음으로 백성들의 행위를 자세히 살펴서 그들에게 화복을 내린다는 의미로 '제(帝)'라 이름 지은 것이다"라고 한다.[24] 이렇게 이해할 때 '제'는 백성들을 독찰 주관한다는 뜻이다. 그리고 후자의 경우에 속하는 현대 학자로는 다케우치 요시오(武內義雄)가 있다. 그는 오늘날 많은 학자들이 채용하고 있는 청(淸)의 오대징(吳大澂)의 화체설(花蔕說)[25]을 통해 '제'를 인간의 시조, 즉 인간생명의 근원으로 파악하고 있다. 즉 "제라는 글자의 가장 원시적인 모양은 ▽ 혹은 ▼로서, 본래는 초목의 꽃이 지고 난 다음에 맺어져 있는 열매를 묘사한 것이지만 이 열매가 장차 초목을 싹트게 하는 종자를 저장하고 있다는 데서 초목발생(草木發生)의 근원을 나타내는 것으로 전주(轉注)되었고, 뒤에 다시 한 번 더 변하여 인간의 조상(祖上)을 나타내는 모습이 된 것 같다"[26]는 것이다. 그렇다고 할 때 '제'는 '인간이 말미암아 생기는 바'의 시조, 즉 인간생명의 근원을 의미하는 것이 된다.

이상의 천·제자에 대한 예비적 검토를 통해 우리는 두 가지 사실을 확인하게 되었다. 하나는 "천과 제는 동음일의(同音一義)"[27]로서, 어느 것이나 모두 영격(靈格) 내지 영성(靈性)을 지닌 존재라는 점이며, 다른 하나는 제(帝)·상제(上帝)·천(天)은 다같이 '생성과 주재'라는 이중 의미를 함축하고 있는 인간의 시조라는 뜻이다. 따라서 천이나 제는 물론

---

24) 狩野直喜, 앞의 책, 62~63쪽 참조.

25) 「殷墟卜辭研究」라는 논문에서 島邦夫는 帝字에 관한 諸說의 주요한 것을 "① 花蔕說(吳大澂說, 王國維說, 郭末若說), ② 束薪說(葉玉森說, 明義士說), ③ 祭器說(內野台嶺說, 出石誠說), ④ 標識說(森安太郎說)"의 4가지로 분류하고, 그 차이를 나누어 설명한 뒤에 결론으로서 "帝의 字形은 多種多樣하기 때문에 諸說에는 一長一短이 있고, 字形上으로 帝의 遡義를 정하는 것은 곤란하다"고 말하고 있다. 穴澤辰雄, 앞의 책, 11쪽에서 再引用.

26) 武內義雄, 앞의 책, 7쪽 참조.

27) 池田末利, 앞의 책, 38쪽 참조.

인격화된 의미라고 할 수 있다. 『시경』·『서경』의 다음 대목은 이를 좀 더 분명하게 해설하여 준다.

> 하늘이 만민을 낳으시니 모든 사물에 법칙 있게 하셨네. 백성들은 일정한 도를 지니고 아름다운 덕을 좋아하네.[28)]

> 위대하신 상제께서 백성들에게 올바름을 내리시어 언제나 떳떳한 성품을 가진 사람을 따르도록 하셨다. 그분의 길을 따를 수 있다면 임금 노릇을 제대로 할 것이요 …… 하늘의 법도는 착한 사람에게 복을 내리고 음탕한 자에게는 화를 내리는 것이니, 하(夏)나라에 재앙을 내리시어 그 죄를 밝히신 것이다.[29)]

> 하늘이 아래의 백성들을 살피실 때에는 정의(正義)로써 다스리니, 수명(壽命)을 내리심에 길고 짧음이 있다. 그것은 하늘이 사람들을 일찍 죽게 하는 것이 아니라 사람들이 천명을 중간에서 끊기 때문이다.[30)]

이를 보면 천은 지고무상의 권위를 가진, 인간과 만물의 시원자이며, 동시에 그것은 자체운행을 하면서 백성들의 행위를 심찰(審察)하여 명령을 내리며 만물을 생성 변화시키기도 하는 주재자이다. 여기에서 이해된 천은 탕쥔이(唐君毅)의 지적처럼 그 특징이 다음과 같이 네 가지로 요약·해석되기도 한다.

---

28) 『詩經』, 大雅, 烝民. "天生烝民, 有物有則, 民之秉彝, 好是懿德."
29) 『書經』, 商書, 湯誥. "惟皇上帝, 降衷于下民, 若有恒性, 克綏厥猷, 惟后, …… 天道福善禍淫, 降災于夏以彰厥罪."
30) 『書經』, 商書, 高宗肜日. "惟天監下民, 典厥義, 降年有永有不永, 非天夭民, 民中絶命."

① 원시(原始)의 천신신앙(天神信仰) 중에서 천은 항상 의인화된 인격으로 나타나는데, 그 성격은 움직이고 말하고 또 명령한다고 하는 점에서 인간과 동일하다.

② 천과 사람의 마음이 비록 통할 수 있으나, 외재성을 그 속성으로 하고 있는 천은 언제나 인간의 마음 밖에서 초월적으로 존재한다.

③ 천도 인간처럼 현실적인 욕구 · 욕망을 갖는다. 따라서 사람이 자신의 현실적인 욕구를 천에 반영시키고자 할 때에는 제사(祭祀)나 희생(犧牲) 등의 교역의식을 통해야만 한다.

④ 천은 인간의 외재적 화복, 즉 빈천, 부귀, 사생(死生), 이해(利害) 등을 상벌로 내려주고 결정해주는 자다.[31]

이렇게 볼 때, 인간 생명의 근원으로서 조물주적 의미를 가지는 천 또는 상제가 인간의 화복을 주관한다는 것과 숭배의 대상이 될 수 있다는 것은 실로 당연한 일이라 하겠다. 그런데 천은 인간에게 자기의지를 표현하게 되는데, 그것은 '명(命)'으로 나타난다. 또한 이 명은 반드시 지켜야 되는 불문율과도 같은 것이다.[32] 이러한 천의 명에 순(順)하느냐 불순(不順)하느냐에 따라 인간은 복을 받기도 화를 당하기도 한다. 왜냐하면 천은 항상 사람들이 그의 명을 올바로 수행하고 있는지 독찰(督察)하고 있기 때문이다. 또한 천명은 밝고, 아름다운 덕이 있으나 일정하지 않아 보존하기가 쉽지 않다.[33]

---

31) 唐君毅, 「論中國原始宗教信仰與儒家天道觀之關係」, 『中國哲學思想論集』, 總論篇, 台北: 牧童出版社, 1976, 174쪽.

32) 『詩經』, 周頌, 敬之. “敬之敬之, 天維顯思, 命不易哉, 無日高在上, 陟降厥士, 日監在玆” 참조.

33) 『詩經』의 小雅, 節南山之什과 『書經』의 虞書, 皐陶謨 및 같은 책의 商書, 湯誥 · 夏書, 胤征 참조.

이와 같이 천은 인간과 만물의 근원자로서 사람과 만물을 주재섭리(主宰攝理)하는 인격신(人格神)으로서 지고무상의 권위를 가진다. 사람은 천으로부터 생명을 부여받아 태어난 존재인 까닭에 천에 대한 절대적인 외경(畏敬)과 존숭(尊崇), 그리고 천의 명령에 대한 절대적인 순복여부(順服與否)에 의하여 생사화복이 결정된다. 그러나 인간은 무한한 천의 뜻과 명을 쉽사리 촌탁(忖度)할 수가 없다. 자명한 사실이지만 여기에서 중국 상대인[上代人: 여기서는 주로 은인(殷人)을 가리킴]들의 중요 의식(儀式)의 하나인 점법(占法)으로 복서(卜筮)가 등장한다. 현존하는 십만여 편의 갑골문(甲骨文)이[34] 모두 상제와 조상신에 대한 제사와 전쟁 그리고 농사의 풍흉(豊凶)과 기우(祈雨) 등에 관한 복사(卜辭)들이라는 사실이 이를 이해하기 위한 유익한 디딤돌이 된다. 앞에서 기술된 천은 이 문제를 밝히는 데 유력한 단서를 제공한다.

은대(殷代)에 있어서 일체만유의 근원자인 상제는 만물 및 인간세계의 지배자로서 공동체의 구심력이 되며 공동체의 의지를 결정해 줄 뿐만 아니라 실로 법률의 역할을 하고, 윤리적 선악판단의 근거가 되고, 정치적으로 최고결의의 역할을 가능케 하는 근본적 원리였다.[35] 따라서 상제는 은왕조(殷王朝)의 씨족신, 즉 조상신이었고 모든 것의 주재자였으며,[36] 인간이 그에게 절대 복종하여야 하는 공포와 경외의 대상이었다.

갑골학자 둥쭤빈(董作賓)에 의하면 상제는 풍(風)·우(雨) 등 기후를

---

34) 지금까지 출토된 甲骨片의 총수는 董作賓은 10만여 조각(董作賓, 『甲骨學六十年』, 台北: 藝文印書館, 1974, 135~137쪽), 胡厚宣은 16~17만여 조각(胡厚宣, 『五十年甲骨學論著目』, 台北: 太平書局, 1966, 6쪽)으로 보고 있다.

35) 柳承國, 「韓國儒學思想史序說」, 『韓國民族思想史大系』, 槪說篇, 형설출판사, 1971, 248쪽 참조.

36) 白川靜, 『孔子傳』, 金河中譯, 知人社, 1977, 89쪽 참조.

장악하고, 기근(饑饉)을 관장하며, 화복(禍福)과 길상(吉祥)을 내리고 심지어 생사여탈권까지 소유한 인격적이며 초월적 권위를 갖는 절대자이다.[37] 이렇게 볼 때 상제와 천에 대한 숭배는 조상숭배와 함께 은인사상(殷人思想)의 중심을 이루고 있었다는 결론이 나온다.[38] 그런 점에서 '상제'라는 개념은 은대의 사상에서 가장 중요한 준거라 할 수 있다.

그러므로 은인(殷人)들은 상제에게 제사를 지낸다거나 상제의 뜻을 묻기 위해 점치는 의식에 각별히 힘을 쏟을 수밖에 없었다. 일체의 대소사를 막론하고 심지어는 미래의 길흉화복까지 복사를 통하여 결정하려고 하였던 신(神) 중심적 의식(儀式)의 성행이 그것이다. 공자가 『예기』「표기」에서 "은인은 신을 존숭하여 모든 백성들이 신을 섬겼다. 예교(禮敎)보다는 귀신을 더욱 중시하였다"[39]라고 한 말이 이 점을 단적으로 증명해준다. 이러한 의식은 은인들에게 있어서 삶의 유일한 근거요 결코 떠날 수 없는 인생의 근본조건이었다. 인간의 능력이나 덕성 그리고 의지는 철저하게 거부되고, 현실은 손댈 수 없을 정도로 강대한 신격(神格)에 지배된다는 의식이 이로부터 자연스럽게 나온다. 그들에게 가능했던 것은 초월적 이탈이나 순전한 복종을 통하여 상제에 대하여 가질 수 있는 형식적이고 상투화된 성실성과 의례뿐이었다.

은인들의 신관(神觀)에서 가장 두드러지게 눈에 띄는 것은 '상제'에 대한 몰인간(沒人間)적 의식이다. 그들은 상제에 대한 외형적이고 형식화된 성실성(誠實性), 또는 외계(外界)와의 능동적인 교섭이 부정된 삶을 통하여 원초적 평화와 안정을 추구했고 그것만이 진실로 수호되어야 할 마지막 보루라고 생각했다. 이렇게 외계와 자아 사이의 동적 관련을 상

37) 董作賓, 「中國古代文化的認識」, 『大陸雜誌』, 第3卷, 第12期, 391~393쪽 참조.
38) 殷人들이 숭배하였던 神에 관한 문제는 朱天順, 앞의 책, 245~250쪽과 尹乃鉉, 『商周史』, 民音社, 1984, 74~76쪽 참조.
39) 『禮記』, 表記. "殷人尊神, 率民以事神, 先鬼而後禮."

실하고 정태적 의식만이 강조되는 데서 은인들이 바라본 삶은 개체의 무력화와 수동적인 순종만이 선험적 조건으로 인정된다.

아울러 은인의 상제는 지고무상의 절대적 권능을 갖는 신(神)인 동시에 은인의 숭조신(崇祖神)으로[40] 인간의 사고 판단과 가치 판단을 결정하는 절대적 권위를 가진 존재이다. 은인에게 있어서 조상은 상제와 더불어 각별한 경외와 존숭의 대상이었다. 따라서 조상숭배는 그들이 일찍부터 추구해 온 특수화된 삶의 전부였다. 이는 육신이 속한 지상적(地上的)·현실적 굴레를 벗어나서 초월적 세계에 안주하려는 기도와 죽은 사람에게도 영혼이 존재한다는 믿음이 그 결과물로 나타난 것이다. 김충열 교수의 "은족에게 그 영혼은 생시보다 더 큰 작용력을 가지고 있는 것으로 믿었다. 그러므로 은족은 산 사람보다도 죽은 사람을 더 중히 여겨 후장을 하고 경건하게 여러 가지 제향을 올렸다"[41]라는 말은 여기에 많은 참고가 된다.

당시 성행했던, 은인의 생활 속에서 그렇게 큰 비중과 가치를 차지했던 복서도 이러한 관점에서 다시 음미할 필요가 있다. 복서는 그들에게 있어서 한갓 단순한 '환상적 구원'을 만족시키고자 하는 미신적인 저급 행위가 아니라, 천의(天意)의 소재를 파악하여 자신의 현재적 삶을 확인하고 확고한 자기정위(自己定位)를 지킴으로써 상제와의 팽팽한 긴장을 유지하거나 소통하는 엄숙한 종교적 의식이었다. 유일 만능자이고, 또한 천상에서 모든 신을 통치하는 상제는 일본학자 아카츠카 기요시(赤塚忠)의 적절한 지적처럼,[42] 한편으로는 제족(諸族)의 신들을 통합하고 은왕조의 정사(政事)를 감시하며, 다른 한편으로는 천기(天氣)를 지배한다.

---

40) 楊榮國主編, 앞의 책, 4쪽 참조.

41) 김충열, 앞의 책, 128쪽.

42) 赤塚忠, 「儒家思想の歷史的 概觀」, 宇野精一·中村元·玉城康四郎(編), 『東洋思想』, 第2卷, 東京: 東京大學 出版會, 1967, 32쪽 참조.

상제는 개인의 일뿐만 아니라 국가의 일까지 주관하고 결정하는 지고지엄한 존재로서[43] 오직 복서를 통해서만 자신의 모습을 드러내고 뜻을 전달한다.

그리하여 은인들은 재난을 피하고 복을 얻기 위하여 제물을 바쳤고, 항상 점복을 통하여 상제의 뜻을 물었다. 그런데 갑골복사 중에는 상제에게 직접 제사지낸 기록은 거의 보이지 않고[44] 조상에게 제사한 기록만이 많이 보인다. 리쭝구이(李宗桂)[45]와 H. G. 크릴의 다음 말은 이를 이해하는 데 많은 도움을 준다.

> 은대 사람들은 사람이 죽은 뒤에도 영혼은 여전히 존재하며 아울러 계속해서 인간사에 관심을 갖고 영향을 미친다고 생각하였다. 이 때문에 생산·정벌 등의 큰일에 봉착하면 그들은 점복으로 조상 및 상제와 귀신에게 지시를 구한 후에 행동으로 옮겼다.

> 상조(商朝)의 왕들은 조상들에게 사치스러운 제사를 올리고, 여러 가지 사업을 하는 데 조상들의 도움이 가장 중요한 것이라고 믿었다. 상의 지배자들은 그 뒤를 이은 주(周)나라 임금들처럼 그들이 천부의 권리로써 다스린다고 믿었음이 분명하다.[46]

제정일치(祭政一致)의 신정정치(神政政治)를[47] 행한 은인의 지배적

---

43) 『書經』, 商書, 盤庚下. "肆上帝將復我高祖之德, 亂越我家, 朕及篤敬, 恭承民命, 用永地于新邑." 참조.
44) 董作賓, 『中國古代文化的認識』, 393쪽 참조.
45) 李宗桂, 『중국문화개론』, 이재석 옮김, 동문선, 1991, 25쪽.
46) H. G. 크릴, 『중국사상의 이해』, 이동준·이동인 옮김, 경문사, 1981, 25쪽.
47) 商王朝의 '神政'에 관하여는 尹乃鉉, 『商王朝史의 硏究』, 景仁文化社, 1978, 176~228쪽 참조.

사상은 한마디로 씨족 연합체의 종교의식, 즉 상제숭배(上帝崇拜) 의식이라고 말할 수 있다. 은인의 조상에 대한 관념은 영혼불사와 그에 대한 뜨거운 믿음이었다. 육신은 비록 이 세계를 떠나도 영혼은 언제나 존재하고, 생시와 똑같이 지위 · 권위 · 향수(享受) · 정감 등을 가진다. 또한 영혼에게 신비로운 힘이 더해져서 자손에게 화복을 내릴 수가 있다는 것이다.[48] 바로 여기서 죽은 사람을 산 사람과 같이 섬기고, 후장(厚葬) · 순장(殉葬)하는 풍습이 나타났던 것이다. 그런 점에서도 은대는 '천제지상(天帝至上)의 시대'였다고 말할 수 있다.

조상에 제사하는 것은 곧 상제에 대한 존숭으로 직결된다. 상제와 함께 조상이 은인들의 신앙 중심 대상이었다. 따라서 조상 = 상제의 종교 형태라고 할 수 있는 선조일원적(先祖一元的) 종교가 은인사상(殷人思想)을 지배하게 되었던 것이다.[49]

이러한 사실은 은인의 기본적인 세계관이 일원적이고 단일 우주에 지향되어 있어, 아직도 원시종교(原始宗教)[50]의 테두리를 벗어나지 못하고 있었음을 말하는 것이다. 은대의 세계는 단조롭고 신비로운 곳, 이 세계에서는 모든 것이 상제의 절대 권능 안에 놓이게 되고 상제에 대한 인간의 순정한 경배와 제사만이 유일한 의미를 갖는다. 죽음도 투쟁도 비극도 의심도 삶의 불안도 은인들의 의식 속에는 존재하지 않는다. 상제는 은대 사회를 압도적으로 지배한다. 상제를 떠나서 그 어떤 것도 인

48) 董作賓, 『中國古代文化的認識』, 393쪽 참조.

49) 侯外盧 · 趙紀彬 · 杜國庠, 『中國思想通史』, 第一卷, 北京: 人民出版社, 1961, 68~70쪽 참조.

50) 로버트 벨라는 『사회변동의 상징구조』에서 다음과 같이 原始宗教를 말하고 있다. "원시종교는 전반적으로 단일우주(Single Cosmos)에 지향되어 있다. 곧 원시종교는 현실 세계를 완전히 가치를 상실한 곳으로 인식하게 하고 또 다른 세계에 대하여는 아무것도 모르게 한다. 그들은 인간, 사회, 그리고 우주적 질서를 유지하는 데 관심을 가지며 인간이 언제나 그래왔던 것처럼 특정한 행복 - 비, 추수, 자손, 건강 - 을 얻어내는 데 관심을 갖는다." 로버트 벨라, 『사회변동의 상징구조』, 박영신 옮김, 삼영사, 1981, 33쪽 참조.

간은 생각할 수가 없다. 그리고 이 세계는 자아와 외계가 조화되어 있다기보다, 더 엄밀히 말한다면 양자가 분할되어 있지 않은, 따라서 둘 사이의 대립 · 갈등도 있을 수 없는 신비주의적인 미분화의 혼융상태로 이해된다. 그 유아기적(幼兒期的) 축제(祝祭)와 종교적인 세계를 우리는 은인들의 삶을 통해서 엿볼 수 있다.

이와 같은 은대의 상제관(上帝觀)은 곧 서주시대(西周時代)의 천사상(天思想)을 발생케 하는 준비기라고 볼 수 있다. 왜냐하면 천(天) · 인(人)이 미분화된 원시종교의 갈등이 없는 정태적인 세계에 상제가 아닌 인간의 삶과 역사의 문제가 밀려들어옴으로써 그 초월성도 평화도 상실하기 때문이다. 다시 말해서 상제관념은 은주지제(殷周之際)의 본격화된 일련의 정치 · 사회 · 경제적 변화 속에서 새로운 삶의 요구를 수용하기에는 부적절하게 되었고, 주(周)의 극은(克殷)이라고 하는 급격한 정치변동과 함께 나타난 사회전반의 체제변화는 그 바탕의 삶을 송두리째 무너뜨렸기 때문이다.

이상의 논의를 통해 중국 고대인들이 가졌던 상제와 천에 대한 관념, 그리고 그들의 세계인식과 시대정신은 어느 정도 밝혀졌으리라고 생각한다. 그런데 유의할 것은 당대의 지배적 이념의 역할을 하였던 천이나 상제의 관념은 정치 · 사회적 상황이나 정신적 유산에 따라 그 모습이 사뭇 다르게 나타나고 있다는 점이다.

2. 서주시대(西周時代)의 천(天)사상과 인간발견

앞장에서 우리는 중국 상대(上代)를 지배했던 인간생명의 근원이며 우주만물을 총괄하는 지고의 존재인 상제(上帝)를 역사적으로 개관하면서 그 사상, 영향 및 특징은 무엇이며 또 그것이 어떻게 나타나고 변모해 왔는지 살펴보았다. 어느 시대나 그러하겠지만 사상의 변천은 극히 복잡다기한 양상을 지닌다. 따라서 여기서는 초월적이고 외재적이면서 또 주재자적 의미로 이해되었던 중국 상대[=은대(殷代)]의 천 또는 상제가 어떻게 인간의 심성 속으로 내재화되면서 자아성명(自我性命)의 근원으로 파악되는가 하는 역사적 과정을 고찰해 보고자 한다.

어떤 사상사적 단위를 설정할 때 가장 중요한 선결 과제는 그 설정의 시대적 구분을 확실히 하는 일이다. 이 점은 서주시대에 있어서의 천사상을 논의하는 경우에도 마찬가지다. 주대(周代)의 대체적인 시대구분 문제는 매우 중요하다.

주지하다시피 주대는 "중국 문화의 정신과 특질을 형성하는 데 중요한 작용을 하였을"51) 뿐만 아니라 유학사상이 배태되고 출현한 시대로서도 각별히 중요한 의의를 갖는다. 주대는 무왕(武王)의 혁명이 성공하여 주를 세운 후부터 유왕(幽王)이 견융(犬戎)에게 살해될 때까지의 서주시대와, 평왕(平王)이 호경(鎬京)에서 낙읍(洛邑)으로 도읍을 옮겨 진(秦)의 시황제(始皇帝)에게 멸망될 때까지의 동주시대(東周時代)로 나뉜다.

이미 살핀 바와 같이 은족(殷族)은 농경민족으로서 유의지적(有意志的) 인격신으로 지고무상의 권위를 가지고 있는 지상신 즉 상제와 조선(祖先)을 예배 숭상했고, 이에 대한 존숭과 제사 및 점복이 생활의 중심이었다. 푸러청(傅樂成)은 이 점을 다음과 같이 지적한다.

---

51) 陳來, 『중국고대사상문화의 세계』, 진성수 · 고재석 옮김, 성균관대학교 출판부, 2008, 10쪽.

은인(殷人)의 정신생활에 대하여 말하면 그들의 사상은 거의 종교로 덮여 있었다. 각종 자연적인 현상도 신화(神化)되어 있어서 무수한 신이 천지간에 충만되어 있었다. 인간과 신 사이에는 엄격한 한계가 없고 사람이 죽은 후 영혼은 여전히 존재하며 더욱 경건하고 정성스러운 자손의 공경이 필요하다고 생각하였다. 따라서 천신(天神)과 사직(社稷), 죽은 사람의 영혼은 모두 은인들에게 숭배의 대상이 되었고 후자는 특히 은인들의 신앙 중심이 되었다. 그들의 마음속에는 귀신의 세계와 인간 세계는 밀접한 관계가 있고 귀신이 전 인간의 운명을 조종한다고 생각하였다. 그러므로 그들은 일상생활 중에서 어려운 일 또는 의문을 만나면 점복에 의하여 귀신의 지시를 구하였다.[52]

이와 같이 상제 신앙을 핵심으로 삼는 은대의 종교적 신앙생활은 무왕(武王)이 주를 건립한 후부터 봉건국가의 체제가 정립된 서주시대에 이르러서 점차 퇴조하였다. 반면에 주목할 만한 것은 인간 힘의 승리가 과시되고, 인간이 만든 조직과 제도에 우세를 두는 합리적인 사유가 단편적으로 나타나면서 집단을 통제하고 유지하는 인문주의적 요소가 구체성을 확보하게 되었다는 점이다.[53] 인간의 지혜 개발과 경험 축적 및 가치질서 혼돈을 극복해야겠다는 시대적인 요청, 조만간 어떤 방향으로든 변모하지 않을 수 없는 집단적인 자각의 성숙 때문이었다. 이 점은 서주시대에 국한하면 타당한 설명인 것 같다. 그렇다고 하더라도 은대의 외재적이고 초월적인 상제는, 주대 문화의 준거가 되고 신념체계가 된 일신관적(一神觀的) 천(天)으로 변모 · 내재화된다.[54] 그런데 은대의 상제관념이 천관념으로 대체 · 강화되고 또한 그것이 내재화될 수밖에

52) 傅樂成, 『中國通史』, 신승하 옮김, 宇鐘社, 1974, 20쪽.
53) 柳承國, 앞의 책, 248쪽 참조.
54) 池田末利, 앞의 책, 54쪽 참조.

없었던 것은 역시 변화의 요구 때문이라고 볼 수 있다. 변화를 요구하는 내적요인이 명백한 형태로든 잠재적 양상으로든 존재하지 않는 한 외래 요소의 개입은 거부될 수밖에 없기 때문이다. 그렇다고 하더라도 당시 서주에는 전래된 문화유산은 있으나 살아있는 원리의 전통은 없었다. 서주의 문화를 지배한 것은 은대로부터 진입된 것들이고,[55] 따라서 그들이 의지할 만한 전통은 아무 데도 없었다. 만약 내부적 기초가 빈약하다면 그들이 그토록 통렬하게 거부하고 비판하였던 가치의 혼돈은 극복할 수 없으며, 모든 것은 무질서와 우연에 맡겨질 따름이다. 그리하여 여기에 도입된 것이 이른바 예악문화와 종법제도(宗法制度)[56]에 기초를 둔 통치조직과 "신이 아닌 인사 위주의 인간 의지나 노력"[57]에 바탕을 둔 '외천(畏天)·보민(保民)·경덕(敬德)' 사상이다.

다양하게 접촉하는 외래 문화요소 가운데서 문화변동을 일으키는 것은 수용자의 생활 내지 문화균형에서 무엇인가 결핍되거나 또는 수정할 필요가 있을 때 그것을 충족하기에 적합한 것들이다. 따라서 합리주의적 사유에 바탕을 둔 천관념(天觀念)[58]이 서주에 신속하게 자리 잡을 수 있었던 까닭은 그 사회 안에 새로운 세계관과 삶의 전망을 필요로 하는 내재적 욕구가 있었기 때문이다. 문화변동은 자발적 역량에 주도된 것

---

55) 이 점에 관련하여 다음과 같은 尹乃鉉의 말을 눈여겨 볼 만하다. "商왕국과 周왕국은 제도 면에서 크게 차이가 있었던 것으로 본 고전적인 견해가 일찍이 제출된 바 있지만 근래에는 周문화가 商문화의 범주 내에서 성장하였고 商문화를 계승하여 발전시킨 것으로 보는 데 학자들의 견해가 일치하고 있다. 西周왕국 초기의 청동기는 商왕국 말기의 것과 구별할 수가 없을 정도로 유사하며 최근에는 周족의 본거지였던 岐山지역에서 周족이 사용하던 갑골문이 출토되었는데 이러한 것들은 周문화가 商문화를 계승하였음을 알게 해 주는 것이다." 尹乃鉉, 『商周史』, 114쪽.

56) 周王朝의 '宗法制度'에 관해서는, 陶希聖, 『中國政治思想史』, 第一冊, 台北: 食貨出版社, 1972, 45~48쪽과 鈴木隆一, 「宗法の成立事情」, 『東方學報』, 第三一冊, 1961, 35~94쪽 참조.

57) 陳來, 『중국고대사상문화의 세계』, 10쪽.

58) 平岡武夫, 『經書の成立』, 東京: 創文社, 1983, 188~192쪽 참조.

이든 전파요소가 크게 개입한 경우든 간에 근본적으로는 한 집단의 생활현실과 그들이 지닌 전체 문화와의 관계에서 기본요인이 형성되는 것이다. 이 관계가 완전한 균형을 이루고 있다면 어떤 전파요소가 침입하였더라도 문화변동은 일어나지 않는다. 문화변동은 생활문화의 관계에 어떤 불균형 내지 결핍이 현재적이든 잠재적이든 존재할 때 그 가능성과 윤곽이 배태되고, 어떤 계기에 의해 실현되는 것이다. 여기에서 상제 또는 천관념의 자연스런 변화가 일어났다고 할 수 있다.

서주인들은 은족이 이룩해 온 체험과 정신적 발전의 총체인 상제를 내재화함으로써, 천을 무조건적 순응이 강요되는 고정 불변의 지배원리로서가 아니라 인간의 자유의지와 창조적 노력을 거쳐 내재화되는 정치와 도덕의 원리로 수용하였다. 따라서 은대가 외재적이고 초월적이며 신비한 지고무상의 상제로 인하여 인간이 외면되고 인간의 자유의지가 박탈되었던 시대라면, 주대는 인간 일반에 대한 자각이 싹트기 시작하여, 인간의 자발성이나 내면성, 그리고 생활이 스스로의 요구에 의해 새롭게 문제되기 시작한 시대로 볼 수 있다. 이것은 다른 말로 하면 주대는 자연계와 인간계를 주재하였던 상제보다도 인간의 내면성과 자각행위가 더 강조되고 중요시되었던 시대라고 요약할 수 있다.

『서경』의 「주서(周書)」에는 이와 호응하는 다음 구절이 있다.

> 하늘을 믿고 있을 수만은 없다. 나의 도리는 오직 나라를 편안케 하신 임금의 덕을 연장시키어, 문왕(文王)께서 받으신 명(命)을 하늘이 버리지 않도록 하는 것이다.[59]

> 하늘이 위엄을 내리심은 우리 백성들이 크게 혼란하여져서 덕을 잃

---

59) 『書經』, 周書, 君奭. "天不可信, 我道惟寧王德延, 天不庸釋于文王受命."

었기 때문이다.[60]

> 내 천명을 받아 인군이 되었으나 하늘은 나에게 큰일을 물려주고 어려운 일을 던져 주시니, 나 충인(沖人)은 혼자서 걱정할 겨를이 없다.[61]

주인(周人)들은 이렇게 백성들의 고통에 무관심하고 형식화된 의식과 권위만이 강요되는 상제를 거부한 가운데 방황과 갈등을 거듭하면서, 그것이 극복되어야 할 것임을 깨닫게 된다. 언제까지나 인사(人事)와 자연을 지배하는 초월적 유일자로 표상되는 상제만을 의지하고 주술적·종교적인 세계 속을 떠돌 수는 없었기 때문이다. 상제가 최고의 지배자로 군림하던 은대의 세계는 성숙한 인간의 의식을 포용할 만한 공간은 아니었다. 이때 주인들은 신뢰할 만한 어떤 척도도 존재하지 않는 갈등의 세계 안에서도 외계에 굴복하지 않고 천에 대한 합리적 사유를 바탕으로 자신의 본성에 내재한 도덕률을 찾고 밝힘으로써 외계와의 건강한 만남을 지속하려고 노력했던 것이다. 즉 자기구복(自己求福)의 길은 상제와 같은 초월적 세계에서가 아니라 '지금 여기'의 도덕적 내면세계에서만 가치 있다는 것을 깨닫게 된 것이다. 이러한 인식의 깊이를 보여주는 근거로 다음과 같은 좋은 예가 있다.

> 그대들의 조상을 생각하지 말고 덕을 잘 닦아 키워가기를, 길이길이 하늘의 명(命)을 지켜 스스로 많은 복을 구해 얻을 것이다.[62]

---

60)『書經』, 周書, 酒誥. "天降威, 我民用大亂喪德."
61)『書經』, 周書, 大誥. "予造天役, 遺大投艱于朕身. 越予沖人, 不卬自恤."
62)『詩經』, 大雅, 文王之什. "無念爾祖, 聿脩厥德, 永言配命, 自求多福."

> 우리는 하(夏)나라를 거울삼지 않을 수 없으며, 또한 은(殷)나라를 거울삼지 않을 수 없다…… (하나라 · 은나라가 왕권을 오래 보존하지 못한 것은) 오직 덕을 공경하지 아니하여 천명을 실추하였기 때문이다.63)

> 오오, 봉(封)이여 공경할지어다. 원한을 만들지 말며, 옳지 못한 계책과 떳떳하지 않은 법은 쓰지 말 것이며, 결단하되 이 정성으로 하여 덕에 힘쓴 자를 크게 본받아라. 그리하여 네 마음을 편안케 하고 네 덕을 돌아보게 하고 네 계책이 널리 미치게 하라. 그렇게 하면 백성들을 편안히 할 수 있어서 너를 잘못한다고 하여 끊지 않을 것이다.64)

그런데 여기에서 우리가 주목하고 넘어갈 필요가 있는 사실은 은인의 사상은 다분히 원시종교적이었고 그의 제의(祭儀)는 매우 복잡하고 성대하였다는 점이다. 오늘날 은허(殷墟)에서 나온 갑골문의 기록 대부분이 복서 행위의 내용으로 되어 있고 또한 제의와 깊은 관계가 있다는 점을 증명해 준다.65) 물론 제물(祭物)에는 많은 희생이 요구되었고, 심지어는 소나 양, 돼지와 같은 짐승에 그치지 않고 사람까지 이용되었다. 판원란(范文瀾)과 가이즈카 시게키(貝塚茂樹)의 다음과 같은 진술에서 이 점은 부인할 수 없는 사실로 나타난다.

> 상대(商代)에는 전쟁이 매우 많았고 형벌이 매우 무거웠다.…… 통

---

63) 『書經』, 周書, 小誥. "我不可不監于有夏, 亦不可不監于有殷, 我不敢知, 曰有夏服天命, 惟有歷年. 我不敢知, 曰不其延, 惟不敬厥德, 乃早墜厥命."

64) 『書經』, 周書, 康誥. "嗚呼封敬哉. 無作怨, 勿用非謀非彝蔽時忱, 丕則敏德, 用康乃心, 顧乃德, 遠乃猷, 裕乃以民寧, 不汝瑕殄."

65) 郭沫若, 『中國古代社會硏究』, 香港: 三聯書店, 1978, 174쪽 참조.

> 치계급은 무거운 형벌을 이용해 평민이 노예가 되도록 압박하는 한편, 노예의 반항을 진압하고 노예를 대량으로 죽여 순장(殉葬)하였으며 제사에 사람을 희생물로 썼다.[66]

> 궁전의 제단(祭壇) 아래와 둘레에 여러 채의 사람 머리를 묻은 갱(坑)이 많이 줄지어 있다. 그 안에는 두골(頭骨)뿐인 것, 또는 체골(體骨)뿐인 것이 대부분을 차지하고 있는 것으로 보아 목을 잘라 매장한 것이다. 이는 궁전의 건축에서 인간을 희생(犧牲)하여 그 피에 따라 장소를 정하고 악마를 물리쳤을 것이다.…… 이것은 왕의 매장 또는 그를 위한 연차제(年次祭) 때에 머리를 베어 피로써 악마를 물리치는 푸닥거리 희생으로 바쳐진 것으로 보인다. 이들의 총수는 3백 명, 5백 명, 혹은 1천 명에 이른다.[67]

인간을 신에게 바치는 제물로 사용하였다는 사실은 분명히 기이한 일이다. 이와 같은 희생이나 순장의 성행과 제도화[68]는 결국, 은인들이 비록 인간의 자유로운 생명을 수단화하고 그 존엄성을 침해하는 풍습이나 질서를 당연하게 받아들이고 생각하였을지라도, 은의 문화발전에 결정적인 제약으로 작용했고 아울러 왕조의 멸망을 한 걸음 앞당기는 중요한 계기를 만들었다. 이는 은의 신권관념과 상제숭배 자체가 돌이킬 수 없는, 인명경시(人命輕視)라고 하는 죄악과 부패를 가져왔기 때문으로 사료된다.

그런 면에서 "주(紂)의 멸망은 당연한 일이었다. 결국 은인의 종교미

---

66) 範文瀾, 『中國通史(上)』, 박종일 옮김, 인간사랑, 2009, 93~94쪽.

67) 貝塚茂樹, 『中國의 歷史(上)』, 李龍範 編譯, 중앙일보사, 1980, 92~93쪽.

68) 이 문제에 관해 충격적인 자료를 보여준 성과로 尹乃鉉, 『商周史』(62~72쪽 참조)가 있다.

신은 인간을 제물시(祭物視)하고 조상신을 맹신했기 때문에 다시 말해서 민(民)을 주인(主人)으로 기르지 않았기 때문에 망한 것이다. 이러한 망인(亡因)을 아는 주인은 은인의 그것과는 달리 천명에 대해 그것이 종교적이라기보다 의식적이고 도덕적이었으며, 따라서 모든 것이 양민위주(養民爲主)로 개변되었다."[69]

은대를 지배하는 최고의 권능을 가진 존재는 상제이다. 이미 살핀 바처럼 상제는 모든 신과 정령의 으뜸이며 인간의 조선이며 조종신(祖宗神)으로서 선과 악, 인간 만사와 자연현상을 총괄하고 섭리한다.[70] 인간은 자신의 조상인 상제의 명에 절대복종하여야 하고, 그의 뜻은 언제나 희생이나 비의적(秘儀的)인 복서를 통하여 구체적으로 드러난다. 그러나 이와 같은 상제관념이 주대에 와서는 『시경』「대아 · 증민」의 "하늘이 모든 사람을 낳으시고, 만물엔 하늘이 준 도리 있도록 하셨네. 백성들은 일정한 도를 지니고, 아름다운 덕을 좋아하네"라든가, 『서경』「주서 · 소고」의 "하늘은 천하의 백성을 불쌍히 여기시니 왕께서도 하늘의 명을 돌아보아 속히 덕을 공경하고 삼가 행하소서"[71]라고 하는 도덕적 의미를 포함한 천과 명으로 바뀌게 된다. 이 경우 천은 물론 '경덕(敬德)'과 '보민(保民)'을 주요한 특징으로 하는 도덕천(道德天)이다.[72]

사람은 천의 소생자(所生者)다. 천의 소생자인 사람은 선천적으로 영명(靈明)한 마음을 품수한 존재이다. 따라서 자기의 성심(誠心)을 유감없이 충분히 발휘하면 하늘이 부여한 자아의 본성을 깨닫게 되고, 이를 통해서 천리 내지 천명을 알게 된다. 여기에서 은대의 외재적이고 초월적인 권능을 갖는 신, 즉 인격신으로서 상제의 관념이 점차 소멸되고 동

69) 金忠烈, 『中國哲學散稿』, 54쪽.
70) 앙리 마스페로, 『古代中國』, 김선민 옮김, 까치, 1995, 117~119쪽 참조.
71) 『書經』, 周書, 召誥. "天亦哀于四方民, 其眷命用懋, 王其疾敬德."
72) 陳來, 『古代宗教與倫理』, 168쪽 참조.

시에 천에 대한 태도에 있어서 새로운 변화가 나타나면서 '덕' 사상이 발생하게 된 것이다.[73)]

그것은 제물을 전제로 하는 낡고 배타적인 종교 관념의 거부, 인간의 피를 요구하는 폭군적인 신에게 반항하고 신의 예속으로부터 인간을 해방시키고자 하는 자각적인 노력에서 비롯된 것이다. 이처럼 민심을 외면하고 오직 신만을 섬기는 데 열중하던 상왕조의 화석화한 인습에 대한 반역과 인간 존엄의 긍정은 새로운 세계의 건설을 향한 충동으로 이어짐으로써 주족(周族)에게 새로운 제도와 사상체계를 세우고 종교적 신앙을 재구성하도록 만들었다. 즉 지난 시대의 주술 종교적(呪術宗教的)인 인습을 거부할 뿐만 아니라 그것을 지탱하는 낡은 질서와 제도 및 사회 · 정치적 구조까지 부정하는 이념으로 확장되었다. 낡은 관념에서 해방된 인간 존엄성의 주제는 점진적인 개혁의 동력으로 구체화된다. 그리하여 당초에는 은을 강성하게 하는 데 결정적인 작용을 하였던 은대의 신본위국가(神本位國家)의 질서는 사람들의 조직 구조에 입각하여 제정된 봉건국가의 예제(禮制)로 대체되고,[74)] 종교의식만이 강조되던 예(禮)는 윤리적 규범과 정치적 제도로서 전이된다. 여기에서 서주의 예제는 종교적 요소를 계승하여 정치 종교화됨으로써[75)] 천과 인을 매개시키는 천명사상의 발전을 초래했고, 탕쥔이가 말한 '인문적 사상'[76)]이 대두되는 계기를 마련했고, 아울러 복잡하고도 다양한 그러면서도 한줄기

---

73) 郭沫若, 『天の思想』, 18~24쪽 참조.

74) 陳來, 『중국고대사상문화의 세계』, 10쪽 참조.

75) 侯外盧 · 趙紀彬 · 杜國庠, 앞의 책, 81쪽 참조.

76) 그는 '人文的思想'을 다음과 같이 규정하고 있다. "人文的 思想이라고 하는 것은 人性 · 人倫 · 人道 · 人格 · 人間의 文化와 그 歷史 등의 존재와 그 가치를 전폭적으로 긍정 · 존중하며, 아울러 그것을 무시하거나 抹殺 · 曲解하여 인간을 인간이외의 自然物과 동등시하려 하지 않는 思想이다." 唐君毅, 『中國人文情神之發展』, 台北: 學生書局, 1979, 18쪽.

로 통일된 체험 전체를 통해 시대와 인간 의식의 심층부를 파악할 수 있는 '덕(德)'자의 출현을 가능하게 했다. 이는 서주시대의 백성들이 처해 있던 삶과 역사의 상황 안에서 형성되고 조건 지어진 것이고, 외재적 · 초월적 · 인격신적인 상제보다 인간을 더 중시하고 문제 삼을 수밖에 없는 그 문화집단 내부의 시대적, 사회적 요인에 근거한 성취라고 볼 수 있다. 먼저 서주 초의 사회적 양상을 간략하게나마 살펴보도록 하자. 널리 알려진 바와 같이 주는 한편으로 인간의 노력을 통해 모든 제후조직을 개편했고, 다른 한편으로 은왕조의 천명신권사상을 계승하여[77] 상제를 왕국의 공동권위(共同權威)와 공동의 완성이념(完成理念)[78]으로 만들어 그 세계 안에서 왕권을 공고히 하고 관제와 사회제도를 정비해 갔다. 그러나 은의 유민들은 쉽사리 주의 신체제와 질서에 승복하지 않았다. 잔혹한 과거와 정치적 · 종교적 질곡과 도덕적 · 인습적 굴레를 벗어나기 위해 주에 의한 질서의 개편작업에 적극 협력한 사람들도 있었으나 그 수는 극히 적었다. 온갖 역사적 격변에도 불구하고 은의 유민들의 생활 질서는 갑작스럽게 와해되지 않았고 따라서 새로운 세계 인식의 질서로 전이될 수 없었다. 역설적이게도 그들은 타락하지 않은 과거의 이상적 세계를 추구하고 경우에 따라서는 어디에도 존재하지 않았던 유토피아를 그려보기까지 했다. 그들은 스스로가 자라온 세계의 무력함과 갱신될 수 없는 노후성을 인정하면서도 끝까지 과거로 회귀할 것을 고집했다.[79] 다음의 예는 그중 대표적인 것이라고 할 만하다.

은(殷)나라의 작은 영지에 임금으로 봉함을 받은 자가 감히 분수에

---

77) 李宗桂, 앞의 책, 26쪽 참조.
78) 宇野精一 · 中村元 · 玉城康四郎(編), 앞의 책, 24쪽 참조.
79) 尹乃鉉, 『商周史』, 98~105쪽 참조.

> 넘치게 질서를 잡고, 그 나름대로 기틀을 세우겠다며 벼르고 있어서 하늘이 위엄을 내렸으나, 우리나라에 나쁜 병이 있어 백성들이 편안치 못한 것을 알고서 "내가 잃은 은나라의 주권을 되찾겠다"고 큰소리치며, 도리어 우리 주(周)나라를 업신여기고 있다. 지금 그들은 준동하고 있으나, 당장 그 다음 날 백성들이 10명의 현자를 바쳐 와서 나를 돕게 함으로써, 나라를 편케 하신 무왕께서 꾀하시던 일을 이어 그들을 선무하도록 하였다. 내 대사(大事)가 아름다움이 있을 것임은 짐의 점괘가 모두 길하기만 하기 때문이다. 그러므로 나는 나의 우방 제후들과 장관들, 관리들, 일을 맡아보는 모든 사람들에게 고하였다. "나는 길한 점을 얻었다. 나는 당신들 여러 나라와 함께 은나라에 반역하여 도망다니는 신하들을 토벌하러 가려 한다."[80]

위에 드러나듯이 은의 유민들의 주에 대한 매도와 정치적 반발은 주의 정치적 안정 기틀과 새로운 집단 공동체의 형성에 있어 결정적인 저해요인이었다. 그러므로 국가의 기반을 안정시키고 새로운 공동체의 추구와 새 시대의 체험을 정당화하는 인식, 그리고 행동의 질서 확립을 위해서 주족은 "천과 종교의 정책적인 이용"[81]과 신화의 창조를 통한 혁명의 필연성과 명분을 강조하여야 했다. 그리하여 주족은 상(商)의 영토를 정복하는 것이 그들 자신의 욕구가 아니라 '천'이 그들에게 명한 과업이라고 생각하였다.[82] 이와 같은 논리의 바탕에 깔려 있는 견해는 덕이 있는 자는 천의 도움을 받을 수 있지만 부덕한 자는 천으로부터 버림을 받는다고 하는 '경덕(敬德)'의 관념이다.

---

80) 『書經』, 周書, 大誥. "殷小腆, 誕敢紀其敍, 天降威, 知我國有疵, 民不康, 曰予復, 反鄙我周邦, 今蠢, 今翼日, 民獻有十夫予翼以于, 敉寧武圖功, 我有大事休, 朕卜幷吉, 肆予告我友君, 越尹氏庶士御事, 曰予得吉卜, 予惟以爾庶邦, 于伐殷逋播臣."

81) 郭沫若, 『天の思想』, 19쪽.

82) 『書經』, 周書, 泰書上. "商罪貫盈, 天命誅之, 予弗順天, 厥罪惟鈞."

이런 발상에서 주의 지배자들은 은의 정복을 합리화·정당화하고 당면한 현실적 가치질서의 혼돈과 내부적 모순을 극복할 수 있는 두 가지 방책을 생각하였다. 제도적인 면에서의 정치적 기반으로서는 봉건제도를, 사상적인 측면에서는 천명사상을 각각 신뢰할 만한 근거로 보았다. 그런데 한 시대의 전체적 삶은 백성과의 연대 위에서 파악되어야 한다는 요구와 점진적 사회개조의 흐름과 일치했던 상황에서 전대의 정치·사회·문화·종교 등에 대한 부정 비판은 당연한 귀결이었다.

여기서 은대의 상제관념은 변개(變改)되어 새로운 가치를 띠고 부활 내지 재해석될 수 있었다. 즉 상제라고 하는 전통적 권위에 대항하여 인간의 내적 세계에 새로운 가치의 표준을 두려는 집단적 자각이 성숙해진 것이다. 바로 이 지점에서 주인들은 외재적이고 주술신앙(呪術信仰)의 성격을 띤 상제를 거부하고 역사적 경험을 통해 확인된 집단적 유대 속에서 상제와 일정한 거리를 가진 인간의 발견, 즉 보편적 인간성을 깨닫게 되었다.

> 옛 사람이 이르기를 "사람은 물을 거울로 삼지 말고 마땅히 백성을 거울로 삼아야 한다"고 하였다.[83]

> 하늘은 백성을 가엾게 여기고, 백성이 바라는 바를 하늘은 반드시 따른다.[84]

> 하늘은 우리 백성이 보는 것으로부터 보며, 하늘은 우리 백성이 듣는 것으로부터 듣는다.[85]

---

83) 『書經』, 周書, 酒誥. "古人有言曰, 人無於水監, 當於民監."
84) 『書經』, 周書, 泰書上. "天矜于民, 民之所欲, 天必從之."
85) 같은 책, 泰書中. "天視自我民視, 天聽自我民聽."

하늘은 친한 사람이 없어 오직 덕 있는 사람을 도와준다.[86)]

이와 같은 인간의 발견은 낡은 인습과 싸우면서 새로운 세계의 건설을 향한 집단적 자각으로 이어진다. 여기서 이른바 인간의 의지와 행위 그리고 천명이 문제된다. "주공(周公)은 천의 관념을 이용하여 우민(愚民)을 통제하고, 덕조(德操)를 힘써 행함으로써 정권을 견고히 했다"[87)]고 전한다. "천의 신앙에 대해서 '덕(德)'이라고 하는 새로운 관념을 제출해 내었다"[88)]고 하는 주공의 천명론(天命論)은 주대의 역사적 발전의 필연성을 보다 확실하게 하는 데 중요한 역할을 담당한 사건이었다. 이 점은 서주의 천사상을 살피는 경우에도 마땅히 유의해야 할 것이다. 천명사상은 하늘은 덕망 있는 사람의 편이라는 매우 뚜렷한 의미의 핵을 가지고 있다. 위에서도 예를 든 바 있는 『서경』의 "하늘은 친한 사람이 없이 오직 덕 있는 사람을 도와준다[皇天無親, 有德是輔]"라는 말은 여기에 매우 시사적인 통찰을 제공한다.

그런데 천은 길흉과 수요(壽夭)뿐만 아니라 밝은 지혜[明德]도 인간에게 명한다.[89)] 따라서 인간은 하늘이 명한 그 '밝은 지혜'를 다해야 한다. 나의 '밝은 지혜'를 극진히 하는 것이 이른바 '경덕(敬德)'이요, '명덕(明德)'이고 '신벌(愼罰)'이다. 무상한 천명은 인간 자신의 경덕과 명덕에 의하여 결정된다.[90)] 그러므로 인간의 수덕(修德)은 천과의 관계에서 하나의 소명적(召命的) 의지를 가질 수밖에 없는 것이다. 천은 덕 있는 사람의 편이고 천명 또한 인간의 수덕에 의하여 결정된다는 생각은 덕의 중

86) 『書經』, 周書, 蔡仲之命. "皇天無親, 惟德是輔."
87) 郭沫若, 『天の思想』, 21쪽.
88) 郭沫若, 같은 책, 19쪽.
89) 『書經』, 周書, 召誥. "今天其命哲, 命吉凶, 命歷年."
90) 牟宗三, 『中國哲學的特質』, 台北: 學生書局, 1978, 16쪽 참조.

요성을 강조하는 경덕사상(敬德思想)으로 발전하게 된다.

수덕은 "천명을 받들어 천하의 백성들을 항상 화평하게 하는 일",[91] "백성들을 품어 보호하고, 외롭고 의지할 곳 없는 사람들에게 은혜를 입혀서 살맛나게 하는 일",[92] "먼저 심고 거두는 일의 어려움을 알아 백성들이 믿고 의지하게 하는 일",[93] "엄숙하고 공손하며 공경하고 두려워하여 스스로 천명을 헤아리는 일"[94] 등을 그 내용으로 하고 있다.

은대의 상제가 제사의식과 점복 행위를 통하여 자신의 의지를 극명하게 드러내고, 서주의 천은 인간의 수덕에 근거를 두고 있다는 것은 명백한 사실이다. 여기에서 은대의 상제관은 주나라의 혁명으로 인한 사회경제의 변혁 · 정치의식의 강화라는 사회적 · 역사적 요인에 의하여 외적인 형식의 존중에서 내적인 자각을 강조하는 의미로 변모하게 된 것이다. 즉 은대의 외재적이고 형식적인 상제의 개념이 주대에서는 내재적이고 인간의 이성적 자각과 도덕 실천을 통해 인지되는 '천'으로 등장하고 있다는 점이다. 이는 곧 천의 존재를 인간의 보편성이라는 차원에서 긍정한 것이며, 천 · 인의 관계성 속에서 절대자가 이해되고 있음을 시사한 것이다. 이 문제는 앞에서 언급한 바 있고 뒤에 다시 논할 것이므로 여기에서 상세히 논하지 않으나, 한 가지 지적해 둘 것은 외재적 상제에 모든 것을 의탁했던 은인들과 달리 주인들은 전통적인 종교문화를 계승하는 한편 독자적인 인문정신을 성숙하게 한 점이다.[95] 그리하여 주인들은 모든 행위와 책임의 근거를 외재적인 신(神)에게서 찾지 않고 그들 자신의 내면세계와 합리정신을 통하여 발견하려고 하였다.[96]

---

91) 『書經』, 周書, 洛誥. "奉答天命, 和恒四方民."
92) 『書經』, 周書, 無逸. "懷保小民, 惠鮮鰥寡."
93) 같은 책, 같은 곳. "先知稼穡之艱難, 乃逸, 則知小人之依."
94) 같은 책, 같은 곳. "嚴恭寅畏, 天命自度."
95) 徐復觀, 『中國人性論史』, 台北: 商務印書館, 1979, 15~24쪽 참조.

이렇게 볼 때 전대(前代)의 고정된 신권론적(神權論的) 성격에서 벗어나 새로운 도덕적 질서를 세우기 위해, 또한 변화된 삶을 투시하고 사유방향의 전환을 위해 굳어버린 과거로부터의 해방은 필수적인 요건이었다. "서로 앙숙인 집단 사이의 투쟁은 경쟁하는 신(神)들 사이의 투쟁으로 해석되거나, 한 집단에 대한 신의 총애가 다른 집단으로 옮겨진 것으로 해석되었다. 가치 변동에 대한 종교적 합리화에 의해 제기된 문제들을 통해 새로운 방식의 종교적 사고가 전개되는 듯했다."[97]

이것은 은인의 신본위(神本位) 사상에서 정치본위[治民本位] 사상으로의 전환이며, 원시종교에서 고대종교로의 발전으로서 그것은 은주(殷周)의 혁명이라는 역사적 대변혁과 긴밀한 관계를 맺고 있다.

서주 초기에 형성된 천(天)에 대한 인식의 전환은 덕에 대한 새로운 가치를 부여했고, 또한 경덕사상의 성립은 동주(東周)에 이르러 종래의 종교적 권위의 실추, 그로 인한 비판 불신을 기반으로 한 합리적 정신의 강화로 말미암아 신 중심의 문화를 인간 중심의 문화로 그 무게중심을 옮기게 하였다. 시라카와 시즈카(白川靜)는 이를 다음과 같이 요약 지적해 주고 있다.

> 은을 대신한 주에는 은왕조와 같은 신화의 체계가 없고 또 신화계승의 조건도 없었다. 인격신으로서 상제의 관념은 버려지고, 비인격적인, 말하자면 이성적인 천의 관념이 이에 대치되었다. 중국에 있어서 합리주의적 맹아는 이 천의 관념에서 나오고 있다.[98]

---

96) 徐復觀, 같은 책, 20~24쪽 참조.
97) 로버트 벨라, 앞의 책, 47쪽.
98) 白川靜, 『孔子傳』, 89쪽.

그러나 이처럼 정연한 인과관계만으로 단순화하기에는 어려운 문제들이 주대(周代)의 인간중심 문화에 공존하는 것도 사실이다. 특히 상제중심의 종교적 신앙형태가 천과 인간을 매개시키는 천명사상으로 발전되면서 나타난 인간중심 문화의 심각한 말폐현상을 지적할 수 있다. 종교적 천사상의 몰락으로 인하여, 삶과 역사의 참다운 원리 기준이 인간으로 전환된 인문중심(人文中心)의 문화는 상쟁과 불화의 비극을 초래하면서 혼돈과 분열의 시대를 등장시켰다. 춘추시대(春秋時代)에 이르러 주대를 지탱하여 왔던 일체의 전통적 가치관과 기존질서가 붕괴되면서 심각한 권력분산의 과정이 진행되었고, 또한 거기에 찬시(簒弑)와 여탈(與奪), 권모술수의 횡행이 뒤따랐다는 것은 새삼스레 설명할 필요는 없다.

"문화의 난숙은 윤리적 발달을 가져오지 않고 오히려 퇴보를 초래했다. 귀족들은 다투어 사치하고 끊임없이 전쟁을 일으켰다. 무력 위협 아래 체결된 조약은 편의에 따라서 곧 파기되었지만 위반자는 신이 내린다고 믿어온 벌을 받지 않았다. 이러한 사태는 필연적으로 종교적 신앙심을 저해했다."[99]

3. 공자의 천명사상(天命思想) 및 인(仁)사상으로의 전승

시대에 따른 경전의 성립과 역사적 검토를 통해 얻어지는 천에 대한 다양한 해석은 그 앞뒤의 사상사를 재구성할 수 있는 새로운 전망을 열었다. 전대의 전통유산을 긍정적으로든 부정적으로든 계승 극복하는 작업 없이 새로운 형식의 탐구를 기도한다는 것은 환상에 불과하다.

---

99) H. G. 크릴, 『중국사상의 이해』, 32쪽.

천은 이제 상대와 같은 종교적, 초월적, 대상신(對象神)적인 실재의 의미를 상실하고, 인간의 이성 안에서 인간도덕의 연원이자 근거로서 이해된다.[100] 여기서 객체로서 신과 인간 사이의 구별은 훨씬 명료해지고, 천은 숭배형태의 한 대상이라기보다는 상대적인 외계에 맞서 자신을 지탱하고 책임지는 철저한 내재적 실재이며 인간의 본체로 파악되었다. 그리고 천을 인간의 조상으로 믿는 고대의 상제신앙이 은·주의 전통적 신앙임은 재론의 여지도 없지만, 천은 이미 설명한 바와 같이 그 문화집단 내부의 역사적·사회적 요인과 변동 발전에 따라 점차 변용되었다.

따라서 천과 인의 생명적(生命的) 연관성을 토대로 하는 상고(上古) 경천신앙(敬天信仰)의 유가적 전승은 일차적으로는 정치적 천명사상의 탄생을 가능케 했고, 그것은 다시 천·인의 성명(性命)적 연관성의 이해로 발전되면서 도덕적 천명사상으로 전개되었던 것이다.

유가경전 가운데에서 정치적 천명사상에 대하여 살펴볼 수 있는 기록이 가장 많이 발견되는 문헌은 무엇보다도 『시경』과 『서경』이라 하겠는데, 이러한 시(詩)·서(書)의 천은 특히 정치와 불가분의 관계를 가지고 있다.

> 순임금이 말씀하셨다. "오 그대들 이십이인(二十二人)이여. 공경하여 때때로 하늘의 일을 도우라."[101]

> 모든 관직을 폐하지 마소서. 하늘의 일을 사람이 대신해야 합니다.[102]

---

100) 平岡武夫, 앞의 책, 192쪽 참조.
101) 『書經』, 虞書, 舜典. "帝曰, 咨汝二十有二人, 欽哉, 惟時亮天功."
102) 같은 책, 皐陶謨. "無曠庶官, 天工人其代之, …… 天命有德, 五服五章哉."

하늘이 내신 백성들에게는 욕심이 있으니 임금이 없으면 혼란한 세상이 된다. 이에 하늘이 총명한 사람을 내시어 다스리게 하였다.[103]

하늘이 아래 백성을 도우시어 인군(人君)을 만들고 스승을 만드심은 오로지 상제를 도와서 천하를 사랑하고 편안케 하기 위해서다.[104]

천명이 하늘로부터 내려왔네, 이 문왕에게 명하시기를, 드디어 주나라 서울에 있게 하셨네.[105]

하늘에서 이미 정한 명(命)이 있으시거늘, 문왕(文王)과 무왕(武王) 두 분께서 받으시니라.[106]

위의 예문들의 핵심을 요약 정리하면 천은 인간생명의 근원이며, 더 나아가 천은 그가 낳은 만민의 생을 보람 있고 의미 있게, 그리고 온전히 누리게 하고자 한다. 그러나 사람의 됨됨이에는 현명함과 어리석음, 착함과 악함의 차이가 있기 때문에 모두가 잘 살도록 하기 위해서는 정치와 교육이 필요하다. 또한 천은 그의 의지를 실행하는 방도로서 대리자(代理者)를 세워 그로 하여금 자신의 일을 대행하도록 한다. 왜냐하면 천은 직접 만물과 특히 일반서민들과는 관계할 수 없기 때문에 자기를 대신하여 통치할 대행자를 명하게 된다.

이에 천은 천공(天功)을 익찬대행(翼贊代行)하게 하기 위하여 만민들 가운데서 가장 총명하고 덕망이 있는 사람을 원자(元子)로 삼아, 백관을

103) 같은 책, 商書, 仲虺之誥. "惟天生民有欲, 無主乃亂, 惟天生聰明時乂."
104) 같은 책, 周書, 泰誓上. "天佑下民, 作之君, 作之師, 惟其克相上帝, 寵綏四方."
105) 『詩經』, 大雅, 文王之什. "有命自天, 命此文王, 于周于京."
106) 같은 책, 周頌, 淸廟之什. "昊天有成命, 二后受之."

통솔하여 정치와 교육을 맡게끔 명을 내린다. 이 천공(天功) – 정교(政教) – 봉행(奉行)의 사명을 지닌 사람이 곧 군왕(君王)인 것이다. 이 군왕을 천자(天子)라고 부르는데, 이는 모든 사람이 하늘로부터 생명을 받았으므로 모두가 하늘의 아들이고, 군왕은 그중에서 맏아들(元子)이기 때문이다. 군왕은 하늘의 아들이자 만민의 어버이로서 천과 만민의 중보자(仲保者)가 되고, 또한 천의 대행자로서 천의를 집행하여 천민화합(天民和合)을 도모해야 하는 막중한 책무가 있다.

그러므로 유가적 견지에 있어 천의 의지와 그 사업을 대행하여 실현하는 통치권 즉 사명(使命)의 부여는 하늘이 이를 천명(天命)으로 결정하는 것은 당연한 일이지만, 천명 결정의 기준은 어디까지나 치자의 자질과 능력에 달린 것이다. 그런데 천의 명은 어느 특정한 인물[王]만을 임의적으로 선택하는 것은 결코 아니다. 『서경』에서 다음과 같이 말한 것도 이 때문이다.

> 왕의 말은 대략 이러하다. "맹후(孟候)인 짐의 동생인 소자 봉아! 너의 크게 밝으신 문왕께서는 덕을 밝히고 벌을 삼가시었고, 감히 홀아비와 과부들을 업신여기지 않았으며, 수고하시고 공경하시며 위엄이 있게 백성들을 밝히셨다. 그리하여 중화 땅에 구역을 처음으로 만드시니, 이에 우리 한두 나라들도 그것을 본떠 다스렸으며, 우리 서쪽 땅은 이분을 의지하고 떠받들게 되었다. 이 일이 하늘에 알려지게 되니 상제께서도 기뻐하시었다. 하늘도 마침내 문왕에게 대명(大命)을 내리시어 은나라를 쳐 멸하라 하시어 그 분부를 받았고, 나아가서는 그 나라 그 백성들을 복종케 하였다.[107)]

---

107) 『書經』, 周書, 康誥. "王苦曰, 孟侯, 朕其第小子封, 惟乃丕顯考文王, 克明德愼罰, 不敢侮鰥寡, 庸庸祗祗, 威威顯民, 用肇造我區夏, 越我一二邦以修, 我西土惟時怙冒, 聞于上帝, 帝休天乃大命文王, 殪戎殷, 誕受厥命, 越厥邦厥民, 惟時敍."

이처럼 하늘이 명을 내릴 때에는 반드시 문왕같이 덕을 쌓은 사람에게 내린다는 것이다. 이것이 바로 '명수덕정(命修德定)'의 사상이다. 하지만 하늘이 내려준 명이라고 해서 영구한 것은 아니다. 비록 세습에 의하여 천명을 받은 자라 할지라도 그가 통치 과정에서 주어진 사명과 본분을 망각하거나 통치 능력을 발휘하지 못할 경우에는 천명은 부득이 새로운 인물에게 넘어가게 된다. 다음의 시는 이와 같은 생각을 잘 표현하고 있다.

> 주나라는 오래된 나라라고 하지만 천명은 새롭기만 하네.…… 상나라 자손들은 헤아릴 수 없이 많았건만, 상제가 명을 내리시어 주나라에 복종케 되었네. 주나라에 복종케 하시니, 천명은 항구적이지 않은 걸세.[108)]

하늘이 명을 내리는 전제조건이 수덕(修德)에 있듯이, 사람이 명을 온전하게 잘 지키고 유지하기 위해서는 일정한 조건이 뒤따른다. 하늘의 명을 영구 보존하려면 하늘의 도를 공경하여 높이고 선한 일을 해야만 하는 것이다. 하늘의 명이 직접적인 관련을 맺고 있는 것이 군왕[=天子]이라는 것을 감안하면 수덕의 실질적인 내용은 덕치(德治)라고 생각할 수 있다. 여기서 정치적 천명사상의 한 형태로 '선양(禪讓)', '계위(繼位)'와 더불어 역성혁명(易姓革命)의 사상이 성립할 수 있는 논리적 근거를 찾아볼 수 있다.[109)]

그러면 혁명의 새로운 수명(受命) 대상자가 천명 결정의 기준에 합당

---

108) 『詩經』, 大雅, 文王之什. "周雖舊邦, 其命維新, …… 商之孫子, 其麗不億, 上帝旣命, 侯于周服, 侯服于周, 天命靡常."

109) 赤塚忠外, 「思想史」, 『中國文化叢書3』, 東京: 大修館書店, 1978, 25~26쪽 참조.

한지 여부를 판정하는 방법은 무엇인가? 그것은 한마디로 천의와 민중의 여망(與望)에 의거하는 것이다. 『주역』에 "은의 탕왕과 주의 무왕이 혁명에 성공한 것은 그들이 천명에 순응하고 민심에 호응했기 때문이다"[110]고 한 말은 이를 단적으로 증명해 준다.

이와 같이 백성의 여망 즉 민의(民意)는 바로 천의와 직결되므로, 백성을 잘 보양하고 교화시키지 않을 때는 천명을 오래 보존할 수 없게 된다. 이러한 논리는 『시경』과 『서경』 여러 곳에서 나타나고 있는데, 그것은 민의를 천의로 돌림으로써 덕치의 당위성을 천명으로부터 연역하는 것이라고 생각할 수 있다. 군왕은 백성의 여망을 파악하기 위해 여론에 귀를 기울여야 하며, 고대의 명철한 사대부들이 언론의 자유를 극력 주장했던 까닭도 바로 여기에 있다.[111]

이와 같은 정치적 천명사상에 "치자의 자질과 능력 및 행실이 주어진 사명을 수행함에 적합한지 여부를 판정하는 천의와 민망(民望)은 결코 이원적인 구조가 아니요, 본질적으로 일원적인 관계에 있는 것이다."[112] 이 점은 '하늘이 만민을 낳았다[天生烝民]'는 사상의 전래적 관점의 계승으로서 천과 민은 본질적으로 일치하며 천민(天民)의 화합이 또한 왕위(王位)를 결정하는 중요한 요인이 된다는 것과 상통한다.

우리는 이미 앞에서 '생성(生成)과 주재(主宰)'라는 양대 직능을 갖는, 인간생명의 근원으로서의 천[113]이 만민의 생명을 가치 있고 온전하게 누릴 수 있도록 하기 위하여 총명하고 덕망이 높은 자를 선택하여 천공을 대행케 하고 있음을 살펴보았다. 그렇다면 천의와 민의의 소재는 결코 이원적일 수 없으며, 이는 인간성명(人間性命)의 근원인 천과 인의

---

110) 『易經』, 革卦, 彖傳. "湯武革命, 順乎天應乎人."
111) 梁啓超, 『先秦政治思想史』, 台北: 中華書局, 1936, 31쪽 참조.
112) 申東浩, 앞의 논문, 56쪽 참조.
113) 穴澤辰雄, 『中國古代思想論考』, 27쪽 참조.

일관성으로 보더라도 알 수 있는 자명한 사실이다.

> 하늘은 우리 백성의 총명으로부터 비롯되고, 하늘이 밝히는 위엄은 우리 백성이 밝게 살피는 위엄으로부터 비롯된다. 하늘과 아래의 백성은 서로 통하는 것이니 공경해야 한다.[114)]

> 하늘이 이에 백성의 군주를 구하여 성탕(成湯)에게 빛나고도 아름다운 사명을 부여하였다. 이에 탕임금은 하(夏)나라를 정복하여 멸망시켰다.[115)]

> 하늘이 백성들에게 은혜를 베푸시니 임금은 하늘의 뜻을 잘 받들어야 한다.[116)]

백성의 소망과 기대는 천의에 반영되고 천의는 백성의 입을 통하여 나타나고 실현된다고 하는 인간 중심적 세계관의 반영, 즉 유가의 천·인 일관적 사고는 마침내 그 관점을 인간에게 주어진 천부(天賦)의 '내재적 덕성'에 두게 된 것이다.

이처럼 유가는 인간이야말로 '천공'[117)]을 대행할 수 있는 능력과 사명이 있는 유일한 존재[118)]로 규정한다. 왜냐하면 인간은 천의 소생자요, "하늘의 역수를 품수한 존재[天之曆數在爾躬]"[119)]로서 우주만유의 존재

---

114) 『書經』, 虞書, 皐陶謨. "天聰明, 自我民聰明, 天明畏, 自我民明威. 達于上下, 敬哉."
115) 『書經』, 周書, 多方. "天惟時求民主, 乃大降顯休命于成湯, 刑殄有夏."
116) 『書經』, 周書, 泰誓中. "惟天惠民 惟辟奉天."
117) 經書 가운데서 主宰者인 天·帝의 職能을 표현한 말에는 天功이외에도 天工, 天事 등이 있다. 穴澤辰雄, 앞의 책, 33쪽 참조.
118) 『書經』, 虞書, 皐陶謨. "天工人其代之."
119) 『書經』, 虞書, 大禹謨. "天之曆數, 在汝躬."

원리와 인간도덕의 실천원리를 본래적으로 구유하고 있으며 또한 인간만이 인격의 존엄을 가질 수 있는 존재이기 때문이다.

그런데 이 '천공'을 대행하고 실현할 수 있는 자질과 능력으로서 인간의 내면적 도덕원리는 인간이 하늘의 뜻을 구현할 수 있다는 이론적 근거를 제공할 뿐만 아니라, 더 나아가서는 백성의 바람과 기대가 하늘의 뜻을 구체적으로 표현하는 것이라는 이설(理說)의 논리적 근거를 가능하게 한다. 이러한 기본 전제를 바탕으로 하여 천을 인간생명의 근원으로 간주하는 유가의 천인관(天人觀)에서 군왕은 천명에 의하여 결정된다고 하는 유가 특유의 정치적 천명사상을 거쳐서, 천을 '인간적 규범의 근원자'로 파악하는 도덕적 천명사상으로까지 전개된다.

그러면 정치적 천명사상으로부터 한층 심화 발전되었다고 보이는 도덕적 천명사상에서 인간 성명의 근원이라고 할 수 있는 천은 도대체 어떤 성격과 의미를 가지는 것인가?

시간의 흐름에 따른 경험의 축적과 이지(理知)의 발달, 그리고 정치의 문란, 천재(天災)의 빈번한 발생으로 말미암아 대개 주 여왕(厲王) 시대로부터 춘추시대를 거치는 동안 사람들은 여러 관념의 수정과 함께 인격적이고 주재적(主宰的) 천에 대해서 회의를 품게 되었고, 아울러 자성적 내찰(內察), 즉 '비판과 반성적 사유'에 의하여 천의를 깨달을 수 있다고 생각하기 시작하였다. 여기서 "지식인들이 점복을 믿지 않고 제사를 중시하지 않으며 덕을 숭상하고 백성들을 귀하게 여기고, 자기의 행위와 덕성을 중시하며 그 관심을 더욱더 사람 자체로 전환시키게 된"[120] 것이며, 선민(先民)들의 종교적 의미의 '천'에 대한 관념 또한 점차 추상화되고 철학적 의미를 띄게 되었던 것이다.[121]

---

120) 陳來, 『중국고대사상문화의 세계』, 17쪽.
121) 이에 관한 연구로는 池田末利의 『中國古代宗教史硏究』, 991~1000쪽 참조.

여기에서 상제라 호칭되는 경우와 같이 그 거주처를 천상에 두고 인간계를 다스리는 초월적이고, 인격적이고 주재자적인 의미의 천의 관념이 점점 희박해지고 그 대신 초월적이고 주재자적인 천이 인간의 심성에 내면화되면서 이제까지 품어 왔던 천에 대한 외경심과 신령성이 회의 불신되고 또한 그것이 한갓 경원(敬遠)의 대상으로 전락하게 됨과 동시에 도덕적인 천의 사상이 발아됨을 보게 되는 것이다.[122)]

『예기』「표기」에는 하·은·주(夏殷周) 삼대의 신을 모시고 받드는 자세와 그 특징이 잘 나타나 있다.[123)] 하나라 사람들은 자연현상의 질운(迭運)적 질서를 존중하는 한편, 신을 모시고 받들되 경원하였고, 은나라 사람들은 상제와 귀신 등을 존숭하여 모든 사람이 신을 섬기고 조상신을 예(禮)보다 앞세웠고 주나라 사람들은 예의법도(禮義法度)와 인간의 내면적인 도덕심을 숭상하여 신을 모시고 받듦에 있어서 경원하는 태도와 입장을 취했다는 것이다. 궈모뤄(郭沫若)도 일찍이 『天の思想』에서 복사나 은대명문(殷代銘文)의 예를 들어 주대에서는 천 신앙 대신에 '덕'이라는 새로운 관념이 중심사상을 이루고 주재자적인 의미의 천이나 상제의 존재는 회의 불신되고 있음을 주장한 바 있다.[124)]

물론, 『예기』에는 하·은·주 삼대의 왕조가 교체됨에 따라 신을 모시고 받드는 자세도 서로 다름을 말하고 있지만, 이는 어디까지나 그 대략을 표현한 것에 불과할 뿐 그 변화는 점진적인 것이었다고 궈모뤄가 말한바 주나라 사람들의 주재적·인격적 의미의 천에 대한 회의 불신적 태도 역시 그 유래가 매우 오래된 것이라고 보아야 할 것이다.

이케다 쓰에토시가 「주초(周初)의 천에 대한 불신관(不信觀)에 대해

---

122) 武內義雄, 앞의 책, 8~10쪽 참조.

123) 『禮記』, 表記. "夏道尊命, 事鬼神而遠之, 殷人尊神, 率民而事神, 周人尊禮尙施, 事鬼神而遠之."

124) 郭沫若, 『天の思想』, 19쪽 참조.

서」라는 논문의 결론에서 "주초의 천 및 천명에 대한 불신의 관념은 결코 종교적 권위의 전통을 부정하는 것이 아니다"라든가 "주대의 경덕·보민의 도덕·정치적 자각은 제·천에 대한 경외의 태도에 기초하고 있다"[125]라고 말한 것은 이런 문맥에서 이해해야 할 것이다. 이때 주목되는 사항은 천에 대한 불신이나 회의적 태도가 우환의식(憂患意識)에 바탕을 두고 있으며, 그 우환의식으로부터 표출된 것이 다름 아닌 경(敬), 경덕(敬德), 명덕(明德) 등과 같은 개념들이라는 것이다. 쉬푸관(徐復觀)에 의하면 우환의식은 원시종교를 성립시키는 공포감이나 절망감과는 질적으로 다르다.[126] 그런 면에서 우환의식은 인간이 책임감을 갖고 자신의 힘으로 곤경이나 난관을 극복해가려는 데에 나타나는 심리상태이며, 자신이 마주하고 있는 세계와 사물에 대한 인간의 직접적 책임감의 표현이라고 할 수 있다.[127]

그렇다면 천·인의 성명(性命)적 연관성을 토대로 하는 도덕적 천명사상에 있어서 천이 갖는 의미와 특징은 무엇일까. 『서경』의 「주서」에는 다음과 같은 대목들이 보인다.

> 우리 뒤를 이을 자손이 천명을 보전하는 것이 쉽지 않다는 것과 하늘을 믿고만 있기가 어렵다는 것을 알지 못하면, 그들은 명을 잃어 옛 분들이 삼가 밝히신 덕을 대대로 계승할 수가 없을 것이다.[128]

> 하늘의 뜻이 일정하다고 믿어서는 안 된다. 우리의 길은 다만 나라

125) 池田末利, 앞의 책, 81쪽.
126) 徐復觀, 『中國人性論史』, 20~25쪽 참조.
127) 곽신환, 『주역의 이해』, 서광사, 1990, 227쪽 참조.
128) 『書經』, 周書, 君奭. "在我後嗣子孫, …… 不知天命不易, 天難諶, 乃其墜命, 弗克經歷, 嗣前人恭明德."

를 편케 하신 임금의 덕을 연장시키어 문왕께서 받으신 명을 하늘이 버리지 않도록 하는 것이다.[129]

이는 모두가 천이 언제까지라도 자기를 보우(保佑)한다고 믿어버리거나, 자신이 이미 천명을 받았다고 하여 거기에 만족하거나 방심해서는 안 된다는 것을 뜻한다. 천은 또한 어느 특정인만을 편애하거나 비호하는 것이 아니기 때문에, 주어진 천명만을 믿고 의지할 것이 아니라 스스로 수덕하고 덕성을 온전히 보존하여 하늘의 도움을 받아야 한다는 것을 설명한 것이다. 이는 천명의 공정성과 천의 도덕적 성격을 강조한 것이지, 결코 천에 대한 회의나 불신을 나타내고자 한 것은 아니다. 다시 말해서 천을 인간의 도덕성이나 덕성과 아무런 관계도 없는 초월적이고 신령스런 존재로 숭배하여 단지 그 영력(靈力)만을 믿거나 기대하려고 하는 운명론적이고 의타적인 삶의 자세와 사고를 경계한 것이다. 그러므로 인간은 마땅히 도덕적 자아의 확충과 그 실현을 통하여 천의의 소재를 촌탁(忖度)하고 현세에서 인간의 본래성에 기초한 윤리도덕의 구체적 실천을 통하여 천명을 완수해야 한다는 책무와 사명이 있다는 것을 촉구하는 교훈이다.[130]

괵나라는 망할 것이다. 내가 듣건대 "나라가 장차 흥하려 할 때에는 군주가 백성들에게 나라 일을 물어 듣고, 나라가 장차 망하려면 신에게 귀를 기울여 복을 빈다"고 했다. 신은 정직하고 총명하여 한 가지 마음만을 가진다. 그래서 신은 인간의 선악에 따라 복과 화를 준다.[131]

---

129) 같은 책, "天不可信, 我道惟寧王德延, 天不庸釋于文王受命."
130) 신동호, 앞의 논문, 62쪽 참조.
131) 『左傳』, 莊公三十二年條. "虢其亡乎, 吾聞之, 國將興聽於民, 將亡聽於神, 神聰明正直而壹者也, 依人而行."

> 설나라 사람들은 사람에게서 증거를 찾고, 송나라 사람들은 귀신을 증거로 삼으니 송나라 사람들의 죄가 대단히 크다.[132)]

> 백성은 신에게 제사 지내는 주인이다. 옛날 성왕(聖王)들은 먼저 백성들을 잘 살게 하고, 그다음에야 신에게 정성을 다하였다.[133)]

> 신에게 제사 지내는 것은 사람을 위하여 하는 일이다. 백성은 신령의 주인인데 사람을 제물로 사용하면 어느 신령이 와서 흠향하겠는가.[134)]

이는 주인(周人)들의 신에 대한 경원적 태도와 외재적인 귀신의 힘보다는 인간의 합리적 사유와 인간의 본래적인 덕성을 더 신뢰하고, 인간 행위의 윤리적 규범을 중시하는 태도를 잘 표현한 좋은 예라 하겠다. 이것은 민간 전래의 여러 신들 내지 재래의 소박한 경천신앙(敬天神仰)이 점차 쇠퇴하면서, 인간 정신의 주체적 자기각성과 윤리적 자각이라는 새로운 시대사조가 나타나고 있음을 반영한 것이라 할 수 있다. 여기에서 "'신령신앙'의 몰락과 '실천이성'의 성장을 가져왔고, 인간 사회의 질서는 인간이 자족하고 자위하는 개념으로 사고하는 것으로 인식되었다."[135)] 따라서 이제 천은 외재적이거나 초월적이고 의지적이며 또한 신령한 힘을 구비한 존재, 다시 말하면 인간의 경험적 대상이거나 인간세계를 넘어서 있는 우주 만유의 주재자로서의 인격신적 존재가 아니다. 그것은 인간성명의 내면세계에 자리한다. 그렇다고 그 근원적 진리성이 인간심

132) 『左傳』, 定公元年條. "薛徵於人, 宋徵於鬼, 宋罰大矣."
133) 『左傳』, 桓公六年條. "天民, 神之主也, 是以聖王先成民, 而後致力於神."
134) 『左傳』, 僖公十九年條. "祭祀以爲人也, 民神之主也, 用人其誰饗之."
135) 陳來, 『중국고대사상문화의 세계』, 14쪽.

성의 배후세계에 실재하는 것으로 한갓 형이상학적 관념의 대상으로서 고정되어 버린 것도 아닌, 바로 '나'라는 인간존재가 인간답게 살 수 있는 존재 가능근거로 이해되기에 이른 것이다.[136]

이처럼 천 · 인의 성명적 일관성의 자각을 통해서 천을 자아 인격성의 본래적 근거와 우주 만유의 근본 원리로 이해하는 도덕적 천명사상은 마침내 덕의 소재가 곧 천명의 소재라고 하여 "하늘이 나에게 덕을 주셨다[天生德於予]"[137]라고 피력한 바 있는 공자에 이르러 더욱 심화되고 "도덕적 인격발전의 그 최고경계를 이루는"[138] 인(仁)으로 체계화되었던 것이다. 다시 말해서 종래의 천이 공포와 신비와 경외의 심정에서부터 드러나고 순종과 굴복만이 강요되는 외재적이고 추상적이며 막연한 대상적 존재였다고 한다면, 공자에 이르러 그 천은 인성(人性)에 내재한 도덕률을 통하여 내 안에서 느껴지고 이해되는 자각된, 인간의 주체성으로서의 인과 유리될 수 없는 인격적 존재로 형상화되었던 것이다.[139] 이는 공자에 이르러 비로소 인간의 인격적 본질이 발견되고, 자아가 의식됐으며, 또한 자아의 본래성의 회복과 내적성실성(內的誠實性)을 통하여서만 만날 수 있는 초월적이면서 내재적인 의미를 동시에 함유한 새로운 천명[140]이 우리 앞에 나타나게 되었다는 것을 뜻한다. 그런 점에서도 "유가의 '천과 인간에 대한 논변[天人之辨]'은 공자를 역사적 기점으로 삼는다"[141]라고 하는 주장은 매우 타당하다.

천명의 의미는 물론 공자의 사상에서 '천'이 그러하듯이, 일정하게 규

136) 申東浩, 앞의 논문, 63쪽 참조.

137) 『論語』, 術而.

138) 牟宗三, 앞의 책, 25쪽.

139) 徐復觀, 앞의 책, 83~89쪽과 柳承國, 『東洋哲學硏究』, 槿域書齊, 1983, 106~107쪽 참조.

140) 牟宗三, 앞의 책, 20쪽 참조.

141) 楊國榮, 『유교적 사유의 역사』, 황종원 외 옮김, 성균관대학교 출판부, 2006, 58쪽.

정하기는 어렵다. 그러나 분명한 사실은 그것이 "인간존재의 근원이 되는 동시에, 인간에게 품부된 실천적 사명으로서의 인도적(人道的) 의미"[142]를 지닌다는 점이다. 그리고 유가는 공자에 의하여 비로소 역사적 종교로[143] 발전할 수 있었고, 그 결과로서 중국의 역사에 주목할 만한 변화가 일어났다는 사실은 누구도 부인하지 못할 것이다. 물론 공자의 천명사상은 중국의 전통적 천관의 토대 위에 서 있고 공자가 그것을 계승하여 발전시킨 것임에는 재론의 여지가 없다. 안병주 교수가 공자의 천관 속에는 특히 전통적 천도관(天道觀)의 공통적 성격을 뛰어 넘은 인간 개인의 성장과 발전, 그리고 향상성(向上性)에 대한 신념의 확립이 보인다고 하면서 다음과 같이 말한 것은 유의할 만하다.

> "중국 고대민족의 전통적 천신앙(天信仰)은 공자에서도 그대로 조술되기는 하였지만, 그 공통적 성격을 초월하여 집단체 의미에서 독립하여 천과 직접적으로 연결되는 개인주체의 윤리를 확립한 것은 확실히 사상의 비약적인 발전이 아닐 수 없으며, 분명 하나의 사상적 「전회(轉回)」이다."[144]

이러한 관점은 자사(子思)에도 이어져 『중용』의 '하늘이 품부한 것을 성이라고 이른다[天命之謂性]'로 전개되었다. 이는 공자의 '하늘이 나에

---

142) 柳南相, 「東洋哲學에 있어서의 主題의 變遷(Ⅰ)」, 『東西哲學硏究』, 創刊號, 한국동서철학연구회, 1984, 4쪽.

143) W. 리처드 콤스톡은 宗敎에 있어서의 原始宗敎와 歷史的 宗敎를 구별하면서 儒敎를 歷史的 宗敎로 규정하였다. 그에 의하면 歷史的 宗敎란 인류가 지구상에 존재해 온 전 시기를 통해 비교적 최근에 나타나서 지금도 계속 중요한 영향력을 행사하고 있는 종교를 의미한다. 그리고 그것은 또한 높은 수준의 自律性을 가지고 있고 상당한 정도의 文化的 分化를 이루고 있다. W. 리처드 콤스톡, 『宗敎學』, 尹元徹譯, 展望社, 1983, 180~184쪽 참조.

144) 安炳周, 앞의 논문, 13쪽.

게 덕을 주셨다[天生德於予]'를 좀 더 구체화한 것으로서 천명이 곧 인성(人性)임을 단정적으로 규정한 것이다. 즉 인간 본성은 천명에 그 근거를 두고 있으며 일체의 사회윤리 도덕은 인성에서 유래한다는 것이다.[145] 맹자 역시 이를 바탕으로 하여 자사의 천명사상을 보다 체계화하고 심화시켰다. 그에 의하면 자기의 마음을 다함으로써 자기의 본성을 깨닫는 것이며, 이는 동시에 천을 깨닫는 일이 된다.[146] 이 경우 천은 자아의 내적 심화를 통해서 자각되는 보편적인 도덕원리로서 천과 인간이 내재적 연관성을 가지는 천이었다.[147] 아울러 특기할 만한 사실은 그가 전통적 천관을 충실히 계승하면서도 천을 인간 주체에 내재하는 성선(性善)의 존재근거로, 그리고 그 천은 인간의 도덕적 자각을 통해서만이 발견되는 존재로 이해했다는 점이다.

---

145) 蒙培元, 『中國心性論』, 台北; 學生書局, 1990, 111쪽.

146) 『孟子』, 盡心章句上. "盡其心者, 知其性也, 知其性, 則知天矣."

147) 물론, 正統儒學의 天觀과는 크게 다른 荀卿의 天論 같은 것은 예외적인 경우로 看做하고 하는 말이다. 순경은 天을 主宰的 · 道德的 · 義理的으로 파악하여 이를 도덕원리의 최고근원으로 삼는 공자의 입장에 반대하고, 인간과는 따로 떨어져 스스로의 운행법칙에 의해서 움직이는 자연현상으로서의 과학적 · 자연적 · 기계적 天, 즉 '自然之天'을 주장하였기 때문이다. 그가 「天論篇」에서 "天行有常, 不爲堯存, 不爲桀亡, 應之以治則吉, 應之以亂則凶"이라고 한 말은 이를 단적으로 요약하여 준다. 傅佩榮, 『儒道天論發微』, 155~157쪽과 李杜, 『中西哲學思想中的天道與上帝』, 171~180쪽 참조.

Ⅲ. 천명(天命)으로 주어진 인간의 덕성(德性)

지금까지 우리는 초월적이고 외재적이면서 주재자적 의미로만 이해되었던 천이 인간의 심성 속으로 내재화되면서 자아성명의 근원으로 파악되는 과정을 간략하게 살펴보았다. 도덕적 천명사상에 있어서의 '천'은 인간 바깥에 마주 서 있는 경험대상으로서의 실재거나 인간세계를 넘어서 있는 인격적이고 절대적인 권능을 소유한 초월적인 존재도 아닌, 바로 인간 자신의 인격성의 본래적인 근거와 기준으로 이해되었다. 또한 천명사상의 전개과정에서 추구되고 심화된 '인(人)'의 개념이 무자각적(無自覺的)인 일반 사람, 즉 본래적인 나를 상실한 채로 평범한 세상 사람들 속에 풍설(風說), 호기심, 애매성 등으로 은폐되어 객체적 · 피동적 존재로 살아가는 즉자적(卽自的)인 사람(das Man)[1]을 가리키는 것이 아니라, 본래적인 자기로서, 천도(天道) 구현의 실천적 주체로서의 대자적(對自的) · 자각적(自覺的)인 사람을 뜻함도 발견할 수 있었다.

---

1) 朴鍾鴻, 『哲學槪說』, 박영사, 1974, 219쪽 참조.

이와 같은 천·인 일관(一貫)적 사고는 바로 천으로부터 품수한 덕성을 인간이 선천적으로 내재하고 있는 본질로 규정하고, 그것을 근거로 모든 인간사를 판단하고 결정하는 유가 천명사상의 이론적·사상적 기초가 되는 것이다. 이제 문제는 바로 이러한 특질이 어디에서 오는 것이며 그 의미는 무엇인가 하는 점이다. 따라서 여기서는 천명자각 근거로서 인간이 생래적(生來的)으로 구유한 천부의 덕성, 즉 인간의 인격적 본질의 성(性)은 무엇이며 그것은 어떤 내용과 구조를 갖고 있는지 살피고자 한다.

주지하다시피 인간 존재 본질인 인성의 내면적 구조에 대한 철학적 이해는 우주 안에서 인간의 역할, 능력 및 책임을 규정짓게 하고, 그것은 결국 사람으로 하여금 자기 본래성 자각을 통한 천도의 체현에로 향진하게끔 하는 출발점이 된다. 따라서 천명자각 주체로서 인간을 주요한 명제로 다루어야 할 것이다.

1. 인간의 인격적 본질로서의 성(性)

유가가 지닌 수많은 특성 중에서 특히 '인성은 인간의 보편적인 선천성이며, 근본적으로 선'이라는 점을 손꼽을 수 있다.[2] 이 같은 유가의 특성은 천·인 일관적 사고에 조응한다. 다시 말하면, 인간의 내재적·본유적 성선(善性)은 다음과 같은 일련의 논리적 가정으로부터 유추된다. 첫째, 조화·형평이 하늘의 기본적 규범·표준인 까닭에 하늘의 근본적 원리 원칙은 선한 것이다. 둘째, 인간과 천은 하나인 까닭에 인간

2) 陳榮捷, 「中國思想에 있어서의 人間觀」, 郭徹譯, 『人間이란 무엇인가』, 동문출판사, 1979, 34쪽 참조.

의 본성과 천의 본질은 동일한 것이다. 셋째, 조화로운 유기체인 천의 운동·변화의 유형은 외부의 힘에 의한 것이 아니고 내재적인 까닭에, 선한 인간의 본성 또한 내재적이며 자발적인 것이다. 넷째, 인간세계는 우주 자연의 조화를 위해 필수 불가결하기 때문에 사람의 본성은 인간 세계와 천을 연계시키는 극히 중요한 핵심적인 장(場)이다.[3)]

『주역』의 다음의 대목들이 이런 생각을 선명하게 보여준다.

> 옛날에 성인(聖人)이 역(易)을 지음은 장차 성명(性命)의 이치를 따르고자 함이었다. 이런 까닭에 하늘의 도를 세워 음과 양이라 하고, 땅의 도를 세워 유와 강이라 하며, 사람의 도를 세워 인과 의라 하니, 삼재를 겸하여서 그것[卦]을 두 배[六劃]로 하였다.[4)]

> 한번 음하고 한번 양하는 것[所以]을 도라 한다. 이를 이어받은 것이 인간의 선이요, 그 선을 성취하는 것이 인간의 본성이다.[5)]

하늘이 만민을 낳았다는 사상은 실로 유가철학의 대전제이다. 사람은 천의 소생자다. 하늘은 그 소산자(所產者)인 인간에게 생래적으로 형체와 함께 인간으로서 마땅히 인간답게 살아가야 할 도리(道理)와 명법(命法)을 부여하였다. 인간으로서 지키고 행하지 않으면 안 될 도리와 명법, 그것은 인간의 생존의 법칙이며 한계이다. 주어진 존재의 법칙과 한계에서 말하면 천명이고, 맡은 당위의 가능근거 내지 능력에서 말하면 사람의 덕성인 것이다. 그래서 주자(朱子)는 "성을 받은 것, 명을 부여한

---

3) 林孝善, 『삶의 政治思想』, 한길사, 1984, 164쪽 참조.

4) 『周易』, 說卦傳, 第二章. "昔者聖人之作易也, 將以順性命之理, 是以立天之道曰陰與陽, 立地之道曰柔與剛, 立人之道曰仁與義, 兼三才而兩之".

5) 『周易』, 繫辭上, 第五章. "一陰一陽之謂道, 繼之者善也, 成之者性也".

것"[6]이라고 풀이했던 것이다.

이와 같은 천·인 일관적 사고는 바로 천부의 덕성을 인간의 본래성으로 규정하고[7] 그에 근거하여 모든 인간사를 판단하고 처리하는 유가 인도주의(人道主義)의 사상적 기초가 되는 것이니, 이는 분명히 일종의 도의주의(道義主義, moralism) 및 인본주의(humanism)의 경향이다.[8] 이러한 사고방식의 또 다른 예를 『맹자』에서도 발견할 수 있다.

> 자신의 마음을 최대로 갈고 닦는 자(者)는 자기의 본성을 알게 될 것이니, 그 본성을 알면 곧 천명을 깨닫는 것이다. 자신의 마음을 지키고 본성을 계발하는 것이 하늘을 섬기는 것이다.[9]

여기에서 문제의 핵심이 되는 것은 물론 '마음' 또는 '본성'이 아니라, 천과 사람의 관계 및 그 일치, 인간 본성의 근원이 하늘이라고 하는 강한 믿음이다. 이렇게 천을 인간본성의 원천으로 파악하는 것은 천이 일종의 보편적 도덕원리라는 사실과 이러한 천으로부터 인간의 본성 속에 내재하는 모든 윤리·도덕적 원칙이 유래한다는 사실을 암시한 것이다. 이는 또한 사람 본성은 도덕률의 근거와 표준이며, 인간 본성을 온전하게 발현하는 것이야말로 천명을 승수(承受)하여 널리 천하에 '인간다운 삶'을 실현하는 지름길이요 최후목표라는 사실을 의미하기도 한다. "이루어진 본성을 보존하고 또 보존하는 것이 도의(道義)의 문(門)이다"[10]

---

6) 『周易』, 乾卦, 彖辭 朱子註. "物所受爲性, 天所賦爲命."

7) 『中庸』, 第一章. "天命之謂性, 率性之謂道." 참조.

8) Wing-tsit Chan(陳榮捷), *A Source Book in Chinese Philosophy*, New Jersey: Princeton Univ. Press, 1972, 78~79쪽 참조.

9) 『孟子』, 盡心章句上. "盡其心者, 知其性也, 知其性, 則知天矣, 存其心, 養其性, 所以事天也."

10) 『周易』, 繫辭上, 第七章. "成性存存, 道義之門."

라고 한 말이나, "하늘의 도가 변화하고 작용하여 이루어진 각각의 성명을 바르게 한다"[11]는 말을 상기할 때 이 점은 명백하다.

이로써 우리는 하늘이 부명(賦命)한 인간의 덕성, 그것은 "모든 사람이 사지를 가졌음과 같이"[12] 모든 사람의 "자아에 고유한"[13] 본래적인 자성(自性)이고, 또 그것은 삶과 더불어 가지게 되는 욕구의 충동 내지 그 근원이 아니라 바로 내가 본래적으로 참 사람 된, 그리고 나 자신이 일상적인 자기망각에서 벗어나 참으로 사람다움을 회복할 수 있는 가능 근거로서의 인격적 본질이며 명법임을 확인할 수 있다.

그렇다면 공자가 말한 "타고난 성품은 서로 비슷하나 습관에 의해 서로 멀어진다[性相近, 習相遠]"[14]의 '성(性)'과 "사람이 살아가는 도리는 정직함에 있다[人之生也直]"[15]의 '직(直)'은 기본적으로 동일한 의미를 갖는 것이며, 또한 그것은 인간에게 내재된 본질로서 선험적인 것이요, 도덕원리가 원유(源由)하는 바탕으로 해석된다. 그 이유는 '생(生)'자로부터 성의 개념이 나왔고, 발전했기 때문이다.[16]

이처럼 성을 인간의 인격적 본질로 보고 인간의 주체적 · 자발적인 실천을 중시하는 입장에서 공자의 사상을 성선설(性善說)로 발전시킨 사람은 맹자이다. "중국문화의 최대의 공헌"[17]이라고 평가를 받는 맹자의 인성론은 지금까지 살펴본 문제를 구체적으로 확인하는 데 결정적인 토대를 제공한다. 맹자는 어떠한 입장에서 '성'을 이해했는가. 이 물음에 대

---

11) 『周易』, 乾卦, 彖辭. "乾道變化, 各正性命."
12) 『孟子』, 公孫丑章句上. "人之有是四端也, 猶其有四體也."
13) 『孟子』, 告子章句上. "仁義禮智, 非由外鑠我也, 我固有之也" 및 같은 책 公孫丑章句上의 朱子註 "仁義禮智, 性也."
14) 『論語』, 陽貨.
15) 『論語』, 雍也.
16) 唐君毅, 『中國哲學原論』, 原性篇, 台北: 學生書局, 1979, 9~15쪽과 森三樹三郎, 『上古より漢代に至る性命觀の展開』, 東京: 創文社, 1971, 46~47쪽 참조.
17) 徐復觀, 『中國人性論史』, 161쪽.

한 검토를 통해 맹자 성론(性論)의 출발점과 방향을 추론해 보고자 한다.

맹자는 공자의 정신을 적극적으로 수용하고, 이를 생동적으로 발휘하여 성선설로써 선진시대의 유학이론을 정초하고 유학이 실천학으로서 면모를 갖추게 하는 데 결정적인 역할을 담당한 인물이었다. 이러한 의미에서 공자가 군자(君子)의 학(學)으로서 "위기지학(爲己之學)"[18]을 정립하고 인(仁)과 의(義)의 덕(德)을 그 중심사상으로 삼았다면, 맹자는 이를 계승하여 보다 발전시켰다고 할 수 있다.[19]

그리하여 맹자는 공자의 인을 계승하는 논리 위에서 인간의 본성을 생리적 본능 대신 인간다움의 특성인 인격성·도덕성·사회성으로 규정했다. 인간이 타고난 성은 선하고 생득적인 것일 뿐 아니라 '모든 사람'이 그것을 인격성·도덕성으로 본유하고 있다는 것을 그는 경험적 사실로 추리하는 유추적 방법으로 논증하였다.[20] 아울러 공자에게서 미처 밝혀지지 않았던 인의(仁義)의 논거가 "차마 남에게 모질게 하지 못하는 마음", "두려워 놀라며 측은히 여기는 마음"[21]이 인간 본연(本然)의 심정이라는 심리적이며 실제적인 사례로 입증되고 체계화되었다. 그 결과 성선과 인의예지 사단지심(四端之心)은 본유설(本有說)로 확정되었다.

그런데 맹자가 이룩한 이 전환도 평생의 모든 관심을 오직 인생문제 해결에 두었던 공자와 같은 선구적 인물에 의해 가능했다는 뜻에서 그

---

18) 『論語』, 憲問. "古之學者, 爲己, 今之學者爲人."
19) 馮友蘭, 『中國哲學簡史』, 北京: 北京大學出版社, 1985, 52쪽 참조.
20) 이 점에 관련하여 다음과 같은 馮友蘭의 말을 눈여겨 볼 만하다. "공자는 仁을 주장했지만 어째서 사람이 仁을 실천해야 하는가에 대한 이유를 설명하지 아니하였다. 그런데 맹자는 이러한 질문에 해답을 주려고 노력하였다. 性善說이 바로 그것이다. 성선설로 인하여 맹자는 세상에 더욱 널리 알려지게 되었다"(馮友蘭, 위의 책, 84쪽).
21) 『孟子』, 公孫丑章句上. "人皆有不忍人之心, …… 所以謂人皆有不忍人之心者, 今人乍見孺子將入於井, 皆有怵惕惻隱之心."

둘 사이에는 엄연한 연속성이 있으나 인성론에 국한하면 그의 성선설은 획기적인 의의를 가진다. 리쩌허우(李澤厚)의 다음 말은 여기에 많은 참고가 된다.

> 공자가 재아에게 '너는 편안한 마음으로 지낼 수 있는가[女安之]?'라는 반문으로 '삼년상'을 해석한 심리적 · 윤리적 원칙을 맹자는 일종의 도덕적인 심층 심리적 '사단(四端)이론'으로 발전시키고, 또한 그것에 선험적인 성질을 부여했다. 이것은 중국철학, 특히 윤리학에 엄청난 영향을 미쳤다.[22]

맹자는 금수와 구별하여 사람만이 가진 특수한 성징(性徵)을 인성으로 보고, 그것을 '사람이 사람 되는 이유'라고 말한다.[23] 다음의 대목은 이 문제를 맹자가 명확히 인식하고 있었음을 보여준다.

> 사람이 짐승과 다른 점은 극히 적다[幾希]. 보통 사람들은 그것을 흘려버리나 군자는 이를 보존한다. 순임금이 서물(庶物)에 명철하시고 인륜에 밝은 것은 인의를 따라 행위한 것이지 인과 의를 억지로 실행한 것이 아니다.[24]

그는 사람과 가장 가까운 류(類)인 금수와 사람의 차이점에 주목함으로써, 사람이 그것에 의하여 사람이라고 할 수 있는 성선을 발견하고 그것을 사람의 고유한 본성이라고 정의하였다. 맹자가 기회 있을 때마다

---

22) 李澤厚, 『중국고대사상사론』, 정병석 옮김, 한길사, 2005, 121~122쪽.
23) 宇同, 『中國哲學大綱』, 北京: 商務印書館, 1958, 199~201쪽 참조.
24) 『孟子』, 離婁章句下. "人之所以異於禽獸者幾希, 庶民去之, 君子存之, 舜明於庶物, 察於人倫, 由仁義行, 非行仁義也."

강조했던 성이란 물론 오관(五官)의 기욕(嗜欲)이 아니라 인간 고유의 도덕적 본질을 의미하는 것이었다. 그것은 그의 논리 과정에서 더는 물러 설 수 없는 최종적 지점이었다. "타고나는 것을 성이라고 한다[生之謂性]"를 애써 주장하는 고자(告子)에 대하여 "그렇다면 개의 성은 소의 성과 같고, 소의 성은 사람의 성과 같단 말인가?"[25]라고 반박한 예에서 이 점은 분명히 드러난다. 맹자는 이 반박을 통해 인간이 다른 존재와 구별되는 까닭을 인간의 성, 즉 인간만이 갖는 자각심(自覺心)의 특성을 지칭하는 것으로 이해했다.[26]

사람과 금수는 먹는 것이나 마시는 것 그리고 남녀의 성과 같은 생리적 측면은 거의 같다. 이러한 생리적 성향을 빼어버리고 나면 남는 것은 지극히 적다. 그러나 맹자는 극히 미소한 이 '기희(幾希)'라는 곳에서 '사람이 사람 된 이유'를 찾아낸 것이다. 그리하여 도출된 것이 그 유명한 성선설이고 그 선의 구체적인 내용이 바로 인의예지이다. 이른바 맹자의 '성선설'의 요체는 인간은 선천적으로 착하게 될 잠재능력, 즉 양심(良心)·본심(本心)을 지니고 있다는 것이다. 고유한 이 잠재능력은 사람마다 실현될 수도 있고 또한 안 될 수도 있다. 이 잠재능력, 즉 선천적 소질에 해당하는 것으로 그는 측은(惻隱)·수오(羞惡)·사양(辭讓)·시비(是非)의 사단(四端)을 들었다. 이 사단은 곧 인의예지 사덕의 단서로서[27] 인성에 고유한 선이 정(精)으로 발현된 단서이다. 이 선단(善端)을

---

25) 『孟子』, 告子章句上. "告子曰生之謂性, 孟子曰生之謂性也, 猶白之謂白與, 曰然, 白羽之白也, 猶白雪之白, 白雪之白, 猶白玉之白與, 曰然, 然則犬之性, 猶牛之性, 牛之性, 猶人之性與."

26) 勞思光, 『中國哲學史(一)』, 정인재 옮김, 탐구당, 1986, 124~125쪽.

27) 四端의 '端'이란 글자를 『설문해자』에서는 '端, 首也'라 하였고, 단옥재의 『설문해자주』에서는 '用爲發端, 端緖'라고 풀이하였다. 이렇게 보면 '端'은 막 생겨나는 것이나 시작의 뜻을 가진 글자임을 알 수 있다.(楊澤波, 『孟子性善論硏究』, 北京: 社會科學出版社, 1995, 42~43쪽) 이 '端'을 후대의 경학자 趙岐는 "端者, 首也, 人皆有仁義禮智之首, 可引用之"(『古注十三經』, 孟子, 公孫丑章句上)라 해석하여, 사단을 四德이 되는 바탕으로 본

훼손 없이 온전히 확충하여 사회현실에 전개해야만 비로소 본연의 선이 실현될 수 있는 것이다.

이처럼 인간 모두에게 보편적이고 선천적인 것이 인간본성의 요체 본질이며, 그것이 인의예지임을 맹자는 다음과 같이 논했다.

> 사람들은 모두 차마 남에게 모질게 하지 못하는 마음이 있다. 선왕들은 이 차마 모질게 하지 못하는 마음을 가지고 있었다. 그래서 차마 남에게 모질게 하지 못하는 정치가 있었던 것이다. 사람을 모질게 하지 못하는 마음을 가지고 다른 사람을 차마 모질게 하지 못하는 정사를 행한다면 천하를 다스림은 손바닥 위에 올려놓고 운용할 수 있을 것이다. 사람마다 모두 차마 남에게 모질게 하지 못하는 마음이 있다고 말하는 까닭이 이러하다. 문득 한 어린아이가 우물에 빠지려 하는 것을 보았을 때 누구나 다 놀라고 측은한 마음이 생겨 달려가서 붙든다. 그것은 어린아이 부모와 교분을 맺기 위한 것도 아니고, 동네 사람들과 벗들로부터 칭찬을 받기 위한 것도 아니고, 또 그냥 내버려두었다고 비난하는 소리를 듣기 싫어서 그러는 것도 아니다. 이로써 보건대 측은하게 여기는 마음이 없으면 사람이 아니다. 부끄러워하고 미워

데 비해, 朱子는 "惻隱, 羞惡, 辭讓, 是非, 精也, 仁義禮智, 性也 …… 端, 緖也, 因其精之發, 而性之本然, 可得而見, 猶有物在中而緖見於外也"라 하여 端을 性이 밖으로 나타난 端緖로 풀이하였다. 다시 말하여 趙岐는 사단과 사덕의 관계에 대하여 사단은 내적인 端本으로 보고 사덕은 사단이 외적으로 확충된 행위의 결과로 보는 반면, 주자는 사덕을 내적인 덕성으로 보고 사단은 사덕이 외적으로 발현된 情緖 또는 心理作用으로 보고 있는 것이다. 물론 주자의 註解 가운데에는 사덕 그 자체를 곧바로 性이라 보는 등 무리한 점이 없지는 않다. 그러나 저자의 생각으로는 맹자 자신이 "仁義禮智 …… 我固有之也"(告子章句上)라 한 바에 비추어 볼 때에, 사덕은 본시 인간 심성에 구유한 것으로서 그것이 接物處事에 있어 각기 그 마땅한 바에 따라 사단으로 발현되는 것이라고 본 주자의 견해가 趙岐의 경우보다는 훨씬 맹자의 本意 이해에 접근한 것이라고 여겨진다. 따라서 사단의 '端'을 해석함에 주자의 方式을 취하고자 한다. 申東浩, 「先秦儒學에 있어서의 人本思想의 展開」, 66~68쪽 참조.

하는 마음이 없으면 사람이 아니다. 시비를 가리는 마음이 없으면 사람이 아니다. 측은해하는 마음은 인(仁)의 단서이고, 부끄러워하는 마음은 의(義)의 단서이고, 사양하는 마음은 예(禮)의 단서이고, 시비를 가리는 마음은 지(智)의 단서이다. 사람에게 이 사단(四端)이 있는 것은 마치 그에게 사체(四體)가 있는 것과 같다. 이 사단을 지니고 있으면서 스스로 선한 일을 하지 못한다고 말하는 것은 자신을 해치는 자요, 자기 군주가 인과 의를 행할 수 없다고 말하는 자는 자기 군주를 해치는 자이다. 무릇 사단이 나에게 있는 것을 모두 확충할 줄 알면, 마치 불이 막 타오르는 것과 같고 샘물이 처음 솟아나는 것과 같다. 만일 그것을 채울 수 있으면 족히 사해(四海)를 보존할 수 있고 만일 그것을 채우지 못한다면 부모도 섬길 수 없다.[28)]

측은하게 여기는 마음은 사람들이 모두 가지고 있고, 부끄러워하는 마음도 사람들이 모두 가지고 있고, 공경하는 마음도 사람들이 모두 가지고 있고, 시비를 가리는 마음도 사람들이 모두 가지고 있다. 측은하게 여기는 마음은 인에 속하고, 부끄러워하는 마음은 의에 속하고, 공경하는 마음은 예에 속하고, 시비를 가리는 마음은 지에 속한다. 이와 같은 인의예지는 외부에서 주어진 것이 아니라 내가 본래 지니고 있는 것이다. 단지 이것을 사람들이 생각하지 않을 따름이다. 그래서 구하면 얻고, 내버려두면 잃어버린다고 한 것이다. 혹 사람 간의 거리

28) 『孟子』, 公孫丑章句上. "孟子曰, 人皆有不忍人之心, 先王有不忍人之心, 斯有不忍人之政矣, 以不忍人之心, 行不忍人之政, 治天下可運之掌上, 所以謂人皆有不忍人之心者, 今人乍見孺者將入於井, 皆有怵惕惻隱之心, 非所以內交於孺子之父母也, 非所以要譽鄕黨朋友也, 非惡其聲而然也, 由是觀之, 無惻隱之心非人也, 無羞惡之心非人也, 無辭讓之心非人也, 無是非之心非人也, 惻隱之心仁之端也, 羞惡之心義之端也, 辭讓之心禮之端也, 是非之心智之端也, 人之有是四端也, 猶其有四體也, 有是四端, 而自謂不能者, 自賊者也, 謂其君不能者, 賊其君者也, 凡有四端於我者, 知皆擴而充之矣, 若火之始然, 泉之始達, 苟能充之, 足以保四海, 苟不充之, 不足以事父母."

가 서로 배가 되고 다섯 배가 되어 계산할 수 없는 것은 그 타고난 재질을 다하지 못했기 때문이다.[29)]

군자의 타고난 천성은 인과 의와 예와 지가 마음속에 굳게 뿌리박고 있다. 거기에서 생겨난 빛이 수연(睟然)하여 그것이 얼굴에 나타나고 등에 가득하며 끝내는 사체(四體)에까지 미치게 된다. 그리하여 사체가 굳이 말하지 않아도 남들이 그것을 저절로 알게 된다.[30)]

여기에 보듯이 맹자는 인의예지의 사덕이 인간의 성에 본유한 것을 근거로 하여 인성을 선으로 규정하고 있다. 이때의 선은 물론 목적관념(目的觀念)으로서 인간에게 내재하는 규범적 도덕성 내지 도덕률이며, 정말로 사람이 '원해야 하는' 당위이다.[31)] 그가 "성(誠) 그 자체는 하늘의 도이고, 성을 생각하는 것은 사람의 도이다"[32)]라고 한 말도 이러한 맥락에서 이해될 수 있을 것이다.

그런데 인성이 선하다 함은 인의예지가 선임을 전제로 한 것이며, 따라서 '성(性)=선(善)'은 그 내용 면에서 볼 때 '사덕=선'을 의미한다.[33)] 그러기에 맹자는 인의예지의 사덕을 모든 덕목 가운데서 으뜸가는 가치로 삼았고, 특히 인의에 대해서는 더욱 그러하였다.[34)] 물론 그 인의는

---

29) 『孟子』, 告子章句上. "惻隱之心, 人皆有之, 羞惡之心, 人皆有之, 恭敬之心, 人皆有之, 是非之心 人皆有之, 惻隱之心仁也, 羞惡之心義也, 恭敬之心禮也, 是非之心智也, 仁義禮智, 非由外鑠我也, 我固有之也, 弗思耳矣. 故曰求則得之舍則失之, 或相倍蓰而無算者, 不能盡其才者也."

30) 『孟子』, 盡心章句上. "君子所性, 仁義禮智根於心, 其生色也睟然見於面, 盎於背施於四體, 四體不言而喩."

31) 穴澤辰雄, 앞의 책, 99쪽 참조.

32) 『孟子』, 離婁章句上. "誠者, 天之道也. 思誠者, 人之道也."

33) 申東浩, 「孟·荀性說의 比較研究」, 『論文集』, 第2卷 5號, 충남대학교 인문과학연구소, 1975, 1260쪽 참조.

34) 『孟子』의 다음 대목은 그 端的인 예이다. "仁, 人之安宅也. 義, 人之正路也." 同書, 離

예 · 지를 포괄하고 사덕을 대표하는 개념이다.[35] 이렇게 이해할 때, 맹자가 말하는 성선이란 곧 '선'이라고 하는 가치를 자각하고 실현할 수 있는 가능성이며, 구체적으로는 목전의 반성을 통하여 사덕을 드러내고 가치를 자각할 수 있는 능력이 내재하고 있음을 분명하게 보여준다.[36]

이와 같은 맹자의 입론은 인의의 도덕이 내재적이고 자발적이고 자연적임을 주장함으로써 인간본성의 본래적 선을 논증코자 한 것이다. 이러한 관점은 필연적으로 가치를 실현하는 인간주체의 정신적 자각과 능력이 요구되며, 또한 후천적인 학습과 수양이 인간의 존재방식을 드러내는 가장 좋은 방법 중의 하나임을 말해 준다. 여기에서 맹자는 인간을 크게 두 가지 유형으로 나누었는데, 이상적인 인간의 대인(大人)과 이와 대립되는 소인(小人)이 바로 그것이다. 그는 이상적 인간을 대인이라고도 하고, 때로는 군자 · 성인이라고도 했다. 대인 · 군자 · 성인은 그 개념이 의미하는 내용이 다소 차이는 있으나 모두 이상적 인간형을 지칭한 것으로 이명동실(異名同實)이다.[37] 그러면 대인은 어떤 사람이고, 또 소인은 어떤 사람인가.

> 공도자가 맹자께 물었다. "똑같은 사람인데 어떤 사람은 대인이 되고, 어떤 사람은 소인이 되는 것은 무엇 때문입니까?" 맹자께서 말씀하셨다. "사람이 대체(大體)를 따라 행동하면 대인이 되고, 그 소체(小體)를 따라 행동하면 소인이 되는 것이다." 공도자가 또 물었다. "똑같은 사람인데, 어떤 사람은 대체에 따라 행동하고, 어떤 사람은 소체에 따

婁章句上 참조.

35) 羅光, 『中國哲學思想史』, 先秦篇, 台北: 學生書局, 1982, 461쪽 참조.

36) 勞思光, 앞의 책, 129쪽 참조.

37) 李康洙, 「原始儒家의 人間觀」, 韓國東洋哲學硏究會編, 『東洋哲學의 本體論과 人性論』, 연세대학교 출판부, 1982, 200쪽 참조.

라 움직이는 것은 무슨 까닭입니까?" 맹자께서 대답하셨다. "귀와 눈 같은 기관은 생각하는 일이 없어, 그 때문에 물욕에 금방 가린다. 밖의 사물이 이목에 얽히면, 생각하는 힘이 없는 이목은 금방 거기에 이끌리고 만다. 그런데 마음이라는 기관은 이목과 달리 생각하는 기능이 있다. 생각하면 사리를 알게 되고, 생각하지 않으면 사리를 깨닫지 못하여 정욕에 이끌린다. 이것이 하늘이 우리 인간에게 특별히 부여한 것이다. 먼저 자기의 큰 것을 확립시켜 놓으면 작은 기관이 능히 빼앗지 못할 것이다. 이렇게 하면 대인이 된다."[38)]

위에서 보듯이 대인은 소인과 구별되는 인간형이다. 소인은 자신의 감각적 욕구를 충족하는 것에 만족한다면 대인은 인간의 도덕적 욕구를 자신을 넘어서서 타자에게로 실현하는 일에 최선을 다한다. 그것을 맹자의 말을 빌려 말한다면 소인은 소체(小體), 즉 이목과 같은 감각기관을 충실히 따르는 사람이고, 대인은 대체(大體), 즉 도덕심을 존양하여 사회적으로 실천하는 사람이라고 할 수 있다. 이로써 보건대 대체는 도덕심이나 자각심을 가리키고, 소체는 감각기관이나 감각작용을 지칭한다. 이처럼 대체가 소체를 결정한다는 것이 맹자의 일관된 사상이다.[39)]

물론 맹자에 있어서 소체 즉 감관이 악의 근원이기도 하지만, 그렇다고 악 그 자체를 의미하는 것은 아니다. 이목지관(耳目之官)은 심지관(心之官)과 함께 '하늘이 나에게 준 것'이며 생래적으로 구유한 것으로서 미상불 성이 아닌 것은 아니기 때문이다.[40)] 다음의 예문이 이것을 모두

---

38) 『孟子』, 告子章句上. "公都子問曰, 鈞是人也. 或爲大人, 或爲小人, 何也. 孟子曰, 從其大體爲大人, 從其小體爲小人, 曰, 鈞是人也, 或從其大體, 或從其小體, 何也. 曰, 耳目之官, 不思而蔽於物, 物交物則引之已矣. 心之官則思, 思則得之, 不思則不得也. 此天之所與我者. 先立乎其大者, 則其小者弗能奪也. 此爲大人而已矣."

39) 楊澤波, 앞의 책, 57쪽 참조.

40) 『孟子』, 盡心章句下. "口之於味也, 目之於色也, 耳之於聲也, 鼻之於臭也, 四肢之於安佚

간명하게 집약할 만하다.

> 그래서 말하기를 입은 맛에 있어서 모두 좋아하는 것이 있고, 귀는 소리에 있어서 모두 듣는 것이 있으며, 눈은 색에 있어서 모두 아름답게 여김이 있다고 하는 것이다. 그런데 마음에 이르러서만 유독 모두 그렇게 여기는 것이 없겠는가. 마음이 모두 그렇게 여긴다는 것은 어떤 것인가? 도리이며 의리이다. 성인은 우리 마음이 모두 그렇게 여기는 것을 먼저 아셨다. 그러므로 도리와 의리가 우리 마음을 기쁘게 하는 것은 고기음식이 우리 입을 즐겁게 하는 것과 같다.[41]

그러나 이런 자연적인 본능의 성은 맹자에 의하면 인간 특유의 속성도 아니며 사람의 '사람다움'의 근본도 아닐뿐더러, 또한 생에는 명운(命運)이 있는지라 이를 성이라고 일컫지는 아니한다는 것이다.[42] 그러므로 대인이 되기 위해서는 먼저 감각적 욕망을 성으로 추구하지 아니함으로써 도덕적 본성과 구별하여 혼동을 피함은 물론, 육체적 충동에 함닉되어 본성을 일실함으로써,[43] 금수와 다를 바 없는 지경에 떨어지지 않도록 먼저 대체의 심(心)을 확립해야 한다. 그런 의미에서 맹자가 '먼저 그 큰 것을 세워 놓으면, 작은 것이 빼앗을 수 없다'고 한 말에 주목할 만하다. 대인은 선천적인 심성을 바탕으로 후천적인 존심존양(存心存養)[44]을 겸비하여 참된 자기 자신에게로 돌아가 도덕적 원리를 자신의

也, 性也."

41) 『孟子』, 告子章句上. "故曰口之於味也, 有同耆焉, 耳之於聲也, 有同聽焉, 目之於色也, 有同美焉, 至於心, 獨無所同然乎, 心之所同然者何也, 謂理也義也, 聖人先得我心之所同然耳, 故理義之悅我心, 猶芻豢之悅我口."

42) 『孟子』, 盡心章句下. "口之於味也, 目之於色也, 耳之於聲也, 鼻之於臭也, 四肢之於安佚也, 性也, 有命焉, 君子不謂性也."

43) 『孟子』, 告子章句上. "凶歲子弟多暴, …… 其所以陷溺其心者, 然也."

44) 『孟子』, 盡心章句上. "存其心, 養其性, 所以事天."

고유한 이념으로 받아들이면서 그것을 자신 및 세계에 확충하려는 사람이다.

여기서 유의할 점은 맹자가 인간의 본질적 욕구로서 인의예지의 후천적인 확충을 강조한 사실이다. 그에 의하면 인의예지는 사람 마음의 밑바닥에 깊숙이 숨어 있고, 그 맨 끝 부분에는 측은 · 수오 · 사양 · 시비지심이 식물의 싹 혹은 빙산의 일각처럼 드러나 있다는 것이다. 사람 마음의 밑바닥에 숨어 있는 인의예지를 드러나게 하여 개인적으로나 사회적으로 실현시키는 것을 맹자는 확충이라고 말한다.[45] 그에 의하면 "나에게 있는 '사단'은 물과 불처럼 어떤 곳에서도 표출된다. 즉 확충해 나가기만 하면 끊임없이 샘솟는 샘물처럼 솟아나와 자신의 덕뿐만 아니라 천하의 일을 완성할 수 있으며, 그 '사단지심(四端之心)'을 확충하여 인정(仁政)을 베푼다면 국가와 천하를 보위할 수 있다. 그러나 그것을 확충해 나가지 못한다면 불인(不仁) · 불의(不義)하게 되고, 예도 지도 없게 되어"[46] 자신의 부모를 섬기는 일조차 하지 못한다는 것이다.

이처럼 사단은 곧 인의예지 사덕의 단서로서 인성에 고유한 선이 정(情)으로 드러난 단서요 윤리와 덕행의 현실태인 것이다. 이 선단(善端)을 훼손 없이 온전히 사회현실에 발현시킬 때 비로소 본연의 선이 완성될 수 있는 것이며, '족히 천하를 안정시킬 수 있는[足以保四海]' 성과를 거둘 수 있는 것이다. 선단은 선천적이고 본연한 것이기는 하지만 그것이 전개되어 인의예지로 구현하려면 반드시 후천적인 인위적 확충 작업에 힘써야 한다. 그래서 차이런호우(蔡仁厚)도 "함양하여 확충함으로써 큰 것에 이르는 것이 다름 아닌 확충이다"[47]라고 말하였던 것이 아닌가

45) 『孟子』, 公孫丑章句上. "凡有四端於我者, 知皆擴而充之矣, 若火之始然, 泉之始達, 苟能充之足以保四海, 苟不充之, 不足以事父母." 참조.

46) 蔡仁厚, 『맹자의 철학』, 천병돈 옮김, 예문서원, 2000, 128쪽.

47) 蔡仁厚, 같은 책, 118쪽.

생각한다. 이로써 볼 때 본연한 선단이 자연적으로 확충·전개되는 것이 아니라 현실적인 선행위(善行爲)로 전개·구현되기 위해서는 또한 '확이충지(擴而充之)'라는 후천적인 인위적 노력의 도움이 있어야 하는 것임을 알 수 있다.[48] 맹자는 이 확충의 계기를 정신적 자각에서 찾았고, 이를 천하에 유감없이 구현한 자가 곧 대인이다. 대인은 자기 본성의 욕구에 따라 행위하며 결코 외재적 규범이나 타력적인 것에 의하여 행위하지 않는다. 따라서 대인은 항상 대인이어야 한다. 만일 그렇지 않으면 도덕은 그 실현의 매개체를 상실하게 될 것이며, 도덕적 내면성은 그 존재의 힘을 유지하지 못하고 결국 인욕의 지배를 받게 될 것이기 때문이다.

대인의 일차적 관심사는 진정한 자아의 확립에 있다. 맹자는 이 자아를 대아(大我)로 보고, 대인은 무엇보다 먼저 대아를 확립해야 한다고 주장한다.[49] 이러한 대인은 인간을 하나의 소우주(小宇宙)로 보고 만물일체관(萬物一切觀)의 입장에서 행위한다.[50] 따라서 개아(個我)의 관념을 벗어나 만물과 자아를 구별하지 않는 대아의 관념을 갖는 대인은 그 즐거움과 근심을 모든 사람과 함께하게 되는 것이다. 그리하여 대인은 늘 다른 사람의 불행을 염려하며 인류의 앞날을 걱정하는 우환의식(憂患意識)의 소유자가 되는 것이다. 이렇게 볼 때 대인이란 별다른 사람이 아니라 단지 자기가 가지고 있는 선단을 유감없이 드러내고 그것을 사회적으로 구현하는 사람일 뿐이다. 아래 맹자의 말에서도 이 점을 짐작할 수 있다.

---

48) 森三樹三郎, 『上古より 漢代に至る 性命觀の展開』 49쪽과 申東浩, 「孟·荀性說의 比較研究」, 1271쪽 참조.

49) 『孟子』, 告子章句上. "先立乎其大者, 則其小者弗能奪也, 此爲大人而已矣."

50) 『孟子』, 盡心章句上. "萬物皆備於我矣." 참조.

도는 가까운 곳에 있는데 사람들은 그것을 먼 데서 찾고, 할 일은 쉬운 데 있는데 사람들은 그것을 어려운 데서 찾는다. 사람들이 자기 어버이를 어버이로 섬기고, 연장자를 연장자로 받들면 천하가 화평해진다.[51]

만물의 이치가 모두 나라는 개체에 구비되어 있다. 자신을 성찰하여 성실할 수 있으면 이것보다 더 큰 즐거움은 없다. 힘써 너그럽게 일을 행해 나가면 인(仁)을 구함이 이보다 가까울 수 없을 것이다.[52]

군자가 보통 사람과 다른 것은 자기 본마음을 보존하고 있기 때문이다. 군자는 인으로 마음을 보존하고, 예로 마음을 보존한다. 어진 자는 남을 사랑하고, 예의가 있는 자는 남을 공경한다.[53]

맹자는 인간의 성을 금수와 구별되는 선천적 본유(本有)와 도덕적 본질로 파악했고, 사람이 사람답게 살기 위해서는 자아의 주체적 본성을 자각하고 또 그것을 현실적으로 밝게 드러내는 일이 가장 중요하다고 했다. 그런 점에서도 맹자의 성선은 다분히 도덕적이고 사회적이고 실천적인 의미를 갖는다.[54]

맹자에 의하면, 선의 근원은 선천적인 도덕적 본질로서 인성에 있는

---

51) 『孟子』, 離婁章句上. “道在邇而求諸遠, 事在易而求之難, 人人親其親, 長其長, 而天下平.”

52) 『孟子』, 盡心章句上. “萬物皆備於我矣, 反身而誠, 樂莫大焉, 强恕而行, 求仁莫近焉.”

53) 『孟子』, 離婁章句下. “君子所以異於人者, 以其存心也, 君子以仁存心, 以禮存心, 仁者愛人, 有禮者敬人.”

54) 이 점에 관련하여 특히 廣常人世의 설명은 눈여겨 볼 만하다. “맹자는 이론의 문제가 아니라, 性이 善하다는 것을 주장하려는 실천적 요구에 따라 논의를 하고 있으므로 告子와 논쟁의 경우에서도 그 점을 읽어야 한다.”[宇野精一 · 中村元 · 玉城康四郞(編), 『東洋思想』, 제2권, 108~109쪽 참조.]

것이며 그것은 모든 사람이 공통적으로 갖는다. 맹자가 말하는 이상적 인간으로서 대인은 도덕적 탁월성을 지닌 인간이다. 도덕적 탁월성이란 사람이 천으로부터 받은 인간적 특성인 인격성 혹은 도덕성을 남김없이 실현한 상태를 가리킨다. 그러므로 인의예지의 사덕을 유감없이 발현하여 사덕을 몸에 갖춘 자가 바로 대인이라 할 수 있다.

그러면 사람이 참으로 사람다운 이유와 근거라 할 수 있는 하늘이 부명(賦命)한 인간의 사덕(四德)은 구체적으로 무엇을 말하며 어떠한 것인가? 이 문제의 구명은 인간존재의 근본구조를 파악하는 것뿐만 아니라, 인간이 왜 천명을 자각해야 하고 또 그것을 구현해야 하는가를 해명하는 방법으로 직결되기 때문에 매우 중요하다.

2. 인성(人性)의 내용으로서의 사덕(四德)

『주역』에 "건도(乾道)가 변화하여 각각의 성명을 바르게 한다"[55]라 하고 다시 "옛날 성인이 『주역』을 지은 것은 성명의 이치에 순종하기 위함이었다"[56]라 한 바와 같이 하늘의 뜻은 인간에 의하여 현실에 구현되고, 또한 인간은 천도를 현세에 체현함으로써 천지의 화육(化育)에 능동적으로 참여할 수 있는 도덕적 · 인격적 주체이다. 사람이 참으로 사람다운 이유는 인간 본래의 도덕성에 있는 것이고, 또한 사람이 사람답게 사는 길은 바로 자기의 본래적인 덕성을 남김없이 발휘하여 이를 윤리 · 도덕적으로 구현하는 데 있는 것이다.

이때 '사람답다'라는 말은 사람이 다른 존재자와 구별되는 자신만의

55) 『周易』, 乾卦, 彖傳. "乾道變化,各正性命."
56) 『周易』, 說卦傳, 第二章. "昔者聖人之作易也, 將以順性命之理."

특성, 즉 인격적 본질을 본유하고 있음을 뜻하는 것이기도 하지만, 그것은 또한 사람은 자기와 더불어 다른 존재자의 존재 의미와 가치도 함께 드러내 밝혀주는, 천도구현의 주체적 참여자임을 의미하는 것이기도 하다.

이는 곧 사람이 하늘과 땅과 더불어 셋이 되면서 동시에 하나로 참여하여 만물과 일체가 됨을 뜻한다.57) 『중용』의 다음 예에서 이 점을 특히 선명하게 보게 된다.

> 오직 천지간에 매우 지극한 정성을 가진 사람만이 자신이 가지고 있는 그 본성을 온전히 발휘할 수 있다. 자기 본성을 온전히 발휘할 수 있게 되면 다른 사람의 본성 또한 온전히 발휘할 수 있게 된다. 다른 사람의 본성을 온전히 발휘할 수 있게 하면 물(物)의 본성 또한 온전히 발휘할 수 있게 된다. 물의 본성을 온전히 발휘할 수 있게 하면 천지의 변화와 양육을 도울 수 있다. 천지의 변화와 양육을 도울 수 있으면 그러한 사람은 천지와 더불어 삼재(三才)적 존재가 된다.58)

> 정성이라는 것은 만물의 처음과 끝이다. 정성됨이 아니라면 만물은 없는 것이다. 그러므로 군자는 정성됨을 귀히 여긴다. 정성됨이라는 것은 스스로 자기를 이루게 할 뿐만 아니라 만물을 이루게 하는 까닭이 되는 것이다. 자기를 이루는 것은 인(仁)이요, 만물을 이룸은 지(知)이니 성(性)의 덕(德)으로 안팎을 합치게 하는 도(道)이다. 그러므로 때에 맞게 행동하여 마땅함을 얻는다.59)

---

57) 金容沃, 『東洋學 어떻게 할 것인가』, 통나무, 1986, 323쪽 참조.

58) 『中庸』, 第二十二章. "唯天下至誠, 爲能盡其誠, 能盡其性, 則能盡人之性, 能盡人之性, 則能盡物之性, 能盡物之性, 則可以贊天地之化育, 可以贊天地之化育, 則可以與天地參矣."

59) 『中庸』, 第二十五章. "誠者, 物之終始, 不誠無物, 是故君子誠爲貴, 誠者, 非自成己而已

오직 천하의 '지극한 정성'이어야 천하의 대경(大經)을 경륜(經綸)할 수 있으며, 천하의 대본(大本)을 세울 수 있으며, 천지의 화육을 알 수 있는 것이다. 어찌 다른 것에 의지할 바가 있겠는가.[60]

정성 그 자체는 하늘의 길이고, 정성을 다해야 하는 것은 사람의 길이다. 정성 그 자체는 애쓰지 않아도 들어맞고 생각하지 않아도 깨달아지며 자연스럽게 중도(中道)에 맞나니 성인의 경지이다. 정성을 다하려고 하는 자는 선을 가려 굳게 잡는 자이다.[61]

그런데 사람의 심성에 내재한 인간의 존재근거요 그 원리인 덕성은 선천적이며 선험적인 것으로서 사람은 누구나 다 그것을 구유하고 있다. 이러한 의미를 전제할 때 비로소 하늘과 사람, 사람과 성(誠)의 관계가 선명하게 드러난다. 이때 문제되는 핵심 주제는 물론 천명에 대한 자각 주체로서의 인간의 성(性)과 명(命)이다. 이를 본래 하나로 밝히는 것이 천명의 자각이고 또한 인간의 본래적 사명이다. 그런데 그것은 오직 인간의 다함없는 '성지(誠之)'를 통해서만 가능하다. 즉 천이 사람에게 부여한 것이 '명'이고, 사람이 그것을 부여받은 것이 인성인데, 이 둘을 하나 되게 하는 것이 인간의 '성지'라는 것이다.

이렇게 볼 때 인간의 참다운 모습은, 천으로부터 이미 주어져 있는 선험적 본질로서의 본성을 극진히 발휘하여 자아의 선함과 그 근거인 천을 깨달아 천지화육에 능동적으로 참여하는 것에 있다. 여기에는 천도

也, 所以成物也, 成己仁也, 成物知也, 性之德也, 合外內之道也, 故時措之宜也."

60) 『中庸』, 第三十二章. "唯天下至誠, 爲能經綸天下之大經, 立天下之大本, 知天下之化育, 夫焉有所倚."

61) 『中庸』, 第二十章. "誠者天之道也, 誠之者人之道也, 誠者不勉而中, 不思而得, 從容中道, 聖人也. 誠之者, 擇善而固執之者也."

를 본받고 그것을 나의 일로 밝히기 위한 인간의 철저한 자기자각과 본성의 온전한 보존, 그리고 확충을 위한 '지성(至誠)'만이 있을 뿐이다. 그러하기 때문에 맹자도 "성 그 자체는 하늘의 길이고, 성해지려고 생각하는 것은 사람의 길이다"[62]라고 말하였던 것이다.

그러면 사람다움의 본질로서 인간의 본성은 구체적으로 어떠한 내용을 담고 있는가? 그렇게 형성 · 전개되는 데 중요한 역할을 한 천(天)과는 어떤 관계를 맺고 있는가? 이것이 곧 유학의 성립근거이자 최종목표를 밝히는 작업인 것이다.

주지하다시피 유가는 천지도덕원리(天地道德原理)에 순응하는 인간의 당위적 실천원리를 천지자연이란 하나의 총체적 현상으로 분석하고 이를 '본받음'의 논리에 의하여 체계화시키고 있다. 『주역』에서 "천이 신물(神物)을 내시거늘 성인이 이를 법칙으로 삼으시며 천지가 변화하거늘 성인이 이를 본받으시며, 천이 상(象)을 내시거늘 성인이 이를 본떠서 재현하며",[63] "우러러 천문(天文)을 보고 굽어 지리(地理)를 살핀다"[64]고 한 말들은 이를 단적으로 요약해 준다.

『주역』의 도덕원리는 우주간의 여덟 가지[天 · 澤 · 火 · 雷 · 風 · 水 · 山 · 地] 중요한 거시적 사물들의 '모습' 또는 '운동'을 본떠서 이루어낸 가치의 의인화에 해당한다. 이는 물론 천도와 인사를 결부시켜 천도로부터 인사를 연역하는 유학의 관점과 정확히 일치한다. 그것은 역(易)의 64괘 384효가 한결같이 음양(陰陽)의 소장(消長) 곧 자연의 변화와 동시에 인간의 모든 사건을 나타내고 있기 때문이다.[65] 그렇게 본다면, "주

---

62) 『孟子』, 離婁章句上. "誠者天之道也, 思誠者人之道也."
63) 『周易』, 繫辭上, 第十一章. "天生神物, 聖人則之, 天地變化, 聖人效之, 天垂象見吉凶, 聖人象之."
64) 『周易』, 繫辭上, 第四章. "仰以觀於天文, 俯以察於地理."
65) 狩野直喜, 『中國哲學史』, 93쪽 참조.

역 전체의 내용은 대형이정(大亨以正) 사자(四字)의 의미로 집약되면서 천도변화의 정역원리(正曆原理)를 근원하여 인간의 성명지리(性命之理)에 의거한 정명사상(正命思想)을 설한 데 지나지 아니한다"[66]는 데에는 의문의 여지가 없다.

건괘(乾卦)의 괘사(卦辭)에 '건(乾), 원형이정(元亨利貞)'이라 하여 천의 성정인 '건'에는 만물의 '시(始)·장(長)·수(遂)·성(成)'의 원리인 원(元)·형(亨)·이(利)·정(貞) 사덕이 내재되어 있음을 말하고 있다.[67] 그리고 「문언전」에는 건의 사덕이 중선(衆善)의 단초로서 '인(仁)', 중미(衆美)를 회통하는 '예(禮)', 중물(衆物)의 분한(分限)으로서 '의(義)', 중사(衆事)를 주간하는 '지(智)' 등 사람됨의 4가지 근거로 주어져 그것이 인간의 심에 내재함으로써 자아의 인격적 본질인 덕성을 구성하고 있음을 설명하고 있다. 이를 좀 더 자세히 살피면 아래와 같다.

> 원(元)은 선의 으뜸이고, 형(亨)은 아름다움의 회합이고, 이(利)는 의리의 화합이고, 정(貞)은 모든 일의 줄기이다. 군자는 인(仁)을 체득해야 다른 사람을 길러낼 수 있고, 모이는 것을 아름답게 해야 예(禮)에 합치할 수 있고, 모든 사물을 이롭게 해야 의리에 조화될 수 있고, 매사에 바르고 굳게 해야 일을 합당하게 처리할 수 있다. 군자는 이 4가지 덕을 주체적으로 체득하고 실천하는 사람이다. 그러므로 건을 원형이정이라고 말한 것이다.[68]

---

66) 柳南相, 「正易思想의 根本問題」, 『論文集』, 第VII卷, 第2號, 충남대학교 인문과학 연구소, 1980, 18쪽.

67) 『周易』, 乾卦, 程傳. "乾者, 天之性情, …… 元亨利貞, 謂之四德, 元者, 萬物之始, 亨者, 萬物之長, 利者, 萬物之遂, 貞者, 萬物之成." 참조.

68) 『周易』, 乾卦, 文言傳. "元者, 善之長也, 亨者, 嘉之會也, 利者, 義之和也, 貞者, 事之幹也, 君子體仁, 足以長人, 嘉會, 足以合禮, 利物, 足以和義, 貞固, 足以幹事, 君子行此四德者, 故曰乾元亨利貞"과 같은 책, 乾卦, 本義. "元者, …… 於人則爲仁而衆善之長也, 亨者, …… 於人則爲禮而衆美之會也, 利者, …… 於人則爲義而得其分之和, 貞者, ……

이처럼 인간덕성의 내용을 이루고 있는 인 · 의 · 예 · 지 사덕은 건의 원 · 형 · 이 · 정 사덕에 상응한다. 이 사덕을 통하여 인간의 본래적 자아로서의 인격성과 천도의 진리성이 궁극에 있어 하나로 만나고 있음을 알게 된다. 그러므로 인간의 인 · 의 · 예 · 지 사덕은 천도의 원 · 형 · 이 · 정에 근원하여 인도적 입장에서 표현한 것이라 할 수 있다. 하나의 존재원리가 천도적 측면에서는 원 · 형 · 이 · 정으로, 인도적 측면에서는 인 · 의 · 예 · 지로 나타난 것이다. 이러한 논리에 의거하여 송학(宋學)을 집성한 주자도 "원형이정은 천도의 떳떳한 이치요, 인의예지는 인성의 벼리다[元享利貞, 天道之常, 仁義禮智, 人性之綱]"라고[69] 하여 원형이정과 인의예지는 우주와 인간의 본래적 존재원리임을 강조한 바가 있다. 인간이 참으로 인간다운 근거는 인간이 자기동일성으로서의 인격적 본질인 덕성을 구유하였다는 점과 또한 인간 생명이 전체로서의 우주적 생명과 상호 교통하고 있다는 것에 있다. 인간은 생래적으로 '건지사덕(乾之四德)'에 상응하는 인 · 의 · 예 · 지의 사덕을 갖추고 있기 때문에 자아의 완성을 통하여 도덕 세계의 건립을 실현할 수 있는 것이다. 그러므로 인성의 선함을 밝힘으로써 인, 의의 구체적 실현이 인간 본성의 도덕적 구현이라는 점을 강조하였던 맹자는 인간에게 보편적 도덕원리, 즉 측은, 수오, 사양, 시비지심의 사단이 없다면 인간이 아니라고까지 극언하였던 것이다.[70]

그러면 맹자가 말하고 있는 사단이란 무엇인가. 그는 다음과 같이 말하고 있다.

於人則爲智而爲衆事之幹." 참조.

69) 『小學集註』, 「小學題辭」.

70) 『孟子』, 公孫丑章句上. "無惻隱之心, 非人也, 無羞惡之心, 非人也, 無辭讓之心, 非人也, 無是非之心, 非人也." 참조.

측은지심은 인의 단서요, 수오지심은 의의 단서요, 사양지심은 예의 단서요, 시비지심은 지의 단서이다. 사람이 이 사단을 가지고 있는 것은 마치 그가 사지를 가지고 있는 것과 같다.[71]

사단은 인간의 관심이 외적인 대상과 접촉하게 될 때, 인·의·예·지의 심성에 내적 감응이 일어남으로써, 지(知)·정(情)·의(意)의 활동으로 발현되는 도덕적 정서작용을 의미하는 것이다. 그런데 이 사단은 맹아(萌芽)의 형식으로 모든 인간의 내면에 존재할 뿐만 아니라 인간의 자아실현의 내재적 근거가 된다.[72] 인은 그것이 심리작용으로 표현될 때 '측은지심'이 되는 것이다.

어느 날 왕께서 당상(堂上)에 앉아 계실 적에 소를 끌고 당하(堂下)를 지나가는 사람이 있었는데, 왕께서 이를 보시고는 "소를 어디로 끌고 가느냐?"라고 물으시니 그 사람이 "장차 흔종(釁鐘)하는 의식에 쓰려고 합니다"라고 대답하였습니다. 왕께서 말씀하시기를 "놓아주어라. 나는 그 소가 두려워 벌벌 떨며 아무런 죄 없이 죽을 곳으로 끌려가는 모습을 차마 볼 수가 없다"고 하였습니다. 그 사람이 "그렇다면 흔종 의식을 폐지하오리까?"라고 대답하였더니, 왕께서는 "어떻게 폐지할 수 있겠는가? 양으로 바꾸어라"라고 말씀하셨다고 합니다. 잘 모르겠지만 그런 일이 있었습니까? 제선왕이 말하였다. "그런 일이 있기는 있었습니다." 맹자께서 말씀하셨다. "그런 마음이면 족히 왕 노릇할 수 있습니다. 모든 백성들은 왕께서 재물을 아꼈다고 생각하지만 신은 진실로 왕의 차마 모질게 하지 못하심을 알고 있습니다." 제선왕이 말하였다.

---

71) 같은 책, 같은 곳. "惻隱之心, 仁之端也. 羞惡之心, 義之端也. 辭讓之心, 禮之端也, 是非之心, 智之端也, 人之有是四端也, 猶其有四體也."

72) 楊國榮, 『유교적 사유의 역사』, 139쪽 참조.

> "그렇습니다. 진실로 그렇게 생각하고 믿는 백성도 있을 것입니다. 제 나라가 비록 좁고 작기는 하나 내가 어찌 소 한 마리를 아까워하겠습니까? 이는 다만 그 소가 무서워 떨면서 죄 없이 죽을 곳에 나가는 것 같아 차마 못 보겠기에 양으로 바꿔 쓰게 한 것입니다."[73]

> 내가 사람들은 모두 차마 남에게 모질게 하지 못하는 마음을 가지고 있다고 말하는 까닭은 이러하다. 이제 어떤 사람이 문득 한 어린아이가 우물에 빠지려는 것을 본다면 누구나 다 놀라고 측은한 마음이 생겨 달려가서 붙든다. 이것은 이 어린아이의 부모와 교분을 맺으려 해서도 아니며, 마을 사람이나 친구들에게 명예를 얻고자 해서도 아니며, 또한 모질다는 비난의 소리가 싫어서 그러한 것도 아니다.[74]

인이란 생명에 대한 외경심 내지 인류애를 의미한다. 다시 말해서 그것은 사사로운 자기가 부단히 거부되는 가운데, 자발적이고 자율적인 의지를 통해서 이룩되는 포괄적이고 지속적인 사랑을 뜻한다. 이로써 인은 사람과 금수를 구별하는 핵심요소가 되고, 사람이 덕을 완성하여 성인이 될 수 있는 근거가 되는 것이다.[75]

의(義)의 덕이 심리작용으로 발현될 때는 '수오지심'이 된다. 이때 "수(羞)란 자신이 불선함을 부끄러워하는 것이고, 오(惡)란 다른 사람의 불의함을 미워하는 것이다"[76]라고 한 주자의 말처럼 불선·불의에 대한

---

73) 『孟子』, 梁惠王章句上. "曰王坐於堂上, 有牽牛而過堂下者, 王見之曰牛何之, 對曰將以釁鐘, 王曰舍之, 吾不忍其觳觫若無罪而就死地, 對曰然則廢釁鐘與, 曰何可廢也, 以羊易之, 不識有諸曰有之, 曰是心足以王矣, 百姓皆以王爲愛也, 臣固知王之不忍也, 王曰然誠有百姓者, 齊國雖褊小, 吾何愛一牛, 卽不忍其觳觫若無罪而就死地, 故以羊易之."

74) 『孟子』, 公孫丑章句上. "所以謂人皆有不忍人之心者, 今人乍見孺子將入於井, 皆有怵惕惻隱之心, 非所以內交於孺子之父母也, 非所以要譽於鄕黨朋友也, 非惡其聲而然也."

75) 蔡仁厚, 앞의 책, 69쪽 참조.

76) 『孟子集註大全』, 公孫丑章句上, 朱子註. "羞, 耻己之不善也, 惡, 憎人之不善也."

냉철한 비판정신, 말하자면 정의감을 뜻한다. 그리고 예의 덕은 '사양지심'으로 나타나는데, 이는 『논어』에서 "자기가 서고자 하면 다른 사람을 도와 서게 하고, 자기가 뜻을 이루고자 할 때는 다른 사람을 도와 이루게 해준다"[77]라 한 바와 같은 것으로서 자신의 호(好), 오(惡)를 통하여 타인을 이해하고 스스로를 겸양하는 이른바 추기급인(推己及人)의 충서정신(忠恕精神), 즉 인간관계에 있어서 사회질서를 바로잡는 도덕적 행위 규범을 의미한다. 지의 덕이 심리작용으로 발현될 때는 '시비지심'이 되는데, 이는 "시(是)란 옳은 것을 옳다고 판단하는 것이고, 비(非)란 그른 것을 그르다고 판단하는 것"[78]으로서 정(正)·사(邪)·선(善)·악(惡)을 정확히 분별할 줄 아는 지적능력 내지 그 활동을 뜻하는 것이다.

그러면 인간덕성의 중심내용을 이루고 있는 인·의·예·지 사덕은 서로 어떠한 관련을 맺고 있으며, 또한 그 상호관계에 있어서 근본이 되는 덕목은 어느 것이며 그 까닭은 무엇인가?

우리는 앞에서 『주역』의 「문언전」에 의거하여 건(乾)의 사덕이 사람에게 있어서는 중선(衆善)의 근본으로서의 인, 중미(衆美)를 회통하는 예, 중물(衆物)의 분한(分限)으로서의 의(義), 중사(衆事)를 주간하는 지(智) 등 '사람됨' 혹은 '참된 사람'의 네 가지 근거로 주어져 인간의 본성에 구유함으로써 인격적 본질인 덕성을 이루는 것임을 살펴본 바 있다. 이런 점에 유의하여 사덕을 다시 살펴보면 인과 예가, 그리고 의와 지가 서로 직접적인 관계를 맺고 있음을 보게 된다. 달리 표현하면 중선의 근본인 인은 동시에 중미의 근본이기도 하며, 중물의 분한인 의는 또한 중사의 분한이기도 하다. 그러므로 인은 예의 근간이 되고 의는 지의 기준

---

77) 『論語』, 雍也. "己欲立而立人, 己欲達而達人."

78) 『孟子』, 集註大全, 公孫丑章句上, 朱子註. "是, 知其善而以爲是也, 非, 知其惡而以爲非也."

이 된다. 환언하면, 예는 인에 의해서 지는 의에 의해서 심화되고 완성되는 것이다. 즉 참된 예는 인에 근거함으로써만 실천 가능한 것이 되고, 마찬가지로 올바른 지는 의에 준거함으로써만 본래의 제구실을 다할 수 있는 것이다.

그리고 사덕의 상호관계를 한층 더 넓혀서 생각한다면, 자아본질(自我本質)의 전체이며 "끊임없이 낳고 또 낳는 보편 생명의 흐름[流行]인 인(仁)"[79]은 예를 실천하는 근본정신일 뿐만 아니라 동시에 지가 추구하는 궁극적인 목표이며, 의는 지의 사리분변의 정당성의 기준일 뿐만 아니라 동시에 예가 행위규범의 타당성을 가질 수 있는 근거가 되는 것이다. 공자가 "뜻 있는 선비와 어진 사람은, 생을 추구하기 위하여 인을 해치는 일은 없고, 자신을 버려서라도 인을 완성한다"[80]라고 한 말이나, 맹자가 "삶도 내가 바라는 바이고, 의도 내가 바라는 바이나, 두 가지를 한꺼번에 가질 수 없는 경우라면, 삶을 버리고 의를 취하겠다"[81]라고 천명(闡明)한 것이 이를 단적으로 요약해 준다. 이처럼 유가는 사덕을 비롯하여 그 밖의 수많은 덕목 가운데서도 인과 의를 가장 중시하고 높이 평가한다.

그것은 "인의 핵심은 어버이를 섬기는 데 있고, 의의 핵심은 형을 따르는 데 있고, 지의 핵심은 이 두 가지를 알아서 어기지 않는 것이며, 예의 핵심은 이 두 가지를 조리에 맞게 하는 것이다"[82]라고 한 맹자의 말에서도 쉽게 확인할 수 있다. 맹자가 해명한 인간의 인격적 본질로서의 사덕, 즉 인의예지는 그 내용과 근본에서 인의(仁義)로 집약되고, 그

---

79) 『周易』, 繫辭下, 第一章. "天地之大德曰生, 聖人之大寶曰位, 可以守位曰仁." 참조.
80) 『論語』, 衛靈公. "志士仁人, 無求生以害仁, 有殺身以成仁."
81) 『孟子』, 告子章句上. "生亦我所欲也, 義亦我所欲也, 二者不可得兼, 舍生而取義者也."
82) 『孟子』, 離婁章句上. "仁之實, 事親是也, 義之實, 從兄是也, 智之實, 知斯二者弗去是也, 禮之實, 節文斯二者是也."

것은 또한 유가철학을 지탱하고 있는 중요한 두 개의 디딤돌이기도 하다. 그러므로 맹자가 고자의 '인내의외(仁內義外)'설을 비판하고 인의가 모두 선천적이며 본연하다고 역설한 것은[83] 이 문제를 밝히는 데 유력한 단서를 제공한다. 이렇게 볼 때 "인은 사람이 사는 가장 편안한 집이고, 의는 사람이 다녀야 할 가장 올바른 길이다"[84]라고 한 맹자의 말처럼 도덕의 요체는 어느 사회에 있어서도 시공을 초월한 사랑[仁]과 정의[義]에 있고 그것의 조화로운 실천에 있다. 이에 저자는 유가철학의 개조(開祖), 공자의 사상을 통하여 인·의의 의미와 그것이 다른 덕들과의 관계성에서 어떠한 성격을 가지는 것인가를 좀 더 구체적으로 살펴보고자 한다.

① 인(仁): 유가윤리의 수많은 덕목 가운데서 공자가 가장 중시한 것은 '인'이다. 『논어』에서 인을 논한 곳이 58개 장(章)이다. '인'자가 언급되기가 무려 105회에 이를 만큼[85] 공자는 인을 창도하기에 온 힘을 기울인 바 있다. 그도 그럴 것이 공자 스스로 "군자가 인을 버리고서야 어찌 사람다운 자(=君子)라는 이름을 이루리요? 군자는 밥 먹는 동안이라도 인을 어기지 말아야 하며, 아무리 다급한 순간이라 할지라도 꼭 인을 지키고 넘어지는 순간이라 할지라도 꼭 인을 지켜야 한다"[86]라고 말한 바와 같이 인은 사람 된 자로서는 한순간도 떠날 수 없는 것임에, 비록 위급한 지경에 처할지라도 굳게 지켜야 하는 것이요, 인을 실현하기 위해서는 신명(身命)의 희생도 무릅써야 하는 소중한 도덕적 가치이다.

이처럼 인은 사람의 사람다운 삶에 있어서 가장 중요한 것이다. 그러

---

83) 『孟子』, 告子章句上. "告子曰食色性也, 仁內也, 非外也, 義外也, 非內也." 참조.
84) 『孟子』, 離婁章句上. "仁人之安宅也, 義人之正路也."
85) 阮元, 『揅經寶集』, 권8, 「論語論仁篇」(武內義雄, 『中國思想史』, 14쪽에서 재인용) 참조.
86) 『論語』, 里仁. "君子去仁, 惡乎成名, 君子無終食之間違仁, 造次必於是, 顚沛必於是."

기에 공자는 『논어』에서만 100여 회에 걸쳐 누누이 인을 언급했던 것이다.[87] 이 점은 다음 예문들에서 선명하게 나타난다. 그러나 실제로 그 내용을 살펴보면 인 자체에 대해서 일반적인 정의를 내린 것이라기보다는 거의가 '인자(仁者)' 또는 '위인(爲仁)'의 방법에 대해서, 그것도 질문자에 따라 '마치 의사가 환자의 질병에 맞추어 약을 처방하듯이[對症下藥式]' 그때마다 상황과 그 사람됨에 부응하여 설명했다. 따라서 다의적인 내용을 가진 인에 대하여 한마디로 개념을 규정한다는 것은 매우 어려운 일이라 하겠다.

> 안연이 인에 대하여 물었다. 공자가 대답하였다. "자기를 이겨내고 예로 돌아가는 것이 인이다. 하루라도 자기를 이겨내고 예로 돌아가면 천하가 인에 귀착하게 될 것이다. 인을 행하는 것이 자신에게 달렸지, 남에게 달렸겠는가?" 안연이 구체적인 덕목에 대하여 여쭈었다. 공자께서 말씀하셨다. "예에 어긋나는 것은 보지 말며, 예에 어긋나는 것은 듣지 말며, 예에 어긋나는 것은 말하지 말며, 예에 어긋나는 경우에는 행동하지 마라." 안연이 말하였다. "제가 비록 총명하지 못하지만 반드시 이 말씀을 받들어 평생토록 실천하겠습니다."[88]

> 번지가 지혜에 대하여 물었다. 공자께서 말씀하셨다. "백성을 올바로 이끄는 도리에 힘쓰고 귀신을 공경하되 멀리한다면 지혜롭다고 말할 수 있다." 번지가 다시 인에 대하여 물었다. 공자께서 말씀하셨다. "어진 사람은 어려운 일을 남보다 먼저 하고 얻는 것을 뒤에 한다. 이

---

87) 蔡仁厚, 『공자의 철학』, 천병돈 옮김, 예문서원, 2000, 115쪽 참조.

88) 『論語』, 顔淵. "顔淵問仁, 子曰克己復禮爲仁, 一日克己復禮, 天下歸仁焉, 爲仁由己, 而由人乎哉, 顔淵曰請問其目, 子曰非禮勿視, 非禮勿聽, 非禮勿言, 非禮勿動, 顔淵曰, 回雖不敏, 請事斯語矣."

렇게 하면 어진 사람이라고 말할 수 있을 것이다."[89]

번지가 인에 대하여 물었다. 공자께서 말씀하셨다. "사람을 사랑하는 것이다." 지에 대하여 묻자 "다른 사람을 잘 알고 이해하는 것이다"라고 대답하셨다.[90]

자장이 공자에게 인에 대하여 물었다. 공자께서 대답하셨다. "천하에서 다섯 가지를 실천할 수 있다면 인하다 할 것이다." 자장이 가르쳐 주기를 청하니 공자께서 자세하게 설명하셨다. "(그것은) 공손 · 관대 · 신용 · 민첩함 · 은혜이다. 공손하면 업신여김을 당하지 않고, 관대하면 여러 사람들의 마음을 얻고, 신용이 있으면 사람들이 신임하고, 민첩하면 공적이 있게 되고, 은혜로우면 사람들을 부릴 수 있게 된다."[91]

자공이 말했다. "만약에 백성들에게 널리 은덕을 베풀고, 많은 사람들을 구제해 줄 수 있는 사람이 있다면 어떻겠습니까? 인하다고 할 수 있겠습니까?" 공자께서 말씀하셨다. "어찌 인에서 그치겠는가? 틀림없이 성스럽다 해야 할 것이다. 요(堯) · 순(舜)임금 조차도 그런 일을 못할까 걱정하셨다. 인한 사람이란 자기가 서고자 하면 남을 도와 서게 하고, 자기가 뜻을 이루고자 할 때는 다른 사람을 도와 이루게 해준다."[92]

---

89) 『論語』, 雍也. "樊遲問知, 子曰務民之義, 敬鬼神而遠之, 可謂知矣, 問仁曰仁者先難而後獲, 可謂仁矣."

90) 『論語』, 顔淵. "樊遲問仁, 子曰愛人, 問知子曰知人."

91) 『論語』, 陽化. "子張問仁於孔子, 孔子曰能行五者於天下, 爲仁矣, 請問之曰, 恭寬信敏惠, 恭則不侮, 寬則得衆, 信則人任焉, 敏則有功, 惠則足以使人."

92) 『論語』, 雍也. "子貢曰如有博施於民, 而能濟衆, 如何, 可謂仁乎" 子曰 "可事於仁, 必也聖乎, 堯舜其猶病諸, 夫仁者, 己欲立而立人, 己欲達而達人."

이처럼 인은 다양한 의미를 지닌 개념이다. 그것은 수기(修己)적인 측면에서는 '극기복례(克己復禮)', '선난후획(先難後獲)'의 자세를 의미하고, 대인(對人)·대사(對事)적인 측면에서는 애인(愛人) 및 공(恭)·경(敬)·충(忠)·관(寬)·신(信)·혜(惠)·민(敏) 등 여러 덕목들을 의미한다. 또한 그것은 '극기위인(克己爲人)'하는 정신자세로 '박시제중(博施濟衆)', '평화유지(平和維持)'의 공덕(功德)을 성취하는 사회적 실천을 나타내기도 한다.[93] 그렇다고 인이 안인(安人)을 전제로 하지 않고 개인적 미덕이나 선행만을 밖으로 드러내는 능력까지 포함하는 것은 아니다. 그것은 인이 천지에 참여하는 본체로서의 성질을 지니고 있기 때문이다.[94] 다음의 두 예가 이 점을 명료하게 한다.

> 원헌이 부끄러움에 대하여 물었다. 공자께서 대답하셨다. "나라에 도가 있을 때는 녹을 먹고 사는 일이 괜찮지만, 나라에 도가 없을 때는 녹을 먹고 사는 일이 부끄러운 일이다." "남을 이기기 좋아하고, 자기 공을 뽐내고, 남을 원망하고, 욕심내는 짓을 하지 않는다면 인하다고 할 수 있겠습니까?" 공자께서 말씀하셨다. "하기 어려운 일이라고 할 수는 있겠지만, 인(仁)인지는 잘 모르겠다."[95]

> 자장이 물었다. "영윤(令尹)인 자문이 세 번이나 출사하여 영윤이 되었는데 기뻐하는 빛이 없었고, 세 번 그만둘 적에도 성내는 기색이 없었으며, 전임 영윤이 추진하던 정책을 반드시 신임 영윤에게 일러주었는데, 그는 어떻습니까?" 공자께서 충성스럽다고 말씀하셨다. 자장이

93) 陣大齊, 『孔子學說論集』, 台北: 正中書局, 1979, 37~39쪽 참조.
94) 李澤厚, 『論語今讀』, 安徽: 文藝出版社, 1998, 137쪽 참조.
95) 『論語』, 憲問. "憲問恥, 子曰邦有道穀, 邦無道穀恥也, 克伐怨欲不行焉, 可以爲仁矣, 可以爲難矣, 仁則吾不知也."

"인하다고 할 수 있습니까?" "잘은 모르지만 인하다고까지 하겠느냐?" "최자(崔子)가 제(齊)나라 임금을 시해하자 진문자(陳文子)는 사십 필의 말을 가지고 있었으나 모두 버리고 제나라를 떠났습니다. 다른 나라에 도착하여 말하기를 '우리나라 대부 최자 같은 자가 있군' 하며 그곳을 떠났습니다. 다시 한 나라에 가서도 또 말하기를 '우리나라 대부 최자 같은 자가 있군' 하며 그곳을 떠났는데, 그는 어떻습니까?" 공자께서 청백하다고 대답하셨다. 자장이 "인하다고 할 수 있겠습니까?" 하고 물었다. 공자는 "잘은 모르지만 인하다고까지야 하겠느냐?"라고 말씀하셨다.96)

공자에 의하면 쟁패(爭覇), 자벌(自伐), 분원(忿怨), 탐욕(貪慾)함이 없는 것은 참으로 하기 어려운 일이지만 그것 자체가 곧 인은 아니요, 충실하고 청백함도 미덕이기는 하지만 그것 자체가 곧 인은 아니다.

그러면 극기(克己) · 선난(先難) · 애인(愛人)하는 것이 인이요 공(恭) · 경(敬) · 충(忠) · 관(寬) · 신(信) · 혜(惠) · 민(敏) 등의 여러 덕목들도 인이며 박시제중하고 천하의 화평을 유지하는 공덕도 인이라 하면서, 한편으로는 불극(不克) · 불벌(不伐) · 불욕(不慾)함을 곧바로 인이라 할 수 없고 충실하고 청백함도 곧바로 인이라 할 수 없다 하는 까닭은 무엇인가? 그것은 곧 인이 모든 미덕과 선행을 통섭하는 최고의 도덕 원리이기 때문이다. 인은 공경, 충신, 혜애(惠愛) 등 모든 덕행을 포괄하지만, 그러한 심덕(心德)이나 행실 하나하나만을 가지고 곧바로 '인' 또는 '인하다'고 할 수는 없는 것이다. 결국 인은 여러 덕들의 총체요 개개의 덕

---

96) 『論語』, 公冶長. "子張問曰, 令尹子文三任爲令尹, 無喜色, 三已之, 無慍色, 舊令尹之政, 必以告新令尹, 如何, 子曰, 忠矣, 曰, 仁矣乎, 曰, 未知, 焉得仁, 崔子弑齊君, 陳文子有馬十乘, 棄而違之, 至於他邦, 則曰猶吾大夫崔子也, 違之, 之一邦, 則又曰, 猶吾大夫崔子也, 違之如何, 子曰, 淸矣, 曰, 仁矣乎, 曰, 未知, 焉得仁."

은 인을 구성하는 성분이며 내용인 것이다.[97]

공자는 공·경·충·신 등의 덕목들이 각기 인의 내용임을 인정하지만, 그 가운데의 어느 하나만을 가지고, 또는 그중 어느 하나의 덕이 결여된 상태의 덕목을 인이라고 인정할 수 없다고 생각한 것이다. 인이야말로 공자 스스로 "성(聖)과 인(仁)이라면 내 어찌 감당하겠는가?"[98]라고 겸사(謙辭)할 만큼 참으로 이르기 어려운 인생의 이상적 경지인 동시에 인생의 현실 속에서 오직 스스로 노력해 구현할 수밖에 없는 자기 자신의 사람다운 본질인 것이다. 그래서 공자는 "인이란 매우 멀리 있는 것이나 내가 진실로 인을 행하고자 하면 곧 인이 찾아온다"[99]라고 하면서 "인을 실천하는 것이 자기에게 달린 것이지 남에게 달린 일이겠느냐"[100]라고 말할 수밖에 없었던 것이다.

다만 인이 본시 광의적인 것이기는 하지만 굳이 그것을 유교 덕목 중의 하나라는 뜻에서 협의적으로 정의해 본다면, 인 자체가 포괄하는 덕목들 가운데의 일목(一目)을 지목하지 않을 수 없다. 그러면 그 수많은 덕목 가운데서 어느 것을 들어 인을 특정지움이 적절할 것인가? 자사가 "인은 사람의 도리이다[仁者, 人也]"라 하고 곧이어 "부모를 친애하는 것이 가장 크다[親親爲大]"라 한 바와,[101] 맹자가 "사람들은 모두 차마 모질게 하지 못하는 마음을 가지고 있다[人皆有不忍人之心]"를 역설하면서 그 실례로 '유자입정(孺子入井)'의 경우를 곧바로 "측은지심은 인의 단서이다[惻隱之心, 人之端也]"라 한 바를[102] 이 문제에 연관지어, 협의로 말

97) 陳大齊, 앞의 책, 43쪽 참조.
98) 『論語』, 述而. "若聖與仁, 則吾豈敢."
99) 『論語』, 述而. "仁遠乎哉, 我欲仁, 斯仁至矣."
100) 『論語』, 顔淵. "爲仁由己, 而由人乎哉."
101) 『中庸』, 第二十章 참조.
102) 『孟子』, 公孫丑章句上 참조.

한다면 인은 '사랑'으로 표현될 수 있다고 정의하는 것이 적절할 것이다.

이는 공자가 매양 애친(愛親)하고 애중(愛衆)할 것을 강조한 바로도 충분히 알 수가 있는 것이다.

> 군자가 친족들에게 후덕하게 대하면 백성들 사이에 어진 기풍이 일어나고, 옛 친구를 버리지 않으면 백성들의 인정이 각박해지지 않는다.[103)]

> 젊은이들은 들어와서는 부모에게 효도하고, 나가서는 윗사람에게 공손해야 하며, 근신하고 신실하며, 널리 사람들을 사랑하고 어진 사람을 가까이 하여야 한다. 이러한 일을 하고도 여력이 있으면 책을 통해 지식을 배워야 한다.[104)]

인은 한마디로 말하면 사람다운 삶의 기반인 사랑의 원리이고 우주적인 완전한 포괄적 사랑이다. 또한 "인은 사랑의 이치이며 마음의 덕이고"[105)] "존재하는 모든 것에 흐르고 통하여 꿰뚫는 것"[106)]으로서 모든 생명체의 주어진 생을 실현·완수하게끔 하는 생명의 원리이기도 하다.[107)] 그런 의미에서 펑유란(馮友蘭)도 인을 참된 사람의 근본적인 본질이라고 했고,[108)] 머우쭝산(牟宗三) 역시 맹자의 '측은지심(惻隱之心)'과 다를 바 없는 '비측지감(悱惻之感)'으로서 인을 도덕적 심령(moral mind)으로 풀이하였다.[109)]

---

103)『論語』, 泰伯. "君子篤於親, 則民興於仁, 故舊不遺, 則民不偸."
104)『論語』, 學而. "弟子入則孝, 出則弟, 謹而信, 汎愛衆而親仁, 行有餘力, 則以學文."
105)『論語集註』, 學而, 朱子註. "仁者, 愛之理, 心之德也."
106) 같은 책, 같은 곳, 朱子註. "仁字則流通該貫."
107) 戴東原, 「原善」, 『戴東原先生全集』, 台北: 大化書局, 1978, 776쪽, "生生仁也." 참조.
108) 馮友蘭, 『中國哲學史』, 上冊, 60~62쪽 참조.

이와 같은 인은 인 · 의 · 예 · 지 사덕을 내포한 전체적 자아의 주체성으로서 대물관계에 있어서는 '만물을 살리는 정신'으로 나타나는바, 이는 천명의 자각을 통해서만 인생 최고의 이상적 가치로 발현된다. 이 인은 아(我)와 비아(非我), 내(內)와 외(外), 주(主)와 객(客)의 이분적 구조를 하나로 통일시키고, 더 나아가서는 인간으로 하여금 모든 구분적 경계를 뛰어넘어 혼연하게 우주와 한 몸이 되게 하여 천지화육에 능동적으로 참여할 수 있게 한다. 맹자의 성선을 논할 때 흔히 인용되는 구절인 "인은 하늘이 준 가장 높은 벼슬이며 사람의 가장 편안한 집이다"[110]와 『주역』의 "천지의 큰 덕을 '생(生)'이라 하고, 성인의 큰 보물을 '위(位)'라고 한다. 무엇으로 자리를 지킬 수 있는가. 인이다"[111]라는 말을 여기에 참고할 만하다.

② 의(義): 『논어』의 기록 가운데에 공자가 '의'에 대하여 언급한 바가 비록 인(仁)에 관한 것만큼 많지는 않으며, 또한 문제자(門弟子)들의 의에 대한 질문도 별로 없지만, 공자가 인과 더불어 그에 버금가는 덕목으로 중시한 것은 의라고 말할 수 있다. 공자는 "군자는 의로움을 으뜸으로 삼는다"[112]느니 "군자는 의를 행실의 바탕으로 삼는다"[113]고 하여 의를 매우 강조하였다. 그러면 의는 대체 어떠한 것인가. 의 역시 단적으로 정의를 내리기는 매우 어렵기 때문에 먼저 의가 도덕적 가치판단이나 행동지표의 선택에 있어서 어떠한 역할을 하는 것인지 살펴보고자 한다.

---

109) 牟宗三, 『中國哲學的特質』, 29~30쪽 참조.
110) 『孟子』, 公孫丑章句上. "夫仁, 天之尊爵也, 人之安宅也."
111) 『周易』, 繫辭下, 第一章. "天地之大德曰生, 聖人之大寶曰位, 何以守位曰仁."
112) 『論語』, 陽貨. "君子義以爲上."
113) 『論語』, 衛靈公. "君子義以爲行."

천따치(陳大齊)에 의하면 공자가 말하는 의에는 세 가지 기능이 있는데, 지도작용(指導作用), 절제작용(節制作用), 일관작용(一貫作用)이 바로 그것이다.[114] 이 가운데서 가장 핵심이 되는 것은 지도작용이며, 그것은 모든 인간행실의 기준역할을 담당하고 있다. 예컨대 공자가 "이익을 보면 의로움을 먼저 생각한다[見利思義]"[115]라 하고 "이득을 보고 의를 생각한다[見得思義]"[116]라 한 것은 사람 된 자, 어떤 이익을 얻음에 있어서는 반드시 먼저 의에 합당한지 여부를 살펴서 그것을 취할 것인지 아니할 것인지 결정해야 한다는 것이다. 이때의 취리여부(取利與否)의 판단기준이 되는 것이 바로 의인 것이다.

그러므로 공자는 "군자는 의에 밝고 소인은 사리(私利)에 밝다"[117]라 하여 군자와 소인의 차이는 그 가치관의 기준을 의(義)에 두느냐 이(利)에 두느냐로 판가름한 것이다.

그런데 공자가 "소인은 사리에 밝다[小人喩於利]"라 하였다 하여 혹자는 공자가 이를 의와 모순관계에 있는 것으로 규정한 것이라 생각할지도 모르나, 실상은 그렇지 않다.[118] 『주역』「건괘 · 문언전」의 "이(利)란

---

114) 陳大齊, 『孔子學說』, 125쪽 참조.

115) 『論語』, 憲問.

116) 『論語』, 季氏.

117) 『論語』, 里仁. "君子喩於義, 小人喩於利."

118) 常識的 通念에서의 利는 일차적으로 자기의 利益을 의미한다. 따라서 이는 자칫하면 反도덕적인 것이 되기 쉽다. 그래서 儒家는 '사랑과 정의'에 배치되는 自己利益의 추구를 거부한다(『孟子』, 梁惠王章句上 참조). 이러한 경우의 利는 물론 墨家가 강조하는 천하의 公利가 아니라 도덕적 견지에서 당연히 배제되어야 할 세속적인 개념에서의 利, 즉 自私 · 自利를 가리킨다. 그렇다고 하여 유가가 公利에 반대하는 것은 결코 아니다. 張岱年의 지적처럼, 다만 그것을 말하지 않을 뿐이다(張岱年, 『中國哲學大綱』, 北京: 中國社會科學出版社, 1982, 386쪽 참조). 유가가 중시하는 것은 인간의 인간다움을 드러내고 인간행위의 최고 표준이 되는 '義'와 합치되는 利이며, 利란 私利가 아닌 '정의'를 바탕으로 하고 있는 公益을 의미한다. 이로써 보면 유가가 '利'와 '義'를 모순관계로 파악하지 않은 것으로 해석해도 틀림이 없을 것이다. 墨家에서도 自私 · 自利를 배격하고 천하 만민의 利益을 강조하는 公利的인 의식은 발견된다. 그 역시 "義, 利也"(『墨

만물이 모두 마땅함을 얻는 것, 의의 조화이다. …… (군자는) 모든 사물에게 옳고 마땅한 바를 얻게 하여 의를 조화시킬 수가 있는 것이다"[119] 라는 말이 잘 입증하고 있으며, 공자가 "거친 밥을 먹고 맹물을 마시며 팔을 굽혀 베개를 삼더라도 즐거움이 그 가운데 있다. 의롭지 않은 부유함과 귀함은 내게는 뜬구름이나 같다"[120]라 한 바를 보더라도 부귀, 그 자체를 천시하고 외면한 것이 아니라 그것을 의롭지 않게 얻은 경우에만 이를 배격하였던 것이다. 만약에 그것이 의에 합당한 것이라면 마땅히 취할 수도 있는 것이다. 즉 이는 의와 합치가 되어야 하고 또 마땅함[宜]을 구비할 때만이 진정한 의미가 있다는 것이다. 이(利)의 바탕은 의이기 때문이다.[121] 우리는 그 핵심 내용을 다음의 예에서 읽을 수 있다.

천하에 올바른 도가 행해지면 나타나 벼슬하고, 올바른 도가 행하여지지 않으면 은거한다. 나라에 올바른 도가 행해지는데 가난하고 미천하게 산다면 부끄러워해야 할 일이고, 나라에 올바른 도가 없는데도 부귀를 누린다면 이 또한 부끄러워해야 할 일이다.[122]

자로가 말했다. "벼슬길에 나아가지 않는 것은 의가 없는 것이다. 어른과 아이의 예절도 폐할 수 없는데, 임금과 신하의 의를 어떻게 없앨

子』, 經上篇)라 하여 義와 利는 합치되어야 한다고 생각하였다. 그러나 묵가는 義를 人民의 大利와 사회적 公利의 표준으로만 한정하여 이해하였고, 그 결과 인간의 도덕성보다 功利性·有用性을 더욱 중시하는 방향으로 논리를 전개하여 나갔기 때문에 끝내 유가와는 대립하게 될 수밖에 없었던 것이다. 申東浩, 『墨家十論의 體系』, 129~131쪽과 張岱年, 『中國哲學大綱』, 386~390쪽 참조.

119) 『周易』, 乾卦, 文言. "利者, 義之和也, …… 利物, 足以和義."

120) 『論語』, 述而. "飯疏食飮水, 曲肱而枕之, 樂亦在其中矣, 不義而富且貴, 於我如浮雲."

121) 『左傳』, 昭公 十年條. 義者, 利之本也 참조.

122) 『論語』, 泰伯. "天下有道則見, 無道則隱, 邦有道, 貧且賤焉, 恥也, 邦無道, 富且貴焉, 恥也."

수 있겠는가? 자기 한 몸을 깨끗하게 하고자 하려다 대륜(大倫)을 어지럽게 할 수도 있다. 군자가 벼슬을 한다는 것은 의를 행하는 것이다. 도가 행해지지 못하고 있다는 것을 (스승인 공자도) 이미 알고 있었다."[123]

이처럼 의는 부귀이득(富貴利得)의 얻고 버림의 여부를 결정하는 기준이 될 뿐만 아니라, 인간의 덕행에 있어서도 그것이 참된 것인지 아닌지 판단하는 기준이 되는 것이다. 그런 점에서 의는 사리의 당연함이며 사람이 마땅히 따라야 할 행위의 최고 준칙임을 알 수 있다.[124] 예컨대 공자 스스로 "군자의 도에는 세 가지가 있는데, 나는 그것을 제대로 실천하지 못하고 있다. 인한 사람은 근심하지 않고, 지혜 있는 사람은 미혹되지 않고, 용기 있는 사람은 두려워하지 않는다"[125]라고 겸사(謙辭)하면서 인(仁)·지(知)와 더불어 병칭할 만큼 중시한 '용(勇)'의 경우에 있어서도 의는 인간 행위의 최고 준칙이었다. 이런 생각에서 그는 다음과 같이 말하였다.

공자께서 말씀하셨다. "자기 조상이 아닌데 제사지내는 것은 아첨해서 복을 구하는 것이다. 의로운 것을 보고도 행하지 않는 것은 용기가 없는 것이다."[126]

자로가 물었다. "군자는 용기를 숭상합니까?" 공자가 말하였다. "군

123) 『論語』, 微子. "子路曰, 不仕無義, 長幼之節, 不可廢也, 君臣之義, 如之何其廢之, 欲潔其身, 而亂大倫, 君子之仕也, 行其義也, 道之不行, 已知之矣."
124) 蔡仁厚, 『공자의 철학』, 176쪽 참조.
125) 『論語』, 憲問. "君子道者三, 我無能焉, 仁者不憂, 知者不惑, 勇者不懼."
126) 『論語』, 爲政. "子曰, 非其鬼而祭之, 諂也, 見義不爲, 無勇也."

자는 의를 가장 으뜸으로 여긴다. 군자가 용기만 있고 의가 없으면 난동을 일으키고, 소인이 용기만 있고 의가 없으면 도적질을 하게 된다."127)

무릇 의로운 일인 줄 알면서도 그것을 실천하지 않으면 비겁한 것이요, 의로운 일에 과감한 것이야말로 참으로 용기 있는 것이다. 그러나 이것은 진용(眞勇)의 경우이고, 만약 매사에 용감하기만 할 뿐 의롭지 못하다면 도리어 패란(悖亂)과 횡포(橫暴)를 초래하게 될 따름이다. 따라서 진용과 만용(蠻勇)의 분계(分界)는 바로 의에 합당한지 아니한지 여부에 있으며, 그러므로 용기는 반드시 의에 맞도록 조절되고 제약됨으로써 참된 용기의 구실을 할 수 있는 것이다.128)

그리고 의는 비단 용기의 경우뿐만 아니라 그 밖의 덕목들에 대해서도 절제기능을 지닌다.

공자께서 말씀하셨다. "자로야 너는 여섯 가지 말에 여섯 가지 폐단을 들어보았느냐?" 자로가 대답하였다. "아직 듣지 못했습니다." 공자께서 말씀하셨다. "앉아라. 내가 너에게 말해주겠다. 인을 좋아하되 학문하기를 좋아하지 않으면 그 폐단은 어리석게 되고, 지혜를 좋아하되 학문하기를 좋아하지 않으면 그 폐단은 방종하게 된다. 신의를 좋아하되 학문하기를 좋아하지 않으면 그 폐단은 남을 해치게 되고, 정직을 좋아하되 학문하기를 좋아하지 않으면 그 폐단은 남에게 가혹하게 된다. 용기를 좋아하되 학문하기를 좋아하지 않으면 그 폐단은 난폭하게 되고, 굳센 것을 좋아하되 학문하기를 좋아하지 않으면 그 폐단은 무

---

127) 『論語』, 陽貨. "子路曰, 君子尙勇乎, 子曰君子義以爲上, 君子有勇而無義, 爲亂, 小人有勇而無義, 爲盜."

128) 陳大齊, 『孔子學說論集』, 53쪽.

모하게 된다."[129]

여기서 이른바 인(俠義의 仁)·지(知)·신(信)·직(直)·용(勇)·강(剛) 등은 물론 덕임이 틀림없다. 그러나 이러한 덕도 자칫 한편으로 치우쳐 버리면 마침내 어리석음[愚]·방탕함[蕩]·남을 해침[賊]·남에게 가혹하게 함[絞]·난폭함[亂]·무모함[狂] 등의 폐단을 초래하게 되는 것인즉, 반드시 그 마땅한 바에 따라 조절해야 되는 것이다. 여기서 이른바 '호학(好學)'은 그 '마땅한 바'·'합당한 바'를 깨달아 그 스스로 제약하는 능력을 기르는 지름길이 되는 것이다. 따라서 공자가 말하는 학(學)의 내용은 개개의 덕에 일관하는 그 '마땅함'·'합당함', 즉 의라 할 것이니, 그것은 또한 "군자가 용기만 있고 의로움이 없으면 난동을 일으킨다[君子有勇而無義爲亂]"라는 말과 "용기를 좋아하되 학문하기를 좋아하지 않으면 그 폐단은 어지럽게 된다[好勇不好學其蔽也亂]"라는 말과 관련시켜 보더라도 분명한 것이다.[130]

이렇게 볼 때 의는 일체의 덕행으로 하여금 그 올바름을 잃지 않게 하는 필수조건으로서, 어떠한 덕이든 의가 결여되고서는 결코 옳게 제구실을 다할 수 없는 것이다. 그러한 의미에서 의는 또한 성덕(成德)의 인소(因素)로서 여러 덕목들을 일관하는 기능을 가졌다고 할 수 있다.[131]

이 점에 대하여 공자의 다음 말은 많은 참고가 된다.

---

129) 『論語』, 陽貨. "子曰由也, 女聞六言六蔽矣乎, 對曰未也, 居吾語女, 好仁不好學, 其蔽也愚, 好知不好學, 其蔽也蕩, 好信不好學, 其蔽也賊, 好直不好學, 其蔽也絞, 好勇不好學, 其蔽也亂, 好剛不好學, 其蔽也狂."

130) 물론 공자가 '勇而無禮則亂'(『論語』, 泰伯)이라고도 하였지만, '君子以義爲質, 禮以行之.'(『論語』, 衛靈公)라 한 바에 비추어 볼 때에 禮도 도리어 義가 體幹이 됨으로써 人格的 행위 규범으로서의 타당근거를 갖기 때문에 義를 '마땅함'이나 '합당함'으로 規定해도 모순되지 않는다.

131) 陳大齊, 『孔子學說論集』, 58~59쪽 참조.

군자는 천하의 각종 사정에 대하여 옳다고 고집하지도 않고 안 된다고 부정하지도 않으며 오직 의를 따를 뿐이다.[132)]

군자는 의로써 바탕을 삼고 예(禮)로써 그것을 행하고 겸손함으로써 그것을 표현하고, 믿음을 지켜 그것을 완성한다. 군자는 이렇게 해야 한다.[133)]

여럿이 거처하며 하루를 마치면서도 하는 말들이 의에 미치지 못하고 잔꾀 부리기만 좋아한다면 사람 되기는 어려울 것이다.[134)]

이와 같이 도덕적 가치판단이나 행동지표의 선택, 그리고 여러 덕목들과의 관계성에서 의가 가지는 역할과 기능을 살펴보면, 의(義)의 의미 내용은 이 가운데서 자명하게 드러난다. 즉 의는 객관적인 측면에서 말하면 '마땅함'을 의미하고 주관적인 측면에서 말하면 '올바름'을 뜻한다. 한마디로 말하면 의란 사람 된 자가 마땅히 따라야 할 인생의 바른길이라고 할 수 있다. 『중용』에 "의란 마땅함이다"[135)]라 하고 『맹자』에 "의는 사람이 걸어가야 할 가장 바른길이다"[136)]라 한 것이 그 좋은 예라 할 수 있다. 그래서 주자도 의를 "마음의 제어이고, 일의 마땅함이다"[137)]라고 풀이한 것으로 보인다. 이렇게 보면 인과 의는 대립된다 할 것이다. 인은 앞에서 살펴본 바처럼 보편적인 사랑을, 의는 분한과 차별적인 의(宜)의 재제(裁制)를 뜻하기 때문이다.

---

132) 『論語』, 里仁. "子曰君子之於天下也, 無適也, 無莫也, 義之與比."
133) 『論語』, 衛靈公. "子曰君子義以爲質, 禮以行之, 孫以出之, 信以成之, 君子哉."
134) 같은 책, 같은 곳. "子曰群居終日, 言不及義, 好行小慧, 難矣哉."
135) 『中庸』, 第二十章. "義者 宜也."
136) 『孟子』, 告子章句上. "義, 人之正路也."
137) 『孟子集註大全』, 梁惠王章句上, 朱子註. "義者, 心之制, 事之宜也."

그러나 『주역』 「설괘전」에 "사람의 도를 세워 그것을 인과 의라고 한다"[138]라 하고, 『예기』 「예운」편에 "인은 의의 근본이고 의는 인의 절도(節度)이다"[139]라 한 것을 보면 인과 의는 대립적이라기보다는 상보적(相補的)이다. 의는 인을 구체적 현실의 질서와 차별에 분절(分節)한 것이기 때문이다. 따라서 맹자가 인의(仁義)를 겸칭하고 그것을 유가의 가장 중요한 덕목으로 내세우고자 했다는 데에는 의문의 여지가 없다. 이때 의는 물론 "크게 공정하고[大公] 지극히 올바름[至正]을 힘써 추구하려는, 정의(正義)와 공도(公道)"[140]라는 함축된 의미까지 동반한다. 결국 의란 '공동선(共同善)'을 실현하기 위한 사회적 정의로서 전체 속에서 피차 공평하고 마땅하게 하는 '올바름'의 기준이라 하겠다.

3. 천명의 자각주체로서의 인간심성

지금까지 우리는 사람이 참으로 사람다운 근거라 할 수 있는 인간의 인의예지 사덕은 선천적이고 인간의 고유한 내적원리이며 존재원리라는 것을 살펴보았다. 그리고 사덕, 즉 인의예지는 그 내용에 있어서 인의(仁義)로 요약될 수 있으며, 또한 이것은 유가 덕목 가운데서 가장 중요한 위치를 점유하고 있다는 사실도 아울러 살펴보았다. 사덕은 자아의 본질인 동시에 "우주와 도덕의 실체"[141]인 사랑이요, 공동선의 실현을 위한 인간다운 삶의 방식인 정의[142]인 것이다. 인간은 누구나 이러한

138) 『周易』, 說卦, 第二章. "立人之道曰仁與義."
139) 『禮記』, 禮運. "仁者, 義之本也, 義者仁之節也."
140) 張其昀, 『孔子學說의 現代的 意義』, 華岡校友會譯, 형설출판사, 1981, 101쪽.
141) 張其昀, 같은 책, 93쪽.
142) 이 경우 '正義'는 개인의 자유나 법적 · 경제적 영역에 바탕을 둔 서구의 justice와 같은

'사랑'과 '정의'를 알고 실천할 수 있는 능력을 선천적 · 내재적으로 구유한 존재이며, 또한 내적으로 주체성을 확립하여 천명을 자각할 수 있으며, 천인합덕(天人合德)의 최고 경계까지 나갈 수 있는 존재이기도 한 것이다. 자사가 『중용』의 첫머리에서 "하늘이 부명(賦命)한 것은 성(性)이라 하고, 성에 따르는 것을 도라 이른다"[143]고 한 것이라든지, 맹자가 "자신의 마음을 다하는 자는 자기의 본성을 깨닫게 될 것이니, 본성을 깨달음은 곧 천명을 깨닫는 것이다. 마음을 보존하여 본성을 기름은 하늘을 섬기는 것이다"[144]라는 말은 바로 이와 같은 사실을 단언하고 있다.

우리의 문제는 바로 이러한 특질이 어디에서 오는 것이며, 그 의미는 무엇인가 하는 점을 밝히는 일이다. 이는 유가철학의 진면목이 거기에 있기 때문이다. 인간존재란 무엇인가, 어떻게 살아야 하는가 하는 물음은 이 문제가 해명되지 않는 한 불완전한 반쪽 해답 이상의 것을 얻지 못한다. 여기서 유가적 사유의 기본 입장이 천인일관(天人一貫)의 논리 위에 정초된 인본주의(人本主義) · 도덕주의(道德主義) · 주체적(主體的) 진리관에 있으며 그리고 그 가운데에서 가장 중요하고도 특징적인 내용을 이루고 있는 것이 천명 자각주체로서의 인간 문제라는 것이 부각된다.[145]

앞에서도 살펴본 바 있듯이 천이 부명한 인간의 덕성은 내가 금수와

개념이 아니라, 개인의 덕성과 인륜관계를 중시하는 '人倫的 正義'를 가리킨다. 허창무, 「중국 전통 정의관의 맥락과 성격」, 『정신문화연구』, 제16권 제2호, 한국정신문화연구원, 1993, 6~7쪽 참조.

143) 『中庸』, 第一章. "天命之謂性, 率性之謂道."

144) 『孟子』, 盡心章句上. "盡其心者, 知其性也, 知其性, 則知天矣. 存其心, 養其性, 所以事天也."

145) 田丸德善, 「儒教的 思惟形態の特質」, 本尾芳光運監修 · 峰島旭雄編集, 『東西思惟形態の比較研究』, 東京書籍, 1977, 214~217쪽 참조.

구별되고 본래적으로 참 사람 된, 나 자신이 일상적인 자기망각에서 벗어나 참으로 사람다움을 회복할 수 있는 가능근거로서 인간만이 소유한 인격적 본질이다. 『주역』은 "건도가 변화하여 모든 개체들의 본성과 명을 바르게 하여 크나큰 조화를 보존하고 모은다"[146]라 하고, 「설괘전」 역시 "옛날에 성인이 역을 지음은 장차 인성과 천명의 이치에 따르고자 함이었다"[147]라 한 바와 같이, 일체 만물의 근본원리이며, 만물을 생장발육하게 하는 원리이기도 한 천도의 유행에 따라 만물이 각기 제 나름의 품성을 지니는 가운데 인간 또한 인격적 본질을 품수하였기 때문에 사람은 모름지기 자아의 본성을 주체적으로 자각하여 스스로의 '성명(性命)의 이치'에 따라 이를 천하에 실현함으로써 사람다워질 수 있는 것이다.

이때 '사람답다'는 것은 사람이 다른 존재자와 구별되는 – 천명을 자각할 수 있는 존재로서의 – 특성을 지니고 있음을 뜻하는 것이기도 하지만, 동시에 사람은 자기와 더불어 다른 존재자의 존재가치까지 함께 밝혀주는 천도구현의 주체적 참여자로서의 사회적 존재임을 의미한다. 『중용』의 다음 대목들은 이를 좀 더 분명하게 해설하여 준다.

> 성실함 그 자체는 하늘의 도이고, 성실해지려고 노력하는 것은 사람의 도다. 성실한 자는 애쓰지 않아도 도에 맞으며 생각하지 않아도 얻게 되며 저절로 도에 적중하니 성인이다.[148]

> 위대하도다. 성인의 도여. 넓고 가득히 만물을 발육케 하여 그 높이

146) 『周易』, 乾卦, 彖傳. "乾道變化, 各正性命, 保合大和."
147) 『周易』, 說卦傳, 第二章. "昔者聖人之作易也, 將以順性命之理."
148) 『中庸』, 第二十章. "誠者, 天之道也, 誠之者, 人之道也, 誠者, 不勉而中, 不思而得, 從容中道, 聖人也."

와 크기가 하늘에까지 도달하였다. 한량없이 크기도 하다. 예의(禮儀)가 삼백 가지요 위의(威儀)가 삼천 가지이다. 그 사람을 기다린 뒤에야 그런 일들이 행하여진다. 그래서 진실로 지극한 덕이 아니라면 지극한 도는 이루어지지 않는다고 말한 것이다.[149]

이렇게 볼 때 참으로 사람다운 사람은 오직 천명의 주체적 자각을 통하여 선천적으로 부여받은 사덕을 완전히 구현하여 개체적 자아를 우주적 자아에까지 확충시킴으로써 우주적 인간(cosmic man)이 되는 데 있다. 그것은 인간이 '창조성본체(創造性本體)'인 천도를 온전히 본받아 "도덕 인격적인 생명을 정시(正視)하고" 그것을 주체적으로 자각 · 구현할 수 있는 만물 가운데 가장 영특한 존재이기 때문이다.[150] 『주역』의 다음 대목은 이 점을 특히 선명하게 보여준다.

하늘의 운행이 지극히 굳세고 건실하니 군자는 이를 본받아 스스로 강해지기를 쉬지 않는다.[151]

여기서 '하늘의 운행은 굳세고 건실하다'라는 구절은 천의 운행현상을 언표하고 있는 사실판단이다. 이 경우 천의 운행은 객관적인 하늘의 이법으로서, 그것의 두드러진 현상은 해와 달이 대표한다.[152] 그러나 이러한 천의 운행현상을 군자가 "체득하여 사용할 때"[153] 그것은 "스스로 강건하여 쉬지 않는다"라고 하는 당위의 법칙으로 전환된다.[154] 다시 말해

---

149) 『中庸』, 第二十七章. "大哉聖人之道, 洋洋乎, 發育萬物, 峻極于天, 優優大哉, 禮儀三百, 威儀三千, 待其人而後行, 故曰苟不至德, 至道不凝焉."

150) 牟宗三, 『中國哲學的特質』, 93쪽 참조.

151) 『周易』, 乾卦, 象傳. "天行健, 君子以自彊不息."

152) 양재학, 『周易과 만나다』, 상생출판, 2010, 48쪽 참조.

153) 來瞿唐, 『易經來註圖解』, 惠文出版社, 1976, 152쪽. "以者用也, 體易而用之."

서 군자는 천도의 본질을 인간존재의 주체로 하여 그것을 자신의 본질로 자각함으로써[155] 당위의 도덕률을 확립하는 존재이다. 이에 유의하여 위의 대목을 다시금 살필 때 우리는 『주역』이 인간존재의 주체적 자각을 근본 주제로 하고 있음을 알 수 있다. 따라서 인간에게는 천행(天行)의 지극한 건실성을 본받아 실천할 수 있는 능력과 사명이 선천적으로 부여되어 있는 것이다. 그러므로 하늘의 운행이 종시부단(終始不斷)한 것처럼 사람은 이를 주체적으로 자각하여 자신의 본성을 밝히고 무한히 향상시키는 데 쉼이 없어야 한다. 이 천부의 능력, 실천의 바탕이 되는 것이 다름 아닌 인간의 덕성이고 주체성이다. 그리고 이를 내면적 도덕성으로 자각하는 일이 소위 인간의 선의지(善意志)의 선천성을 긍정하는 일이며 그것이 천명을 순승(順承)하여 사천(事天)에 이르는 길이기도 하다.

『주역』「건괘・문언전」의 "원(元)은 선(善)의 으뜸이다"라는 구절과 같은 곳의 "군자는 인을 체득해서 다른 사람을 길러낸다"[156]라는 구절도 이러한 맥락에서 이해될 수 있다. 이 점은 인간의 주체적 자각을 무엇보다 중시하는 유가적 사유의 기본 입장으로서, 바로 앞에서 본 예문과 상통하는 것이라 하겠다. 특히 '체인(體人)'이란 인간이 건원(乾元)의 지선(至善)함을 주체적으로 자각하여 그것이 곧 자신의 주체적 본성임을 발견하고, 그것을 유감없이 드러내고 실현하는 일이다. 이로써 인간은 "자연(=天)은 끊임없이 낳고 또 낳는 하나의 창조적 전진 과정이며, 사람은 이 과정 중에 참여하여 화육하는 공동의 창조자임"을, 또한 "자연과 인간은 둘이면서 하나가 되어[二而爲一] 생명 전체는 서로서로 융화하고

154) 『周易正義』, 孔疏. "天行健, 此謂天之自然之象, 君子以自强不息, 此以人事法."
155) 來瞿唐, 같은 책, 152쪽. "天行健者, 在天之乾也, 自强不息者, 在我之乾也."
156) 『周易』, 乾卦, 文言傳. "元者, 善之長也, …… 君子體仁, 足以長人"

교섭할 수 있게 된다"[157]는 사실을 체득하게 된다.

그러므로 인간존재의 주체적 자각의 중요성과 필요성을 『주역』은 다음과 같이 함축된 언사로 말하고 있다.

> 역(易)은 지극하도다. 역은 성인이 이를 이용하여 덕을 높이고 사업을 높이는 것이다. 앎[知]은 높임이고 예는 낮춤이니, 높이는 것은 하늘을 본받고 낮추는 것은 땅을 본받는다. 천지[宇宙]가 자기 자리[位]를 설정하니 역의 변화가 그 가운데서 진행된다. 자신의 본성을 양성하여 이를 끊임없이 보존하고 또 보존하려고 노력하니 이것이 도의(道義)의 길에 들어서는 시초[門]이다.[158]

> 대저, 역(易)은 무엇을 위한 것인가? 역은 만물을 개창(開創)하고 완성하여 천하의 모든 일을 망라하는 것일 뿐이다. 성인은 이를 본받아 천하의 뜻을 소통하게 하고 천하의 사업을 성취하며 천하의 의문을 해결한다.[159]

> 밝음이 두 번 일어나는 것이 중화리괘(重火離卦)를 만든다. 대인은 그것을 본받아 그 밝음을 이어서 천하를 광명정대하게 한다.[160]

이 경우 주체는 물론 주객이 분리된 하나의 대상을 뜻하는 '그 무엇'은 아니다. 주체 그것은 "본래부터 내재적 도덕역량을 갖추고 있는, 천명으

157) 方東美, 『中國人의 生哲學』, 鄭仁在譯, 探求堂, 1983, 26~27쪽.
158) 『周易』, 繫辭上, 第七章. "易其至矣乎, 夫易, 聖人所以崇德而廣業也, 知崇禮卑, 崇效天, 卑法地, 天地設位, 而易行乎其中矣, 成成存存, 道義之門."
159) 『周易』, 繫辭上, 제11장. "夫易何爲者也, 夫易開物成務, 冒天下之道, 如斯而已者也, 是故聖人以通天下之志, 以定天下之業, 以斷天下之疑."
160) 『周易』, 離卦, 大象傳. "象曰, 明兩作離, 大人以繼明, 照于四方."

로부터 온"[161] 인간존재의 덕성 그 자체다. 그런데 여기서 한 가지 유의할 것은 필자가 사용하는 '주체'의 개념과 일반적으로 사용되는 주체와는 상당히 다른 의미를 가진다는 점이다. 그것을 머우쫑산의 견해를 빌려 말하면,[162] 주체란 생물학상 또는 심리학상에서 거론되는 주체와는 다른 것이며, 따라서 논리적으로 구분할 수 있거나 물(物)로 대상화할 수 있는 것도 아니다. 그것은 형이상학적 의미를 갖고 가치를 체현하는 진실무망한 주체이다. 따라서 공자의 인이나 맹자가 말하는 성선은 모두 진실무망한 주체를 가리키는 개념들이다. 이렇게 볼 때 '주체'란 선천(先天)과 후천(後天), 존재와 당위, 주관과 객관, 인식하는 자와 인식되는 자의 이원성(二元性)이 근본적으로 용해되어 버리는, 즉 천과 인이 합일된 경지이며, 사람이 참으로 사람다운 이유라 할 수 있는 인간의 덕성(德性) 그 자체를 의미한다.

> '나'라고 할 때의 '나'는 주체이고, '나에게' 혹은 '나를'이라고 할 때의 '나'는 객체이다. 주체인 나는 있는 그대로의 실제적인 자아이고, 객체로서의 나는 알려진 자아이다. 그러나 그렇다고 해서 인간이 주체인 나와 객체인 나를 소유하고 있는 것은 아니다. 다만 인간은 주체인 나 '이면서' 동시에 객체인 나 '인 것이다'. 그러므로 주체인 나는 객체인 나가 없으면 존재하지 않는다. 그러나 후자는 언제나 전자와 관계를 맺고 있다. 또한 주체인 나는 객체인 나를 초월한다. 왜냐하면 객체인 나는 주체인 나의 자기표현이기 때문이다.[163]

사람이 나의 본래적 모습을 자각하고 나의 주체성을 확립하는 일은

161) 楊國榮, 앞의 책, 83쪽.
162) 牟宗三, 『中國哲學的特質』, 17쪽 참조.
163) 李正勇, 『易과 基督教思想』, 鄭鎭弘譯, 한국신학연구소, 1980, 119쪽.

하늘이 나에게 부여한 덕성을 현세에 남김없이 드러내고 실천하는 일이며, 그것은 곧 사람이 사람답게 사는 일로 직결된다. 그러므로 주체적 나의 확립 없이는 인간보편도 존재할 수 없을 뿐만 아니라 이를 떠나서는 어떠한 세계도 따로 있을 수 없다. 가장 뚜렷한 본보기는 『중용』과 『맹자』에서 발견된다.

> 일체 만물의 이치가 '내' 속에 모두 갖추어져 있다. 자신을 돌이켜보아 성실하면 이것보다 더 큰 즐거움은 없다. 열심히 헤아려서[恕] 행동하면, 인에 도달하는 데 이것보다 더 가까운 길이 없다.[164)]

> 성실함이라는 것은 스스로 이루는 것이요, 도는 스스로 다니는 길이다. 성실함이라는 것은 만물의 처음과 끝이다. 성실함이 아니라면 만물이 있을 수 없다. 이런 까닭으로 군자는 성실함을 귀하게 여긴다. 성실함은 스스로 자기를 완성하는 것뿐만이 아니고, 만물을 이루어 주는 바탕[所以]이다. 자기를 완성함이 인(仁)이고, 만물을 완성시키는 것은 지(智)이다.[165)]

여기서 성(誠)은 자연의 인격화된 의미체이다. 다시 말해서 그것은 사람과 하늘, 주체와 객체를 완전히 통일시킨[166)] 인격 주체화된 개념으로서 사람이 자신의 인격과 만물을 완성시키는 유일한 통로이다. 인간의 도덕 주체성으로서 '성'을 강조한 위의 예문에서 주목되는 것은 주체가 인간의 인격을 완성하게 하는 '인'에 해당될 뿐 아니라 사사물물(事事物

---

164) 『孟子』, 盡心章句上. "萬物皆備於我矣, 反身而誠, 樂莫大焉, 强恕而行, 求仁莫近焉."
165) 『中庸』, 第二十五章. "誠者, 自成也, 而道自道也. 誠者物之終始, 不誠無物, 是故君子誠之爲貴, 誠者非自成己而已也, 所以成物也, 成己仁也. 成物知也."
166) 蒙培元, 『中國心性論』, 113쪽 참조.

物)의 존재 의의 및 가치를 완성시켜주는 바탕이라는 것이다. 이로써 분명해지는바, 사람이 자신의 주체성을 깨닫고 그것을 구현하는 일은 자기동일성과 의지의 자유를 확보하는 일이고 우주 경영에 삼재(三才)의 일원(一元)으로 참여하는 일이 된다. 『주역』「곤괘 · 문언전」에 "군자는 내면을 곤도(坤道)의 덕으로 충만하고, 곤도의 훌륭한 이치를 깨달아 자신이 서야 할 위치에 몸을 두고 생활한다"[167]라고 한 말에서도 이 점은 분명하게 드러난다. 그것은 인간이 가능성과 현실성을 동시에 함유한 천명의 자각주체로서 역사세계 속에서 "천명에 순응하고 민중의 뜻에 호응하여"[168] 선천적으로 부여받은 사덕(四德)을 완전히 역사현실에 구현할 수 있는 실천적 주체임을 의미한다. 이는 또한 인간만이 의지의 자유와 주체의 독립성을 갖는다는 의미이며, 인간을 우주의 중심적 존재 및 세계의 근본 존재로 여긴다는 뜻이기도 하다.[169] 이때 천명을 자각할 수 있는 주체는 물론 성(性)을 발현시키고 사유능력까지를 포함하고 있는 인간의 인식 기관인 '심(心)'이다. 하늘이 사람에게 부여한 천명의 자각주체로서 성은 심을 통해서만 발현되는데, 그 심은 본질적으로 사유하는 기능을 가지고 있기 때문이다.[170]

이 점은 『맹자』의 「진심장구상」의 "자신의 마음을 최대한 갈고 닦는 자는 자기의 본성을 깨닫게 될 것이니, 본성을 깨달음은 곧 천명을 깨닫는 것이다"[171]라는 말에서 분명하게 드러난다. 이에 의하면 천이 부여한 자아의 본성을 자아의 심이 자각할 수 있다. 존재론의 측면에서 보면 자아는 우주의 근원인 천으로부터 타생(他生)한 것이지만, 현상계에 몸담

167) 『周易』, 坤卦, 文言. "君子黃中通理, 正位居體."
168) 『周易』, 革卦, 彖傳. "順乎天, 應乎人."
169) 蒙培元, 『中國哲學主體思惟』, 北京: 東方出版社, 1993, 5쪽 참조.
170) 『孟子』, 告子章句上. "心之官則思, 思則得之, 不思則不得也." 참조.
171) 『孟子』, 盡心章句上. "盡其心者, 知其性也, 知其性, 則知天矣."

고 있는 자아는 자신의 심으로 자아의 근원인 천을 역추(逆推)하여 자각할 수 있다는 것이다. 이처럼 심이 자신의 근원인 천을 역추하여 자각할 수 있다는 이론적 근거는 무엇인가? 물론 이 문제는 선진유학에서 다룰 성질은 아니나 맹자의 심에 대한 주자의 다음 해석이 유효한 단서를 제공한다.

> 심이란 것은 사람의 신명이니 그에 의하여 중리(衆理)를 갖추고 만사에 응하는 것이다. 성(性)은 갖춘 바의 리(理)인데 천은 또한 리가 그로부터 나온 바의 것이다. 사람이 가지고 있는 이 심은 전체 아님이 없으나 리를 궁구하지 않으면 은폐된 바가 있어 이 심의 국량(局量)을 다하지 못한다. 따라서 심의 전체를 지극히 하여 다하지 않음이 없는 자는 반드시 리를 궁구하여 알지 못함이 없게 된다. 이미 그 리를 알면 좇아서 나오는 것도 이에서 벗어나지 않을 것이다.[172)]

여기에서 보듯이 심은 자아 속에 들어와 있는 우주정신 즉 신명(神明)으로서 중리(衆理)를 갖추고 있으면서 만사에 응할 수 있는 영명한 주재자이다. 즉 이 심은 천으로부터 주어진 성을 갖추고 있으면서 현상계의 일체에 대응할 수 있는 능력 또한 함유하고 있다는 것이다.

맹자는 자아의 본성을 자각할 수 있는 인간의 이러한 심의 기능, 즉 '심지관(心之官)'을 반성적으로 사고하는 것으로 보고 그것을 '사(思)'라고 했다. 맹자에 따르면 심의 기능에는 사유하는 능력이 있다. 이 능력은 마음이 본래부터 가지고 있는 것이다. 그러므로 사고하면 깨닫고 사

---

172) 『孟子集註大全』, 盡心章句上, 朱子註. "心者人之神明, 所以具衆理而應萬事者也. 性則心之所具之理, 而天又理之所從以出者也. 人有是心, 莫非全體, 然不窮理, 則有所蔽而無以盡乎此心之量, 故能極其心之全體而無不盡者, 必其能窮夫理而無不知者也, 旣知其理, 則其所從出, 亦不外是矣."

고하지 않으면 깨닫지 못한다.[173]

이러한 반성적 사고에 의해 인간은 사물·사건에 대한 무지에서 벗어나고 외물에 이끌려 다니는 피동적인 생활에서 벗어날 수가 있다. 이런 생각에서 맹자는 "귀와 눈과 같은 감각기관은 생각하지 못하여 물(物)에 가린다. 물과 물이 접촉하면 거기에 이끌려버릴 뿐이다"[174]라고 말했던 것이다. 즉 반성적 사고가 가해지지 않은 감관활동은 자연의 필연적인 법칙에 따라갈 뿐이기 때문에 외부의 사물·사건에 이끌려 다닐 수밖에 없으며 그 결과 악이 발생한다는 것이다. 그렇다면 맹자가 말하는 '심'은 선이며, 악은 심이 외물의 욕망에 이끌려 반성적 사고를 포기할 때 나타나는 현상에 불과한 것이 된다.

'심'의 의미는 물론 맹자에게서 객관적으로 규정하기 어렵다.[175] 그러나 분명한 사실은 그것이 서양철학에서 말하는 인식론적 심이나 심리학에서 말하는 심리적 정서활동을 가리키는 것이 아니라 "도덕적 심(道德的心)"이며,[176] 사람의 생명활동을 주재하고, 선악을 판단하는 양지(良知)와 악을 버리고 선을 따르려고 하는 양능(良能)을 내포하고 있다는 점이다.[177] 양능은 마음의 선천적 능력이고, 양지는 마음의 선천적 예지(叡智)이다. 줄여 말하면 맹자에 있어서 심은 선천적 능력을 가진 예지이다. 이 예지, 즉 양지는 인·의·예·지의 사덕을 구비하고 있는 덕성이면서 직각적(直覺的)인 인식능력이기도 하다. 이와 같은 양지는 사람

---

173) 『孟子』, 告子章句上. "心之官則思, 思則得之, 不思則不得也, 此天之所與我者."

174) 같은 책, 같은 곳. "耳目之官, 不思而蔽於物, 物交物則引之而已矣."

175) 穴澤辰雄에 의하면 맹자의 心에는 廣·狹의 2가지 뜻이 있다. 그 하나는 항상 仁義를 지향하는 自發·自律의 도덕적 意志를 가리키는 心이며, 다른 하나는 "欲貴者, 人之同心也"(告子上)라고 말하고 있는 경우의 心으로 감각적 욕구의 주체를 지칭한다. 『中國古代思想論考』, 102쪽 참조.

176) 牟宗三, 『心體與性體(第一冊)』, 台北: 正中書局, 1968, 40~41쪽 참조.

177) 武內義雄, 『中國思想史』, 62쪽 참조.

이 본래 갖추고 있는, 하늘이 내게 준 자연스러우며 본질적인 능력이다. 따라서 사람은 이를 밝히는 일에 의해 선악을 직각(直覺)할 수 있고, 뿐만 아니라 그 직각한 내용을 미루어 나아가 인의의 도(道)를 완성시킬 수 있는 것이다.

> 사람들이 배우지 않고서도 능한 것은 양능이고, 생각하지 않고서도 아는 것은 양지이다. 어린아이라도 그 어버이를 사랑할 줄 모르는 이가 없고 자라서는 그 형을 공경할 줄 모르는 이가 없다. 어버이를 섬기는 것은 인이요, 어른을 공경하는 것은 의이다. 이것은 다른 이유가 있는 것이 아니라 온 세상 사람들에게 공통된 것이기 때문이다.[178]

맹자는 인의(仁義)의 선심(善心)이 양심(良心)이고 본심(本心)이며, "보편적이고 객관적 가치를 지닌"[179] "의리지심(理義之心)"[180]임을 밝히고, 그것이 사람의 본성이라고 말한다. 그는 우산지목(牛山之木)[181]의 비유를 통하여 양심설(良心說)을 설명하였다. 맹자에 의하면 인간이 가지고 있는 본래의 마음은 선한데, 악은 감각기관이 외물을 감수(感受)하여 심을 유인, '자신을 돌이켜 생각하는 일[思]'을 하지 못하도록 하기 때문에 일어난다.[182] 즉 심은 안으로 반성할 때 하등의 죄악을 일으키지

---

178) 『孟子』, 盡心章句上. "人之所不學而能者, 其良能也, 所不慮之知者, 其良知也. 孩提之童, 無不知愛其親者, 乃其長也, 無不知敬其兄也. 親親仁也, 敬長義也, 無他達之天下也."

179) 王邦雄외, 『孟子哲學』, 황갑연 옮김, 서광사, 2005, 72쪽.

180) 『孟子』, 告子章句上. "心之所同然者何也, 謂理也義也, 聖人先得我心之所同然耳."

181) 같은 책. "牛山之木嘗美矣, 以其郊於大國也, 斧斤伐之, 可以爲美乎. …… 人見其濯濯也, 以爲未嘗有材焉, 此豈山之性也哉, 雖存乎人者, 豈無仁義之心哉, 其所以放其良心者, 亦猶斧斤之於木也."

182) 楊澤波에 따르면 『맹자』에는 '思'자가 27번 나오는데 3가지 뜻을 지니고 있다. 첫째는 어조사로서 아무런 뜻이 없고, 둘째는 일반적인 의미의 '사고' 혹은 '사려'이고, 셋째는 '돌이켜 생각한다' 즉 반성이라는 의미이다. 맹자가 성선설에서 언급한 '思'는 돌이켜 생

않으나 물욕에 유인되면 악을 낳는다. 심은 선한 것이고 악은 외물에 덮이고 인욕의 사사로움에 이끌려질 때 생긴다. 따라서 선을 지키기 위하여 사람은 이들의 유혹에 빠지지 않도록 하여야 하며, 심은 외물에 감하기 이전 성이 지닌 본래적 순수성을 돌이켜야 마땅하다. 맹자가 "잃어버린 마음을 찾는 일[求放心]"[183]을 강조하고 '존심(存心)하고 양성(養性)함으로써 하늘을 섬기는 공부'[184]를 역설한 것도 이러한 인식의 소산일 것이다.

그러면 양심을 온전하게 보존하고 확충하기 위해서 맹자가 취한 수양의 방법은 무엇인가? 이에 대하여 그는 두 가지 중요한 방법을 말하고 있다.[185] 하나는 적극적으로 양지양능(良知良能)의 힘을 발휘하는 것이며, 다른 하나는 소극적으로 감각기관을 심의 명에 따르도록 힘쓰는 일이다. 첫째의 방법을 성취하기 위해서는 '존심'이 필요하고, 둘째의 방법에 부응하기 위해서는 '구방심'이 필요하다. 맹자는 '구방심'에 대하여 '그 잃어버린 마음을 찾는 것일 뿐'이라고 하면서 다음과 같이 논했다.

> 인은 사람의 마음이요, 의는 사람의 길이다. 그 길을 버리고서 가지 않고, 그 마음을 잃어버리고도 찾을 줄을 모르니 참으로 슬픈 일이다. 사람들이 자기 집에서 기르던 닭이나 개 같은 짐승이 도망가면 찾을 줄 알면서도 자신의 본마음을 잃어버리고는 찾을 줄을 모른다. 학문의 길은 다른 것이 아니다. 그 잃어버린 본마음을 찾는 것일 뿐이다.[186]

'방심(放心)'이란 심이 외물의 욕구에 이끌려 정당한 도덕적 판단이 불

각함을 뜻한다. 楊澤波, 앞의 책, 195~196쪽 참조.

183) 『孟子』, 告子章句上. "學文之道無他, 求其放心而已矣."

184) 『孟子』, 盡心章句上. "存其心, 養其性, 所以事天也." 참조.

185) 武內義雄, 앞의 책, 63쪽 참조.

186) 『孟子』, 告子章句上. "仁人心也, 義人路也, 舍其路而弗由, 放其心而不知求, 哀哉, 人有雞犬放, 則知求之, 有放心而不知求, 學問之道無他, 求其放心而已矣."

가능하게 된 상태를 가리킨다. 이를 극복하는 방법이 '욕심을 적게 하는 것[寡欲]'[187]을 바탕으로 한 '구방심'이다. 그것은 감각적 욕구를 줄이고 심을 외물에 은폐되지 않도록 하여 하늘이 자신에게 부여한 본원적 성의 순선(純善)에 도달할 때 비로소 가능한 것이다. 이때 선성(善性)을 확충하기 위한 방법의 하나인 과욕(寡欲)은 외물의 세계에 구속되지 않고 자기본심을 보존하고 확충하는, 방심을 구하는 자기 공부의 불가결한 일부가 된다. 그런 점에서 '구방심'은 "돌이켜 자신에게서 구한다[反求諸己]"를 의미하며 외물에 빠져 있는 본마음을 본래의 상태로 회복하는 것을 뜻하는 것으로 볼 수 있다.[188] 그리하여 조기(趙岐)도 "길에 따라 마음을 찾는 것은 그 기본을 얻는 것이다. 닭과 개를 좇아 다니는 것은 그 말단적인 것에 힘쓰는 것이다. 배워서 본심을 찾으면 잘 알게 될 것이다"[189]라고 말했던 것이다.

이러한 수양법에 따른 실천 방법의 또 다른 하나로서 맹자는 '존심(存心)'을 말하고 있다. '존심'이란 인간이 원래 가진 즉 적자지심(赤子之心)을 보존하는 것을 뜻한다. 인간은 누구나 '적자지심'을 본래성으로 구유하고 있지만, 이 마음은 또한 대인과 소인을 판별하는 기준이 되기도 한다. 맹자에 의하면 대인만이 적자지심을 잃지 않는 사람이다.[190] 맹자는 이 문제를 또 다음과 같이 설명하였다.

> 군자가 보통 사람과 다른 까닭은 자기 본심을 잃지 않고 있기 때문이다. 군자는 인으로 본마음을 보존하며 예로써 본마음을 보존한다.

---

187) 『孟子』, 盡心章句下. "養心莫善於寡欲, 其爲人也寡欲, 雖有不存焉者寡矣."
188) 蔡仁厚, 『맹자의 철학』, 123쪽 참조.
189) 『孟子集註大全』, 告子章句上, 趙岐註. "由路求心, 爲得其本, 追逐雞狗, 務其末也, 學以求之詳矣."
190) 『孟子』, 離婁章句下. "大人者, 不失其赤子之心者也." 참조.

인자(仁者)는 사람을 사랑하고 예의가 있는 자는 사람을 공경한다. 사람을 사랑하는 자는 사람들이 항상 그를 사랑하고, 또한 사람을 공경하는 자는 사람들이 항상 그를 공경한다. 여기에 난폭한 행동으로써 나를 대하는 자가 있다면 군자는 반드시 자신을 성찰하여 "내가 틀림없이 어질지 못하고 예의가 없었던 점이 있었을 것이다. 그렇지 않다면 이와 같은 일이 어찌 나의 몸에 이르랴?" 하고 말한다.[191]

위에 분명히 밝혀진 것처럼 '존심'은 후천적으로 본마음을 보존하는 수양공부로서 군자와 보통 사람과의 차이점을 확실하게 해주는 징표이다. 그것은 '자신의 본마음을 스스로 성찰한다[自反]'는 의미를 내포한다.[192] 이 경우 '자반'의 목적은 후천적 기품과 외물의 작용에 따라 악해질 수도 있는 본심을 다스려 만물과 일치되는 경지를 회복케 하는 데 있다. 따라서 '자반(自反)'은 말을 바꾸어 하면 자신의 마음을 성실하게 함[誠]이다. "성실함은 하늘의 도요, 성실하게 할 것을 생각하는 것은 사람의 도이다. 성실함을 다하고서도 남을 감동시키지 못한 경우는 아직 없었다"[193]라는 말이나 "만물의 이치가 모두 나라는 개체에 구비되어 있다. 나의 존재를 성찰하여 성실할 수 있으면 이보다 더 큰 즐거움은 없다"[194]라는 맹자의 말을 상기할 때 이 점은 명백하다.

이렇게 이해할 때, '성(誠)'은 당연히 '자반'의 의미이며, 따라서 스스로 본심을 성찰하여 천도(天道)의 본연을 위배하지 않는다. 여기에서 인간

---

191) 『孟子』, 離婁章句下. "君子所以異於人者, 以其存心也, 君子以仁存心, 以禮存心, 仁者愛人, 禮者敬人, 愛人者人恒愛之, 敬人者人恒敬之, 有人於此, 其待我以橫逆, 則君子必自反也, 我必不仁也, 必無禮也, 此物奚宜至哉."

192) 焦循, 『孟子正義』, 台北: 世界書局, 1979, 350쪽. "趙氏以在釋存, 蓋以在爲察, 在心卽省察其心."

193) 『孟子』, 離婁章句上. "誠者天之道也, 思誠者人之道也, 至誠而不動者, 未之有也."

194) 『孟子』, 盡心章句上. "萬物皆備於我矣, 反身而誠, 樂莫大焉."

은 개체의 한계성을 극복하여 현실적으로는 자아의 초월적 기반을 확보할 수 있을 뿐만 아니라 천명의 주체적 자각도 가능하게 된다. 다시 말하여 인간이 '존심양성(存心養性)'을 통해 천명을 자각하게 되면 "자아의 한계를 초월하고 인생의 광명정대한 의지를 세워서 온 천하와 후세에까지 통하는 마음을 확립할 수 있게 되는"[195] 것이다. 맹자는 이런 인간의 신령스러운 모습과 웅혼한 기백을 다음과 같이 천명하고 있다.

> 천하라는 넓은 집에 살아가면서, 하늘 아래의 바른 자리에 서고, 천하의 대도(大道)를 행하여 나아간다. 이렇게 하는 가운데 뜻을 얻었을 때는 천하의 백성들과 함께 천하의 대도를 행하여 나아가고 뜻을 얻지 못했을 때는 묵묵히 혼자서 천하의 대도를 행하여 나아갈 뿐이다. 부유하고 귀해져도 능히 방탕하거나 음란치 않으며, 가난하고 천해져도 능히 뜻을 바꾸지 않으며, 권위와 무력에도 능히 기개가 꺾이지 않는 이런 사람을 두고 대장부(大丈夫)라 할 수 있다.[196]

> 군자가 지나가는 곳에는 모든 사람들이 교화되고 머무는 곳에서는 그 교화가 더욱 신묘해진다. 그러므로 위와 아래가 하늘 · 땅과 더불어 흐른다.[197]

여기서 확연히 알 수 있듯이 유가가 궁극적 이상으로 하는 천명의 자각주체로서의 인간은 편협하게 유형과 무형의 소유에 집착하는 개인이 아니라 자기반성과 내적 성실성을 통해 천도와 인성의 동질성을 자각하

---

195) 蔡仁厚, 『맹자의 철학』, 130쪽.

196) 『孟子』, 滕文公章句下. "居天下之廣居, 立天下之正位, 行天下之大道, 得志與民由之, 不得志獨行其道, 富貴不能淫, 貧賤不能移, 威武不能屈, 此之謂大丈夫."

197) 『孟子』, 盡心章句上. "夫君子所過者化, 所存者神, 上下與天地同流."

고, 천리(天理)와 인성(人性)의 내면적 구조를 파악함으로써 자신을 넘어서서 우주적 차원으로까지 확대되고 우주와 조화로운 관계를 맺을 수 있는 인간이다.

충분한 분석이 이루어졌다고 할 수는 없으나 이상에서 우리는 자아의 본성을 자각할 수 있는 주체가 인간의 '심'이며 이 심은 능동적으로 사유하고 반성하는 기능을 가지고 있음을 확인하게 되었다. 그런데 이러한 문제들은 송명이학자(宋明理學者)들의 주요 철학적 과제인 심성론(心性論)과 수양론(修養論)으로 전개되어 한층 체계화되고, 다양한 철학적 문제들을 제기하게 된다.

Ⅳ. 천명(天命)의 주체적 자각과 인간존재

우리는 하늘이 부여한 덕성은 사람이 나면서부터 받은 것이고 사람은 그것을 자각하고 실천할 수 있는 자유의지를 소유한 존엄한 존재임을 살펴보았다. 이러한 인간의 자유의지와 주체의 독립성은 사람으로 하여금 개인적 차원을 넘어서 우주적 차원으로까지 향상할 수 있도록 한다. 이때 사람은 하늘과 땅과 더불어 삼위일체가 되어 천지의 화육(化育)에 조화롭게 참여하는 공동의 창조자가 된다. 이것이 이른바 인간 완성의 극치를 단적으로 나타내주는 '천인합일(天人合一)'의 경지이다. 여기서는 사람이 참으로 사람다운 것은 인간이 생래적으로 구유한 천부의 덕성, 즉 인성에 내재한 도덕률과 존재원리로서의 천명을 주체적으로 자각하는 것임을 두 단계로 나누어 고찰할 예정이다.

1. 자각(自覺)의 목표

인간의 인간됨은 천명을 자각함에 있다.[1] 천명을 자각하는 궁극 목표는 곧 하늘이 부여한 도덕적 사명이 내 몸에 있다는 것을 믿고,[2] 이에 근거하여 도를 밝히고 생민(生民)을 위해 천하의 태평을 여는 것에 있다. 그 전제 조건은 자기의 본래적 덕성을 깨달아 그것을 남김없이 발휘하여 내가 '참사람'되는 일이다. 천명을 자각하는 일은 다기적(多技的)인 존재를 대상으로 하여 얻어지는 인식론적 지식과는 거리가 멀며, 또한 일정한 형식과 가정에 의하여 얻어질 수 있는 형이상학적 실체를 탐구하는 일도 아니다. 천명의 자각은 곧 진리 그 자체인 천도를 자각하는 일인 동시에 자기 본래성의 자각인 것이다. 그러므로 천명의 자각은 근원적으로 열려 있는 자아로부터 가능하며, 또한 그 자아는 열려 있는 세계 속에 자기를 밝게 드러내어 그 존재가치를 체현할 수 있을 때 가능한 것이다.

인간은 누구나 천명을 자각할 수 있는 실재적인 가능태를 자기 본성 안에 소유하고 있다. 이 가능태는 인간존재의 가장 깊숙하고 가장 진정한 중심이며, 그 근원이다. 그런 면에서 천과 인간은 떼려야 뗄 수 없는 필연적 관계성에 근거하고 있다고 볼 수 있다. 결국 천은 인간의 존재근거이고, 인간은 천의 존재근거가 되어 모든 가치의 근원이며 그 객관적 근거가 된다.

우리는 앞에서 인간의 덕성은 선천적이고 선험적이며 보편적이고 내재적인 것이며, 따라서 인간의 윤리 도덕의 근원은 바로 천에 있다는 사

1) 『論語』, 堯曰. "子曰不知命, 無以爲君子也." 참조.

2) 『論語』, 子罕. "子畏於匡, 曰文王旣沒, 文不在玆乎, 天之將喪斯文也, 後死者不得與斯文也, 天之未喪斯文也, 匡人其如予何." 참조.

실을 밝힌 바 있다.

따라서 하늘이 저희들을 버리시어 편안히 먹고살기가 어려워졌고, 천성을 헤아리지 못하게 되었으며, 따라야 할 법을 따르지 않게 되었다.[3)]

왕이 말하였다. "아! 나의 태어남은 그 명(命)이 하늘에 있지 아니하냐?" 조이(祖伊)가 대답하였다. "아! 왕께서 지은 죄가 너무 많아 하늘에 그 죄가 다 배열되어 있거늘 어떻게 하늘의 명을 책망할 수가 있겠습니까?"[4)]

무릇 효는 하늘의 벼리[經]이고 땅의 마땅함[義]이며 백성이 마땅히 따라야 할 당위적 행동이다. (그래서) 하늘과 땅의 벼리를 백성들은 본받는다. 하늘의 밝음을 본받고 땅의 마땅함을 이어받아 백성의 뜻에 어긋나지 않게 천하를 다스린다.[5)]

단전에서 말하기를 광대하구나 건원(乾元)이여, 만물이 그것을 바탕으로 생성되니 이에 하늘을 통솔하는도다. 구름이 가고 비가 내려 온갖 물건이 형체를 갖춘다. 끝과 시작을 크게 밝히면 여섯 위상(位象)이 때에 맞추어 이루어진다. 마침내 시간이란 여섯 마리 용을 타고서 천하를 다스린다.[6)]

---

3) 『書經』, 商書, 西伯戡黎. "故天棄我, 不有康食, 不虞天性, 不迪率典."

4) 『書經』, 같은 곳. "王曰嗚呼, 我生, 不有命在天. 祖伊反曰, 嗚呼, 乃罪多參在上, 乃能責命于天."

5) 『孝經』, 三才章. "夫孝, 天之經也, 地之義, 民之行, 天地之經, 而民是則之, 則天之明, 因之義 以順天下."

6) 『周易』, 乾卦 · 彖傳. "彖曰大哉乾元, 萬物資始, 乃統天, 雲行雨施, 品物流形, 大明終始, 六位時成, 時乘六龍以御天."

하늘이 이 백성을 낼 때에 먼저 안 사람으로 하여금 뒤에 안 사람을 깨우치게 하였고, 먼저 깨달은 사람으로 하여금 뒤에 깨달은 사람을 깨우치게 하였다. 나는 하늘이 낸 백성 중에서 먼저 깨달은 사람이니, 장차 요임금과 순임금의 도로써 지금의 백성들을 깨우치겠다.[7)]

이미 살핀 바처럼 인간의 존재근거가 하늘에 있다고 하는 사상은 유가철학의 근본명제이다. 인간은 하늘로부터 생리적 몸과 함께 사람답게 살아가야 할 명법(命法), 즉 '존재와 당위원리'를 선험적으로 부여받았다. 여기에서 이른바 외재적 근거로서의 천명이니 내재적 근거로서의 덕성이 문제가 되는 것이다. 맹자가 "마음을 보존하여 성을 기름[存心養性]으로써 하늘을 섬기는[事天]" 공부를 강조하게 된 이유도 여기에 있다고 생각된다.[8)] 천의 소생자인 사람은 선천적으로 영명한 마음을 품수한 존재이다. 따라서 자기의 성심(誠心)을 유감없이 발휘하면 하늘이 부여한 자아의 선성(善性)을 깨닫게 되고, 이를 통해서 천리(天理)를 알게 된다. 천리를 아는 것은 하늘의 뜻을 깨닫는 일이고, 이른바 그것이 천명의 자각인 것이다.[9)] 물론 이 천명은 현상 배후 또는 이전에 이것을 근거로 삼고 규정하는 어떤 실체나 원인이 아니라 인간과 마주하는 순간에 인간주체의 자각활동과 동시에 자신의 본디 모습을 드러내는 진실존재인 것이다.

그렇지만 이러한 천의 자발성은 창조적 자유의 실현일 뿐 결코 어떤 배후에 숨어 있는 고정된 실체의 기능이나 작용은 아니다. 하늘이 부명

---

7) 『孟子』, 萬章章句上. "天之生此民也, 使先智覺後知, 使先覺覺後覺也, 予天民之先覺者也, 予將以斯, 道覺斯民也."

8) 『孟子』, 盡心章句上. "盡其心者, 知其性也, 知其性, 則知天矣, 存其心, 養其性, 所以事天也." 참조.

9) 『孟子集註大全』, 萬章章句, 朱子註. "覺, 謂悟其理之所以然." 참조.

(賦命)한 인간의 덕성은 바로 내가 본래적으로 참된 사람, 그리고 나 자신이 일상적인 자기망각에서 벗어나 참된 사람다움을 회복할 수 있는 가능근거로서의 인격적 본질인 것이다. 따라서 인간은 자아덕성(自我德性)의 본래 내용인 인의예지 사덕을 실현할 수 있는 무한한 가능성을 가진, 역사적이며 자기초월적 주체인 것이다. 특히 만물의 영장으로서 가장 완벽한 천성(天性)을 부여받은 인간[10)]은 자연 질서의 일부로서 살아갈 수밖에 없는 존재가 아니라 이를 화육하게 하는 천의 동역자(同役者) 또는 협찬자이기도 하다.

이런 점에서 천명은 나와 대립하는 외재적 존재가 아니며 또한 사변적인 지(知)에 의해서 포착될 수 있는 성질의 것도 아니다. 다시 말해서 천명이란 신과 같은 초월자, 즉 시간과 공간을 초월한 존재자이거나 인간의 정신이나 의식 활동에 대립하는 외부적 대상을 의미하는 것이 아니다.

천명은 인간과 자연, 주관과 객관, 실체와 작용, 존재와 사유가 분리되기 전에 인간의 본성 안에서 자신의 모습을 전폭적으로 드러내는 천 자체의 존재방식이다.[11)] 또한 천명은 인간존재의 원리이고 인간이 마땅히 걸어가야 할 길로서 역사적 사명인 것이다. 그러므로 역사적 사명 수행의 주인공인 인간은 자기 자신을 확인하는 자기의식의 동일성(同一性)으로 천명을 깨달아 진리의 밝은 빛 속에 설 수 있을 때만이 본래의 자아 가치를 남김없이 구현할 수 있는 것이다. 인간은 이미 자기 의사와 무관하게 천명을 자신의 존재근거로 본성 속에 받아들인 존재이지만, 또한 '지금 바로 여기'에 필연적으로 주어진 천명을 인간주체의 자각을 통

---

10) 『禮記』, 禮運. "人者, 其天地之德, 陰陽之交, 鬼神之會, 五行之秀氣也." 참조.

11) 그런 점에서도 牟宗三이 天命을 '創造性自體(Creativity itself)'라고 풀이한 것은 매우 시사적이다. 牟宗三, 『中國哲學的特質』, 21쪽 참조.

하여 가장 분명한 가능성의 전체로 드러내는 존재이다. 이로써 천명의 내재성과 초월성도 문제가 되는 것이다. 따라서 천명을 주체적으로 자각하고 밝히는 일은 인간의 삶에 있어서 참된 존재의 완성을 기약하는 필수적인 과업이다.

공자가 "자기를 초극하여 예로 돌아가는 극기복례(克己復禮)"[12]를 통하여 천도에 복귀를 주장했던 것처럼 사람은 끊임없는 자기부정[13]과 부단한 자기초극에 의하여 본래적이며 참된 주체로서의 자아를 회복할 수 있다. 따라서 인간은 소유와 조작에 급급한 고식적(姑息的)이고 습속적(習俗的)인 자아로서의 소아(小我)에서 탈피하여, 만물을 생육하는 우주적 질서에 동참하는 창조적 대아(大我)로 향상되어야 할 막중한 사명이 있다. 이와 같은 논리는 『주역』 지뢰복괘(地雷復卦)에 "복(復: 되돌아옴)에서 천지의 마음을 볼 수 있다"[14]라는 말과 맹자가 "모든 만물의 이치가 내 속에 구비되어 있다. 나의 존재를 성찰하여 참될 수 있으면 이것보다 더 큰 즐거움은 없다"[15]라고 한 선언에서 다시 한 번 선명하게 알 수 있다. 천명은 나와 마주친 낯선 대상적 의미 '그 무엇'이 아니며, 또한 우리의 객관적 인식 대상도 아니기 때문에, 인간존재의 주체적 자각을 통해서만 참된 나의 것이 될 수 있다. 여기에서 이른바 인간주체의 자각 문제가 제기된다. 이때 자각의 '각(覺)'은 감각에 의존하는 각이 아니라 '지(知)'의 높고 지극한 상태를 뜻하는 우리말의 '깨달음'에 해당한다. 이

---

12) 『論語』, 顔淵. "克己復禮爲仁."

13) 이 점에 관련하여 다음과 같은 朴鍾鴻의 말은 눈여겨 볼 만하다. "否定의 적극적인 方法論的 意義는 西洋에서보다도 오히려 東洋에 있어서 먼 옛날부터 이미 認知되었고 뿐만 아니라 거의 유일한 진리탐구의 방법이라고 할만치 否定의 방법을 愛用하여 왔음은 周知의 사실이다." 朴鍾鴻, 「否定에 關한 硏究」, 『인문사회과학논문집』, 제8집, 서울대학교 연구위원회, 1959, 114쪽 참조.

14) 『周易』, 復卦, 彖辭. "復其見天地之心乎."

15) 『孟子』, 盡心章句上. "萬物皆備於我矣, 反身而誠, 樂莫大焉."

점은 만장(萬章)이 이윤(伊尹)에 관한 고사의 신빙성을 확인하는 과정에서 맹자가 인용한 "하늘이 백성을 낼 때에, 먼저 안 사람으로 하여금 뒤에 안 사람을 깨우치게 하였다. 나는 하늘이 낸 백성 중에서 먼저 깨달은 사람이다"라는 이윤의 말에서 극명하게 나타난다.[16)]

'각'의 뜻은 현대어의 감관적(感管的) 지각(知覺)이나 감각과는 별 상관이 없으며 또한 많이 다르다. 이는 주자가 지(智)를 "그 일의 당연한 바를 아는 것"으로, 각(覺)을 "그 이치가 그러한 까닭을 깨닫는 것"[17)]으로 나누어 설명하고 있는 것을 보아도 잘 알 수 있다. 따라서 '각'은 우리 주체의 내면에서 일어나는 지식작용 전체를 가리키는 포괄적 용어이다. 이런 의미에서 일본학자 나카이 리켄(中井履軒)이 '각'을 성(醒), 또는 자각(自覺)이란 말을 써서 표현한 것이나, 머우쭝산이 도덕적(道德的) 심령(心靈)으로 '각(覺)'을 풀이한 것[18)]은 매우 적절한 해석이라 할 수 있다.[19)]

이렇게 이해할 때 『맹자』에서 사용된 '각'이란 다만 '자각'의 의미로서 인간주체를 떠나서는 성립할 수 없는 개념이다. 자각에는 물론 자득(自得)의 뜻이 있기 때문에 양자를 서로 바꾸어 사용해도 그 본래의 뜻은 손상되지 않는다. 『맹자』「이루장구하」의 다음 기록에서도 이를 짐작할 수 있다.

> 군자가 깊이 추구하여 들어가는 데 있어서 그 올바른 방법으로 하는 것은 몸소 그 도리를 체득하고자 함에 있다. 몸소 도리를 체득하게 되

---

16) 『孟子』, 萬章章句上. "天之生此民也, 使先智覺後知, 使先覺覺後覺也, 予天民之先覺者也."
17) 『孟子集註大全』, 萬章章句上, 朱子註. "知, 謂識其事之所當然. 覺, 謂悟其理之所以然."
18) 牟宗三, 『中國哲學的特質』, 30쪽 참조.
19) 宇野精一, 『孟子』, 東京: 集英社, 1983, 333쪽 참조.

면 그것이 언제나 마음속에 존재하여 흔들리지 않게 되고, 그렇게 마음이 흔들리지 않게 되면 그것을 취하여 응용하는 것이 무궁무진하게 될 것이다. 그것을 취하여 응용하는 것이 무궁무진하게 된다면 일용만사(日用萬事), 좌우신변(左右身邊)의 모든 일이 도리의 본원에 합치될 것이다. 그래서 군자는 스스로 도리를 체득하고자 하는 것이다.[20]

인간의 주체적 자각을 떠나서는 선험적 원리의 천명도, 천도에 부합되는 바람직한 삶을 위한 보편적 원리도 있을 수 없다는 것이다. 맹자는 이를 자득(自得)으로 설명하고 있다. 그에 의하면 "자득을 통하지 않고 인식한 도리는 단지 그 도리에 대한 개념적인 인식에 불과하기 때문에 결국 추상적이고 객관적인 지식일 수밖에 없다."[21] 따라서 인간이 외물의 세계에 구속되지 않고 만물과 원만하고 조화로운 관계를 유지하면서 개체적 자아의 존엄성을 확보할 수 있는 통로는 오로지 인간의 주체적 자각뿐이다. 그래서 주자는 이를 "스스로 몸에 얻으니 처한 곳이 편안하고 굳어서 흔들리지 않는다"[22]라고 풀이했고, 조기는 "학문은 반드시 그 근원을 탐구하여 본성이 자득하게 할 것이니 그렇게 하면 물(物)이 닥쳐와도 이름 지을 수 있고, 사(事)가 닥쳐와도 미혹하지 않는다"[23]고 말하였던 것이다. 그래서 맹자도 "구하면 얻게 되고 버려두면 잃게 된다. 그런 경우에는 구하는 일은 얻는 데 도움이 된다. 나에게 있는 것을 구하기 때문이다"[24]라고 말했던 것이다.

천명의 자각은 결국 하늘이 부여한 자기본성을 자각하는 일이며 또한

---

20) 『孟子』, 離婁章句下. "君子深造之以道, 欲其自得之也, 自得之則居之安, 居之安則資之深, 資之深則取之左右逢其原, 故君子欲其自得之也."

21) 王邦雄 외, 『孟子哲學』, 황갑연 옮김, 서광사, 2005, 166쪽.

22) 『孟子集註大全』, 離婁章句下, 朱子註. "自得於己, 則所以處之者, 安周而不搖."

23) 『古注十三經』, 孟子, 離婁章句下, 趙岐註. "學必根源, 如性自得, 物來能名, 事來不惑."

24) 『孟子』, 盡心章句上. "求則得之, 舍則失之, 是求有益於得也, 求在我者也."

"나아감과 물러섬, 사는 것과 죽는 것 이 둘을 다 알아서 그 올바름을 잃지 않는 일"[25]을 의미한다. 이를 통하여 사람은 천하 만물이 각각 고유한 존재이유를 갖고 있음을 알 수 있고, 천리(天理)에 순응하여 자연 질서와 조화를 이루는 경지에 도달할 수 있는 것이다.

> 건도(乾道)가 변화하여 모든 사물의 본성과 하늘의 명(命)을 올바르게 하여 큰 조화를 보전하고 모은다. 이에 곧고 바름이 이로운 것이다. 건괘의 강건함이 모든 사물들 위에 우뚝 솟을 때에 만국이 평안하다.[26]

> 옛날에 성인들이 『주역』을 만든 것은 장차 인성과 천명의 이치에 따르기 위함이었다. 이에 천도를 세워 그것을 음(陰)과 양(陽)이라고 하였으며 지도를 세워 그것을 유(柔)와 강(剛)이라고 하였으며 인도를 세워 그것을 인(仁)과 의(義)라고 하였다.[27]

『주역』에 따르면, 천도의 변화에 따라 만물은 각기 제 나름의 품성과 생의 법칙을 지니고 인간 또한 인격적 본질을 품수하였다. 인간은 모름지기 자신의 본질을 자각하여 스스로의 '성명(性命)의 이치'에 따라 그 본래적 덕성을 현실적으로 구현해야 하는 의무가 있으며, 그러할 때만이 비로소 인간의 인간다움을 얻을 수 있는 것이다.

인간은 자신의 존재 의미를 자각할 수 있는 존재일 뿐만 아니라, 다른 존재자와 구별되는 가치의식의 담지자라는 도덕적 특성을 지니고 있다.

---

25) 『周易』, 乾卦·文言傳. "知進退存亡而不失其正者."
26) 『周易』, 乾卦, 彖傳. "乾道變化, 各正性命, 保合大和, 乃利貞, 首出庶物, 萬國咸寧."
27) 『周易』, 說卦, 第二章. "昔者聖人之作易也, 將以順性命之理, 是以立天之道曰陰與陽, 立地之道曰柔與剛, 立人之道曰仁與義."

그것은 자기와 더불어 다른 존재자의 존재 가치도 함께 드러내 주는, 천명 구현의 주체적 참여자로서의 존재임을 의미하는 것이기도 하다. 그런데 인간은 천명의 빛 속에 있고, 천명의 빛은 인간 주체를 통하여 비추는데, 그 천명의 빛은 인간주체뿐만 아니라 그와 관계를 맺고 있는 세계도 밝히게 된다. 인간 주체를 통하여 천명의 빛이 세계 전체를 밝게 덮을 때, 존재하는 모든 사물들은 각기 고유한 본래의 모습을 떳떳하게 드러내게 된다. 『주역』「건괘 · 문언전」의 구오효(九五爻)를 설명하는 대목에서 이 점이 보다 명료하게 밝혀진다.

> 구오에 '나는 용이 하늘에 있으니 대인을 봄이 이롭다'고 한 것은 무엇을 이름인가? 공자께서 말씀하셨다. 같은 소리는 서로 응하고 같은 기운은 서로 당긴다. 물은 습한 곳으로 흐르고 불은 메마른 데로 나아간다. 구름은 용을 따르고 바람은 범을 따른다. 성인이 일어남에 만물의 도가 드러난다. 하늘에 근본한 것은 위와 친하고 땅에 근본한 것은 아래와 친하다. 이로써 사물들은 각각 그 부류를 따르는 것이다.[28]

따라서 천지화육(天地化育)의 공능은 오직 자각한 인간의 주체적인 참여를 통해서만 가능한 것이고, 우주 만물의 존재원리로서의 천명은 인간의 주체적 자각을 통해서만 그 존재의의와 가치가 실현된다고 할 수 있다. 『주역』과 『중용』에서 인용한 다음 구절들이 그 좋은 예가 되지 않을까 생각된다.

> 오직 천하의 지극한 정성을 가진 사람만이 천하의 큰 준칙[大經]을

---

28) 『周易』, 乾卦 · 文言傳. "九五曰飛龍在天利見大人, 何謂也, 子曰同聲相應, 同氣相求, 水流濕, 火就燥, 雲從龍, 風從虎, 聖人作而萬物覩, 本乎天者親上, 本乎地者親下, 則各從其類也."

제대로 다스릴 수 있고, 천하의 큰 근본[大本]을 세울 수 있으며, 천지의 화육을 알 수 있는 것이다. 어찌 달리 의지할 데가 있겠는가? 그의 어짊[仁]은 지극히 성실하고 그의 근본은 심연처럼 깊디깊고, 그 하늘과 같은 덕은 넓디넓다. 진실로 총명하고 성지(聖智)를 지녀 천덕(天德)에 이를 정도의 사람이 아니면 그 누가 그를 알아볼 수 있겠는가.[29)]

성인의 도는 천지와 더불어 서로 같기 때문에 어긋남이 없다. 지혜는 만물에 두루 미치고, 그 도는 천하의 인을 구제할 만하다. 곁으로 행하지만 추호도 어긋남이 없고, 천명을 알고 기꺼이 따르기 때문에 근심하지 않는다. 거처와 처지에 편안하고 인에 돈독하기에 능히 만물을 사랑할 수 있다.[30)]

그러면 천명의 자각에 이르는 길은 무엇인가? 그것은 궁리(窮理)와 진성(盡性)과 감통(感通)에 의한 방법으로 설명할 수 있다. 단적으로 천명의 자각은 인간의 내적 근거인 덕성을 바탕으로 하여 자아를 유감없이 발휘할 때 천명과 자아가 완전한 합일 상태에 들어가는 것을 말한다. 본래적 자아의 '창조성 그 자체(Creativity Itself)'[31)]라고도 할 수 있는 천명은 언제나 '지금 바로 여기' 우리와 함께 '현실상황'으로 존재한다. 우리가 천명을 자각하지 못하는 것은 인간의 무지(無知), 물욕(物慾), 편견(偏見), 고집(固執) 등 인욕과 비본래적 요소가 천명을 은폐하고 있기 때문이다.[32)] 여기서 한 가지 유의하고 넘어가야 할 점은 천(天)과 명(命)

---

29) 『中庸』, 제32장. "唯天下至誠, 爲能經綸天下之大經, 立天下之大本, 知天地之化育, 夫焉有所倚, 肫肫其仁, 淵淵其淵, 浩浩其天, 苟不固聰明聖知達天德者, 其孰能知之."

30) 『周易』, 繫辭傳上, 제4장. "與天地相似, 故不過, 旁行而不流, 樂天之命, 故不憂, 安土敦乎仁, 故能愛."

31) 牟宗三, 『中國哲學的特質』, 21쪽.

32) 『孟子』, 告子章句上. "耳目之官, 不思而蔽於物, 物交物則引之而已矣." 참조.

은 분리되어 있고, 별개의 개념이라고 생각하는 태도를 지양하는 일이다. 원래부터 명은 천의 구체적 표현으로 인간이 실천해야 할 도리이다. 이 명은 천과 사람을 매개시켜줄 뿐만 아니라 사람을 사람답게 해주고 또한 세계의 완성을 위해 그것을 실현하게 해주는 가능근거이기도 하다. 그리고 명은 언제나 사명으로 우리 앞에 나타난다. 공자가 "천명을 알지 못하면 군자가 될 수 없다"[33]고 말했던 것도 이 때문이다. 천을 존재 그 자체라고 한다면 명은 그 존재의 구체적 표현이고 모습이다.

그런데 존재 그 자체는 모습이나 형태를 통하여 존재하는 것들로서 현전(現前)한다. 다른 말로 표현하면 천은 체(體)이고 명은 용(用)이다. 그래서 이제마(李濟馬)도 "대동(大同)한 것은 천이고, 홀로 행하는 것은 명이다"라고 말한 것으로 보인다.[34] 이러한 천명은 인간 자아의 내적 본질인 덕성을 지반으로 하여 합일하게 되는데, 우리는 이를 천명의 자각이라 부른다. 천명의 자각은 인간과 다른 존재자의 삶의 양식을 확연히 구분 짓는 유일한 근거가 되기도 한다. 따라서 '지금 바로 여기' 우리 앞에 '현실상황'으로 주어져 있는 천명을 자각하기 위해서는 다른 무엇보다도 먼저 '궁리'와 '진성'과 '감통'에 대한 탐구가 선행되어야 한다.

앞에서 우리는 천명의 자각이 가능한 것은 인간에게 이미 선천적으로 천명이 주어졌기 때문이며, 또한 그 천명은 우리의 인식대상으로서 현상의 배후에 존재하는 형이상학적 실체가 아니라는 사실도 밝힌 바 있다. 그런데 '궁리', '진성', '감통'을 천명의 자각에 이르게 하는 한 방법이라고 말할 때, 먼저 해결하고 넘어가야 할 문제는 천명에 있어서 명을 이해하고 해석하는 인간의 태도라 생각된다. 왜냐하면 명을 이해하고 해석하

33) 『論語』, 堯曰. "孔子曰, 不知命, 無以爲君子也."

34) 李濟馬, 『東醫壽世保元』, 권1, 「性命論」. "大同者, 天也, 各立者, 人也, 博通者, 性也, 獨行者, 命也."

는 우리의 태도 여하에 따라서 유가 천명사상의 특징은 올바르게 드러날 수도 있고, 그렇지 않을 수도 있기 때문이다. 더욱이 천명은 고정된 속성이 아니기 때문에, 명을 이해하고 해석하는 우리의 태도는 그만큼 중요한 것이라 생각된다.

명(命)은 인간의 밖에서 인간의 존재방식을 규정하고 한정하는 일종의 힘 내지 명령을 가리키나, 보통은 『논어』「안연편」의 "죽고 사는 것은 명에 달려 있고, 부귀는 하늘에 달려 있다"[35]라는 말처럼, 인간이 노력을 다한 뒤에 불가항력으로 오는 운명(運命), 또는 인간의 힘으로 결정할 수도, 변화시킬 수도 없는 어떤 필연성을 의미한다. 사전적 의미에서 "'명(命)'이라는 글자는 '령(令)'과 '구(口)'로 이루어졌으며, 신과 군주가 구두로 전하는 의향을 사람들이 무릎 꿇고 공손히 받아들여 따른다는 것을 의미한다."[36] 『이아(爾雅)』에 의하면 '명'자는 '告(아뢰다)'자의 뜻으로서 '사신을 보내어 알린다'는 것을 나타낸다.[37] 그것은 하늘[天]에 근원을 둔 '명령'이기 때문에 인력으로는 어떻게 할 수 없는 성질을 가지고 있다. 여기서 '명령'의 명(命)관념은 '명정(命定)'의 뜻으로 전환하게 된 것이다. 명이란 글자의 원의는 인격적인 천이 부여하는 명령이다. 유교의 천명사상도 이 원의에 바탕을 두고 있다. 그런데 복사(卜辭)나 금문(金文)에는 신의(神意)를 듣는다는 의미를 내포한 '령(令)'자가 명의 뜻으로 쓰이고 있을 뿐, '명'자는 아직 나타나고 있지 않다.[38]

이러한 명은 상대(上代)의 원시신앙에서는 '령'자와 통용되어 '신의 명

35) 『論語』, 顔淵. "死生有命, 富貴在天."
36) 溝口雄三 외, 『中國思想文化事典』, 김석근 외 옮김, 민족문화문고, 2003, 131쪽.
37) 『爾雅注疏』, 卷第一, 北京大學出版社, 2000, "命, 告也, 釋曰, 命者, 使告也." 참조.
38) 勞思光, 앞의 책, 48~49쪽 참조. 勞思光에 의하면 命의 관념은 古代中國思想에서 두 가지 뜻을 가지고 있다. 그 하나는 명령을 내린다[出命]는 의미이며, 다른 하나는 限定시킨다는 의미이다. 이러한 命觀念은 처음에는 人格을 지닌 天의 명령이라는 의미로 사용되다가 마침내 人格天 관념과 나뉘어져 限定의 뜻을 지닌 운명의 天으로 변화된다고 한다.

령'이라는 의미로, 하은주(夏殷周) 삼대에 걸쳐서는 '생성과 통치'의 양대 직능을 갖는 천·상제의 직무명령으로 사용되었다. 공자 이후에는 천명을 부명(賦命)에 근거하여 주로 정치적 의미가 배제된 윤리적 사명이나 운명의 의미가 내포된 것으로 이해하였다.[39] '명'이란 말은 이때부터 유가의 중심 개념으로 등장하게 되었다. 물론 이 구분은 대체적인 것이고, 실제로 사용되던 명 개념은 그 의미가 극히 다양해졌다. 푸쓰녠(傅斯年)의 『성명고훈변증(性命古訓辨證)』에 의하면 공자 당시에는 ① 천명은 고정불변이라고 생각하는, 일종의 숙명론적인 정명론(定命論), ② 천은 도덕을 고취하고 악덕을 벌한다고 하는, 다시 말하여 상벌은 인간의 소행에 의해 이루어진다고 하는 명정론(命正論), ③ 천명은 일반적으로 선을 상주고 악을 벌하기도 한다. 그렇지만 유덕한 사람이라도 장수를 누리지 못하며, 사악한 인간이라도 가난과 고통을 받지 않는 경우가 얼마든지 있다. 이것을 인정하지 않으면 안 된다고 하는 사명론(俟命論), ④ 숙명론과는 다른 자연적 숙명론이라고 할 수 있는 운명론(命運論), ⑤ 묵자(墨子)에 의해 창도된 비숙명론이라고 할 수 있는 비명론(非命論) 등과 같은 다섯 가지 종류의 천명론(天命論)이 발생했고 또 유행하였다고 한다.[40] 이 중에서 공자는 특히 명을 인간의 '주체적 자각'과 인간의 자유의지가 미치지 못하는 '객관적 제약'이라는 두 가지 의미로 얘기하고 있다.[41] 공자가 "하늘이 나에게 인류를 구제할 덕을 주었는데, 환퇴(桓魋)가 감히 나를 어떻게 할 수 있겠는가"[42]라고 한 말이나, "올바른

39) 穴澤辰雄, 앞의 책, 57쪽 참조.

40) 傅斯年, 『性命古訓辨證』, 台北: 新文豊出版公司, 1985, 155~159쪽 참조.

41) 蔡仁厚에 따르면 "命에는 두 가지 뜻이 있다. 하나는 명령의 의미를 갖고 있는 '天命 또는 性命의 명'이고, 다른 하나는 운명적으로 정해져 있다[命定]는 의미를 갖고 있는 '운명 또는 운명적 제약의 명'이다." 蔡仁厚, 『공자의 철학』, 186쪽.

42) 『論語』, 述而. "天生德於予, 桓魋其如予何."

도가 실현되는 것도 명이요, 올바른 도가 폐하여지는 것도 명이다. 공백료(公伯寮)가 명에 대해 어찌하겠는가?"[43]라고 한 말은 그 단적인 예가 된다. 물론 전자의 입장이 공자가 지닌 주된 관심사였고, 전 시대를 통하여 유가사상이 지향하는 교의(敎義)가 된 것은 두말할 나위도 없다. 여기서 우리는 두 가지 사실을 확인할 수 있다. 하나는 서주 말·동주 초기에 이르러 인격적인 천명사상이 부정되면서 운명 또는 숙명의 뜻을 지닌 명의 개념이 출현한 사실이며,[44] 다른 하나는 인간의 주체적인 자각의식의 대두이다. 이러한 반성적 인식을 토대로 한 유가의 천명이 비록 새로운 모습을 띠우고 인간 앞에 나타난 삶의 원리에 해당한다 할지라도 묵자의 '비명론'[45]이 예증하듯이, 당시의 많은 사람들에게 오해를 불러일으킨 것만은 사실인 것 같다.[46] 여기에서 바로 유가 천명의 '명'을 어떻게 해석하고 어떤 방향에서 이해할 것인가 하는 인간주체의 입장과 자각의 문제가 제기되는 것이다.

조기가 『맹자』「진심장구상」에 나타난 '명'을 주해하면서 "인을 행하

---

43) 『論語』, 憲問. "道之將行也與命也, 道之將廢也與命也, 公伯寮其如命何."

44) 徐復觀, 『中國人性論史』, 39쪽 참조.

45) 墨子는 公孟篇에서 당시의 많은 사람들이 숙명론에 빠지게 된 것은 다름 아닌 유가의 運命論을 믿었기 때문이라고 하면서 유가의 命을 비판하고 있다. "又以命爲有, 貧富壽夭, 治亂安危, 有極矣, 不可損益也, 爲上者行之, 必不聽治也, 爲下者行之, 必不從事矣, 此足以喪天下." 墨子의 논리에 의하면 貧富나 壽夭 또는 治亂과 安危如何는 이미 예정된 바로서 人力으로는 도저히 어찌할 수 없는 것이라고 하는 宿命論은 喪天下의 근본원인으로서 사회·정치적 현상 등의 갖가지 폐단이 모두 여기에 기인한다. 얼핏 보기에 이 비판은 매우 정당한 것처럼 보인다. 그러나 사실은 그렇지 않다. 馮友蘭도 이미 지적하였듯이 유가가 자주 '命'에 대하여 언급한 것은 사실이나, 그 命의 뜻은 墨子가 공격한 宿命은 아니기 때문이다. 즉 非命論에서 墨子가 극력 배척하고 있는 '命'의 개념은 본시 유가에서 '천명'이라 하여 사명이라든가 迭運的인 운명의 뜻으로 쓰이는 경우와는 달리 이미 豫定되어져 변경이 불가능한 숙명을 의미하였던 것이다. 그러므로 墨子의 유가의 命에 대한 비판은 타당성을 갖지 못한 것이다. 申東浩, 「墨家十論의 體系」, 『哲學硏究』, 第20輯, 한국철학연구회, 1975, 136~137쪽과 馮友蘭, 『中國哲學簡史,』 65쪽 그리고 周長耀, 『孔墨思想之比較』, 台北: 世紀書局, 1981 120~125쪽 참조.

46) 唐君毅, 『中國哲學原論』, 導論篇, 台北: 學生書局, 1979, 519~522쪽 참조.

는 것은 자기 자신에게 달렸고, 부귀는 하늘에 달려 있다"[47]라고 한 말을 통해서도 알 수 있듯이, 통상 우리가 천명이라고 할 때의 명은 다음의 두 가지 의미로 해석되고 이해되어 왔다. 하나는 자아의 내적인 것으로 천부의 덕성 내지 천도구현의 사명으로 명을 해석하고 이해하는 입장이요[48] 다른 하나는 인간의 능력을 벗어난 자아의 외적인 명수(命數)의 길고 짧음이나 화복리달(禍福利達)과 같이 명을 객관적 한계를 의미하는 운명적인 것으로 해석하고 이해하는 입장이다.[49] 맹자의 다음 진술은 그 좋은 예가 된다고 본다.

> 구하면 얻고 놓으면 잃는다. 이 경우 구하는 일이 얻는 데 유익한 것은 나에게 있는 것을 구하기 때문이다. 구하는 데 방법이 있고 얻는 데 명이 있다. 이 경우 구한다 해도 얻는 데 무익한 것은 내 밖에 있는 것을 구하기 때문이다.[50]

인의예지라는 도덕적 가치는 그 가치실현의 가능근거가 선천적으로 부여된 자아의 덕성에 있음으로 구하면 얻을 수 있는 것이지만, 부귀영달이나 명수의 길고 짧음 같은 것은 본시 자아의 외적인 것으로서 주어진 바의 명분(命分)이기 때문에 구하거나 바란다고 해서 얻어지는 것은 아니다. 다시 말하면 인의예지 사덕의 실현은 인간에게 사명으로 주어진 것이고, 부귀영달이나 요수(夭壽)의 한계는 '사람의 힘으로 통제할 수 없고 예측하기 어려운' 명분으로 인간에게 주어진 것이다.

---

47) 『古注十三經』, 孟子, 盡心章句上, 趙岐註. "爲仁由己, 富貴在天."
48) 『孟子集註大全』, 盡心章句上, 朱子註. "在我者, 謂仁義禮智, 凡性之所有者." 참조.
49) 같은 책, "有命則不可必得, 在外者, 謂富貴利達, 凡外物皆是." 참조.
50) 『孟子』, 盡心章句上. "求則得之, 舍則失之, 是求有益於得也, 求在我者也, 求之有道, 得之有命, 是求無益於得也, 求在外者也."

여기서 유의할 점은 맹자가 성(性)과 명(命)의 대립을 명확히 인식하고 명을 인위를 넘어선 사실적인 필연성으로 받아들이고 있다는 것이다. 이때 명이란 하늘이 점지한 인간의 운명으로서, 사람들이 이루고 따라야 하며 밝혀야 할 것이다. 그렇다면 맹자는 인간이 자신의 존재근거인 천명 안에서 후천적인 제한을 받는 존재일 수밖에 없다는 사실을 어느 정도 인정했다고 볼 수 있다. 그가 천명을 인간사의 원인으로서 그리고 도덕적 의무의 바탕으로 자각하고, "인력으로 그렇게 하려던 것이 아닌데도 그렇게 되는 것은 하늘의 뜻이고, 이르게 함이 없는데도 저절로 닥쳐오는 것은 명이다"[51]라고 천과 명을 정의한 것이나, "행함에는 혹 행하게 하는 자가 있고 행하지 못함에는 혹 행하지 못하게 하는 자가 있다. 행하고 행하지 못하고는 사람이 할 수 있는 것이 아니다. 내가 노나라 군주를 만나지 못한 것은 천명이다. 장씨의 아들이 어떻게 나로 하여금 만나지 못하게 할 수 있겠는가"[52]라고 말한 것은 이를 단적으로 요약해 준다. 물론 이 점은 공자도 마찬가지다. 그래서 공자도 인간에게는 인간의 힘으로는 어찌할 수 없는 일이 있음을 다음과 같이 탄식한 바 있다.

> 백우가 병이 나자 공자께서 문병 가시어, 창 너머로 그의 손을 잡고 말씀하셨다. "이럴 수가 없는데! 운명인가! 이 사람에게 이런 병이 생기다니, 이 사람에게 이런 병이 생기다니!"[53]

> 안연이 죽자 공자께서 말씀하셨다. "아아! 하늘이 나를 망하게 하는

---

51) 『孟子』, 萬章章句上. "莫之爲而爲者, 天也, 莫之致而至者, 命也."
52) 『孟子』, 梁惠王章句下. "行或使之, 止或尼之, 行止, 非人所能也, 吾之不遇魯侯, 天也, 臧氏之子, 焉能使予不遇哉."
53) 『論語』, 雍也. "伯牛有疾, 子問之, 自牖執其手. 曰亡之, 命矣夫. 其人也而有斯疾也, 斯人也而有斯疾也."

구나, 하늘이 나를 망하게 하는구나!"[54]

공백료가 계손 앞에서 자로를 참소하였다. 자복경백이 이 일을 공자에게 아뢰었다. "계손이 이미 공백료에게 미혹되고 있으나 제 힘이 그래도 그를 죽여서 시장이나 조정에 내걸 수는 있습니다." 공자께서 말씀하셨다. "도(道)가 장차 행해지는 것도 명이며 도가 장차 폐하여지는 것도 명이니, 공백료가 그 명을 어떻게 하겠는가."[55]

공자께서 말씀하셨다. "군자에게는 세 가지 두려워해야 할 것이 있다. 천명을 두려워해야 하고, 대인을 두려워해야 하고, 성인의 말씀을 두려워해야 한다."[56]

지금까지 천명에 대한 공자나 맹자의 태도에도 운명적인 것과 사명적인 두 가지 요소가 내포된 것을 살펴보았다. 우리는 여기에서 몇 가지 의문을 던질 필요성을 느낀다.

유가 천명사상의 특질은 어디에 있는가. 천명에는 정말 운명이라는 의미와 도덕성 내지 도덕적 사명이란 두 가지 의미가 동시에 내포되어 있는 것인가. 또한 그러한 입장에서 명을 이해하고 해석하는 것이 올바른 태도이고 바람직한 일인가. 이 밖에도 더 많은 물음들이 제기될 수 있을 것이다. 그렇다고 필자는 유가 천명사상을 이해하고 해석하는 데 있어서 명의 개념이 운명과는 별로 관련이 없다거나, 명의 개념을 오직 사명적인 것으로만 이해하고 해석하는 것이 올바른 태도라고 주장하려

54) 『論語』, 先進. "顔淵死. 子曰, 噫, 天喪予, 天喪予."
55) 『論語』, 憲問. "公伯寮愬子路於季孫, 子服景伯以告曰, 夫子固有惑志, 於公伯寮, 吾力猶能肆諸市朝, 子曰道之將行也與命也, 道之將廢也與命也, 公伯寮其如命何."
56) 『論語』, 季氏. "孔子曰, 君子有三畏, 畏天命, 畏大人, 畏聖人之言."

는 것은 아니다.[57] 왜냐하면 명 속에는 운명적 요소와 사명적인 요소가 동시에 내포되어 있다고 보는 재래의 입장을 전적으로 부정을 하거나 이론을 제기할 만한 구체적인 논리를 준비하지 못했기 때문이다.

하지만 필자는 서투른 독단에 빠질 위험을 스스로 인정하면서, 천명은 고정불변하는 속성을 가진 형이상학적 실체나 인간의 인식대상으로 현상의 배후세계에 실재하는 존재자가 아니며, 또한 천명에 대해 이해하고 해석하는 주체의 태도와 입장에 따라 그 내용과 의미도 다양해진다는 것을 강조하고자 한다. 예컨대 『논어』 「요왈편」의 "천명을 자각하지 못하면 군자가 될 수 없다[不知命, 無以爲君子也]"라는 구절에 나타나 있는 '명'을 공안국(孔安國)은 궁달수요(窮達壽夭)를 결정하는 어떤 것으로 풀이한 데 비해[58] 동중서(董仲舒)는 "하늘이 사람에게 인성을 부여했다는 뜻으로서의 명[天命之謂命]"으로 주석하였다.[59] 이 중 어느 쪽을 택하는가에 따라 유가의 천명에 대한 이해는 달라진다. 그러므로 지난날의 유학자들처럼 명을 운명과 사명으로 분리시켜 분석하거나, 애당초 존숭 또는 배척의 어느 극단을 취하여 명을 도식적이고 상투적으로만 해석하는 태도는 오히려 천명의 올바른 이해와 해석을 위해서는 반드시 지양되어야 할 문제라고 본다.

한마디로 명은 결코 둘이 아니다. 천명은 유보남(劉寶南)의 주석을 빌려 말하면 "자신이 이와 같이 있는 것이며"[60] 또한 구체적인 현실 속에

---

57) 이 문제와 직접적인 관련은 없으나 "자유와 필연은 양립한다"고 하면서, "자유와 필연이 양립한다 함은 모든 행위가 인과율적 제약을 받되 그 가운데 '자유로운 것'과 '구속에 의한 것'이 있다는 뜻이다"라고 한 金泰吉 교수의 말은 새겨들을 만하다. 金泰吉, 『倫理學』, 박영사, 1980, 337쪽.

58) 『十三經注疏』, 論語, 堯曰. "命謂窮達之分." 참조.

59) 『漢書』, 董仲舒傳. "天命之謂命." 참조.

60) 劉寶南, 『論語正義』, 台北: 世界書局影印, 24쪽. "天命者, 說文云, 命使也. 言天使己如此也."

서 이루어지는 한 인간의 존재방식이기도 하다.[61] 따라서 '명'은 그것을 받아들이는 인간의 태도 여하에 따라 운명이 되기도 하고, 사명이 되기도 한다. 만약 명을 운명과 사명의 이원적인 것으로 나누어서 이해하고 해석할 때는 인간이 지닌 고유한 능력이나 가능성이 포기되거나 거부될 비극을 자초할는지도 모른다. 그러나 유가 천명사상의 특성은 그러한 데 있지 않고, 외재적이며 초월적인 명을 주체적 자각을 통하여 내적으로 심화 전환시킨 데 있다고 본다. 그래서 일본인 학자 하토리 우노키치(服部字之吉)는 「유교천명설(儒教天命說)」이라는 논문에서, 명에 대한 개념을 정의하는 가운데 "사람의 운명은 선천적으로 정해져 있다고 하는 운명주의(Fatalism)의 사상이 공·맹의 명에서는 조금도 찾아볼 수 없다"고 단정하였고,[62] 라오쓰광(勞思光)도 "천명을 따르는 것이 바로 정의(正義)에 합치되는 일"이라고 말한 것이 아닌가 생각된다.[63]

인간은 결국 유한한 존재요, 이 유한성을 스스로 자각할 수 있는 존재이다. 그러므로 이 유한성이 바로 파악될 때에 도리어 인간으로서의 가능성이 최대한 발휘될 수 있는 것이며, 동시에 명이란 어떤 초월적 존재가 신비롭게 지배한다는 뜻의 운명을 의미하는 것이 아니라 '하늘이 나에게 부여한 사명'을 뜻하는 것으로 체득된다는 것이다.[64] 즉 명이란 글자 속에는 당위로 주어져 있는 천명을 자각하고, 그 천명을 위해 헌신해야 한다는 뜻이 내함되어 있다.[65]

유한자로서의 인간이 천명을 철저히 자각했을 때, 이는 마치 한계상황(Grenzsituation)을 통하여 인간이 실존을 자각할 수 있으며 이로 인

61) 森三樹三郎, 앞의 책, 39쪽 참조.
62) 服部字之吉, 「儒教天命說」, 『哲學雜誌』, 第278號, 東京: 哲學硏究會, 1910, 17쪽 참조.
63) 勞思光, 앞의 책, 49쪽.
64) 김하태, 『東西哲學의 만남』, 종로서적, 1985, 92쪽 참조.
65) 白川靜, 『漢字, 백 가지 이야기』, 심경호 옮김, 황소자리, 2005, 119~120쪽 참조.

하여 절대자의 초월의 지반을 얻는 것과 마찬가지로 자아실현의 의의와 사명이 더욱 확실해지고 또한 자기의 노력도 배가하게 된다.[66] 그런 점에서 유가 천명사상에서 말하는 천명은 자아의 본래적 존재근거이자 존재방식이라고 할 수 있는 것이다.

천명을 자아의 존재근거로 보게 될 때, 명은 또한 자아의 주체적 사명으로 나타나게 된다. 공자가 "오십에 천명을 깨달았다[五十而知天命]"[67] 라고 말한 것과 "명을 아는 자는 위험한 담장 아래에 서지 않는다. 자기의 도리를 다하고 죽는 사람은 올바른 명에 죽는 것이다"[68]라고 말한 맹자의 신념에서 이 점이 특히 선명하게 나타난다. 그래서 오하마 아키라(大濱晧)는 "천명을 안다는 것은 자연과 역사의 필연성의 근본[元]에 있는 자기의 지점과 시점을 알고, 자기가 지니고 있어야 할 본래의 모습을 자각하는 것"[69]이라고 하였고, 리쩌허우는 "천명이라고 하는 것은 사람이 자기의 운명을 결정할 권리와 주재할 능력을 지칭하는 것이며, 절대로 명에 따르거나 명에 맡기거나 명을 그대로 받아들여야 한다는 의미가 아니다"[70]라고 말했던 것이다.

이렇게 볼 때 천명의 자각은 곧 자기 자신의 존재근거에 대한 자각인 동시에 "이루어진 본성을 보존하고 또 보존하여 도의(道義)의 문(門)에 들어가는 일이며",[71] 하늘이 '나에게 부여한 사명'을 깨닫고 그것을 자유의지에 바탕을 둔 도덕적 실천을 통하여 '지금 바로 여기'에서 구현하는 일로 된다.[72] 인간은 천도에 근거하고 있는 자신의 심성 속에 내재한

66) 김병우, 『存在와 狀況』, 한길사, 1981, 64~67쪽 참조.
67) 『論語』, 爲政.
68) 『孟子』, 盡心章句上. "是故知命者不立乎巖牆之下, 盡其道而死者, 正命也."
69) 大濱晧, 『中國古代思想論』, 東京: 勁草書房, 1977, 20쪽.
70) 李澤厚, 『論語今讀』, 53쪽.
71) 『周易』, 繫辭上, 第七章. "成性存存, 道義之門."
72) 그런 점에서도 다음과 같은 H. G. 크릴의 말은 눈여겨 볼 만하다. "孔子 자신은 운명에

보편적 도덕률을 깨닫고 그것을 보존하고 자유롭게 실천해야만 다른 존재들과 구별되는 자기의 참모습을 발견할 수 있다.

그러므로 인간이 실제로 자기 자신을 뛰어넘어 천 · 인 합덕의 이상적 경지에까지 나아갈 수 있고 또 이 세계 안에서 인도를 완성시킬 수 있는 것은 천명의 주체적 자각을 통해서 자신의 본성을 잘 보존하고 그러한 선심(善心)을 밝혀 나가는 데 있다.73) 이로써 인간은 인간으로서의 품격을 확보할 수 있게 되고, "하늘이 베풀고 땅이 생육시켜 그 이익됨이 천하에 널리 펼쳐지는 익도(益道)"74)를 주체적으로 실현하여 천지화육에 동참할 수 있는 삼재(三才)적 존재가 되는 것이다. 그 점과 관련하여 『주역』 택산함괘(澤山咸卦) 단전의 한 대목 "하늘과 땅이 감응하여 만물이 생겨나고, 성인이 사람들의 마음을 감화시켜 천하가 화평해진다. 그 감응하는 이치를 잘 관찰하면 천지 만물의 진실한 모습을 알 수 있다"75) 라는 말은 여기에 많은 참고가 된다. 앞에서도 거론하였듯이 하늘은 만물을 낳아 이들로 하여금 자기의 생(生)을 완수하게 하는데, 인간은 천(天)의 그러한 뜻을 받들어 본래적인 자아를 확립하고 성공과 실패에 상관없이 이를 현실사회에 구현해야 할 의무와 책임이 있다. 여기서 이른바 '지천명(知天命)'이 문제가 된다. 천명을 안다고 하는 것은 유가적인 의미에 있어서 군자가 되는 필요조건이다. 이런 생각에서 공자는 "천명을 깨닫지 못하면 군자가 될 수 없다"라고 했던 것이다. 그러므로 천명

의존한 일도 없고, 다른 사람에게 그렇게 충고하지도 않은 것은 극히 명백하다. 반대로 그는 개인의 노력의 중요성과 최선을 다해야 할 도덕적 책임 및 노력의 효험을 거듭 강조하였다." H. G. 크릴, 앞의 책 140쪽.

73) 『漢文大系』 16: 周易, 東京: 富山房, 1972, 繫辭上, 第七章, 通解. "成性者, 養性己性也, 存存者, 不失所存之善心也." 참조.

74) 『周易』, 益卦, 彖傳. "天施地生, 其益无方."

75) 『周易』, 咸卦, 彖傳. "天地感而萬物化生, 聖人感人心而天下和平, 觀其所感, 而天地萬物之情可見矣."

을 안다고 하는 것은 "운명의 영역은 광대하고 인간의 능력 범위는 제한되어 있음을 인정하고" 그 속에서 심성수양과 도덕실천을 통하여 "하늘이 내려준 일생의 임무"를 위해서 자기가 마땅히 해야 할 바를 다하는 것을 의미한다.[76]

이때 천명은 '우리 안에' 있는 동시에 '우리를 초월하는' 존재이면서 모든 구별된 실재를 포용하는, 인간의 삶을 완전히 성취시키는 기반이자 근원자가 된다. 그리고 『주역』에 근거해 볼 때 천명의 '천'은 태극(太極)이 되고, '명'은 음양(陰陽)이 된다. 따라서 태극 속에 음양이 융합되어 있듯이 천명의 명 속에는 인간의 운명적 요소와 사명적인 요소가 내함되어 있다. 이것이 유가 천명사상의 요체인 것이다. 그런데 유가 천명사상의 핵심은 도덕적 명을 인간의 존재근거요, 존재방식으로 보았다는 점에 그 특징이 분명하게 드러난다. 명을 외재적인 법칙성이나 필연성으로 보게 될 때, 인간의 자유의지와 창조적 노력은 거부되고, 명은 또한 "신에게 구하고 점을 쳐서 복을 구하는"[77] 운명적인 것으로 변질되고 마는 것이다.

인간의 존재근거이자 존재법칙으로서 인간이 마땅히 실천해야 할 본래적 가치인 천명은, 자아의 내면적인 자각에 의하여 당위적인 사명으로 구체화되는데, 인간은 그것을 통하여 세계와 진정으로 만나게 되고 또한 현실을 부단히 생성하는 역동적 생명체로 보게 된다. 그러므로 천명은 현실성이지 필연성이 아니라는 결론이 도출된다. 필연성은 '인과의 법칙'이나 논리적 사유로서 파악될 수 있는 것이지만, 현실성이라고 하는 것은 인간의 사유만 가지고는 접근할 수 없는, 오직 인간의 주체적 자각과 성실한 실천을 통해서만 얻어지는 것이다. 맹자의 다음 말이 여기에 많

---

76) 벤자민 슈월츠, 『중국고대사상의 세계』, 나성 옮김, 살림, 1996, 189~191쪽 참조.
77) 李澤厚, 『論語今讀』, 348쪽.

은 참고가 된다.

> 동작이나 용모며 몸가짐이 예(禮)에 딱딱 들어맞는 것은 훌륭한 덕의 지극함이다. 죽은 사람을 곡하여 슬퍼하는 것은 산 사람을 위함이 아니다. 덕을 행하고 예법을 어기지 아니함은 관직을 추구해서가 아니다. 언사에 반드시 신용이 있다는 것은 남들에게 나의 행위가 바르다는 것을 알리기 위함이 아니다. 군자는 법도를 행함으로써 천명을 기다릴 뿐이다.[78]

이미 앞에서 우리가 살펴본 바처럼, 유가 천명사상 속에는 외재적이고 필연성으로서의 운명적인 요소가 완전히 배제되어 있다고는 생각하지 않는다. 왜냐하면 유가도 역시 다른 종교들처럼 중국 상고 이래로 민간사회에서 민간신앙으로 전승되어 오던 운명론적인 사고방식의 영향을 많이 입었으리라고 사료되기 때문이다.

그러나 유가는 중국인의 사유일반(思惟一般), 더 나아가서는 동양인의 사유일반에 내재한 외재적이고 운명론적인 천명의 관념을 자기주체(自己主體)를 통하여 내적으로 심화시키고, 또한 그것을 인간의 존재근거이자 존재법칙으로서의 사명으로 확대발전시켰던 것이다. 『맹자』「진심장구」의 한 대목 "힘을 다하여 도를 행하고 죽는 것이 천명을 바르게 구현하는 일이다"[79]라는 말에서 이 점이 분명하게 확인된다. 거기에 유가 천명사상의 생생한 진면목이 발견되는 동시에 그 특성과 본래의 모습이 밝게 드러나는 것이다.

---

78) 『孟子』, 盡心章句下. "動容周旋中禮者, 盛德之至也, 哭死而哀, 非爲生者也, 經德不回, 非以干祿也, 言語必信, 非以正行也, 君子行法, 以俟命而已矣."

79) 『孟子』, 盡心章句上. "盡其道而死者, 正命也."

그러므로 천도를 실현할 수 있는 가능근거는 자아 외적인 운명에 있는 것이 아니고, 선천적으로 부여된 자아의 내적인 덕성에 있는 것이다. 천명을 올바로 깨달아 주어진 사명을 다하는 것 그것은 다름 아닌 정명(正命)을 지켜가는 일이고 '건지사덕(乾之四德)'을 실현하는 대도(大道)인 것이다. 왜냐하면 인간에게는 이미 천의 역수(曆數)가 본래적으로 주어져 있고[80] 하늘을 공경하여 그 뜻과 공능(功能)을 세계에 밝히고[81] 실현해야 할 도덕적인 의무와 책임이 있기 때문이다. 바로 이 지점에서 "천하의 모든 활동은 하나에 포섭되고"[82] 천지가 제자리를 잡고, 만물이 제대로 양육되어[83] 인간의 내재적 가치가 객관적 우주질서와 통일적으로 조화되는 지선(至善)의 윤리적 세계가 구현된다. 그리고 여기에서 천명의 자각 목표가 명료하게 드러난다. 이런 의미에서 천명자각의 최후목표는 도덕적 인간의 완성에 있고, 인간이 받은 역사적 사명은 인간다운 삶을 실현하고, 더 나아가서는 "자신의 덕이 천지와 합치되고, 명석함은 일월과 합치되고, 차서(次序)는 사계절과 합치되고, 길흉은 귀신과 합치되는"[84] 대인(大人)을 지향하는 데 있다고 말할 수 있을 것이다.

이와 같은 경계를 보다 구체적이고 간결하며 선명하게 표현한 예로서 『중용』 30장을 주목해 보자.

> 공자께서는 요임금과 순임금을 계승하여 그 뜻을 조술하고, 문왕과 무왕을 본받아 밝히셨다. 위로는 천시(天時)를 본받고 아래로는 땅의 이치를 좇았다. 비유하면 하늘과 땅이 받쳐 실어주지 않는 것이 없고,

---

80) 『書經』, 虞書, 大禹謨. "天之曆數, 在汝躬."
81) 같은 책, 舜典. "欽哉惟時亮天功."
82) 『周易』, 繫辭下, 第一章. "天下之動貞夫一者也."
83) 『中庸』, 第一章. "致中和, 天地位焉, 萬物育焉."
84) 『周易』, 乾卦, 文言. "夫大人者, 與天地合其德, 與日月合其明, 與四時合其序, 與鬼神合其吉凶."

덮어주고 감싸주지 않는 것이 없는 것과 같다. 이는 마치 사계절이 서로 바뀌어 운행되고, 해와 달이 번갈아 비추고 있는 것과 같다. 만물은 함께 자라도 서로를 해치지 아니하며, 도는 함께 병행하지만 서로 위배되지 않는다. 소덕(小德)은 시냇물처럼 맑게 끊임없이 흐르고, 대덕(大德)은 모든 것을 돈독히 화육하고 있다. 이것이 하늘과 땅의 도리가 위대한 이유인 것이다.[85)]

2. 자각의 방법

위에서 살펴본 천명은 인간성명(人間性命)의 근원이고, 인간다움의 본질은 인간성명의 구체적 내용인 인의예지 사덕에 있으며, 인간은 그것을 주체적으로 자각하여 천지화육에 참여할 수 있다. 여기서 천명을 자각할 수 있는 방법이 문제로 제기된다. 천명을 자각함은 곧 천부적인 본연의 성(性)을 자각함이요, 또한 천리(天理)를 자각함이다. 『중용』 수장(首章)에 따르면 주체적 자각에 근거를 둔 생활이 곧 천명지성(天命之性)을 따르는 솔성(率性)의 생활이요 또 천리에 순응하는 생활이다.[86)] 인간은 천도를 떠나서는 한순간도 인간다운 삶을 살 수 없으며 인도(人道) 또한 완성시킬 수 없다. 그것은 인도 안에 천도가 이미 내포되어 있기 때문이다. 따라서 인간의 삶의 목표는 천명의 주체적 자각을 통하여 이미 그렇게 이루어져 있는 천지를 도덕왕국으로 완성시키는 데 있다.[87)] 이것이

---

85) 『中庸』 제30장. "仲尼祖述堯舜, 憲章文武, 上律天時, 下襲水土, 辟如天地之無不持載, 無不覆幬辟如四時之錯行, 如日月之代明, 萬物竝育而不相害, 道竝行而不相悖, 小德川流, 大德敦化, 此天地之所以爲大也."

86) 『中庸』 제1장. "天命之謂性, 率性之謂道, 脩道之謂教."

87) 김충열, 『김충열교수의 중용대학강의』, 예문서원, 2007, 123쪽 참조.

인간으로서의 창조적 실천행위이고 천명을 주체적으로 자각하는 일이며 인문세계를 창조하는 이상적 노력이기도 하다. 이와 같은 경지에 도달할 때 비로소 인간은 하늘과 땅과 더불어 삼위일체가 되어 인간의 존엄성도 확보하게 되고 우주의 중심적 존재가 될 수 있는 것이다. 그렇다고 이러한 천명의 자각은 아무 조건 없이 이루어지는 것은 아니다. 그렇기 때문에 여기서 자각의 방법이 중요한 철학적 문제로 부각되는 것이다. 그러면 천명의 자각에 이르는 길은 무엇인가? 그것은 궁리와 진성과 감통에 의한 방법으로 설명이 가능하다고 본다.[88]

1) 궁리(窮理)

천명의 자각에 이르는 길을 뚜렷하게 보여주는 예는 『주역』「설괘전」에서 발견된다.

> 도덕에 조화되어 순응하고 사태의 마땅함에서 조리(條理)를 얻으며, 이치를 궁구(窮究)하고 본성을 다하여 천명에 이른다.[89]

『주역』은 존재사물의 근원과 그 조리를 밝히고,[90] 하늘이 부명한 내적인 자기 본성, 즉 덕성을 높이고,[91] 그것을 남김없이 드러낼 때 천명

---

88) 여기서 미리 분명히 해둘 것은 저자가 제시하고 있는 천명자각(天命自覺)의 방법이 어디까지나 이 책의 과제를 달성하기 위한 하나의 방편적인 기둥일 뿐 전혀 새롭고 독창적인 방법은 아니라는 점이다. 유학을 전공하는 많은 학자들이 이와 비슷한 종류의 발상에 기초한 방법을 얘기하고 있는 것 같다. 이하의 부분에서 저자는 이 방법들을 오직 이 책의 주제와 관련된 양상에서만 한정적으로 논의할 것이다.

89) 『周易』, 說卦傳, 第一章. "和順於道德而理於義, 窮理盡性, 以至於命."

90) 『漢文大系』 16: 周易, 說卦傳, 第一章, 通解. "窮理則明其條理."

91) 같은 책, 說卦傳, 第一章, 通解. "盡性則尊其德性."

은 자각된다고 한다. 다시 말해서 궁리에 의하여 사사물물의 이치와 존재근거 및 그 변화의 규율이 분명하게 드러나고, 진성(盡性)을 통하여 외물에 덮이고 인욕의 사사로움에 의하여 은폐되었던 자성(自性)이 밝아질 때 사람은 감통의 세계에 들어갈 수가 있는데, 천명의 자각은 바로 이 순간 이 경지에서 이루어진다는 것이다. 그런 의미에서 천명의 주체적 자각이란 사사물물의 존재의의와 가치가 유감없이 드러나서 그것이 새롭게 밝혀지고, 또한 인간이 자기 각성을 통하여 부단히 자기를 초월하고 자기를 창조하면서 자기 존재를 확장해 가는 일이라고 말할 수 있다. 그런데 천명의 자각에 있어서 궁리, 진성, 감통이 각각 별사(別事)가 아니고 또한 그 차서(次序)도 인정되지 않는다는 사실이다.92)

그러면 궁리란 도대체 무엇을 말함이고 또한 그 철학적 의미는 무엇인가? 궁리란 주자가 이미 『대학』의 '격물보망장(格物補亡章)'에서 밝힌 것처럼 '격물치지(格物致知)'하는 일이며, 그것은 동시에 '사물에 나아가서 그 참된 이치를 탐구하는 일[卽物而窮其理]'이기도 하다. 주지하다시피 주자의 격물치지란 명명덕(明明德)해 가는 과정을 밝힌 것으로서93) 경험 세계에 사는 비본래적이며 유한자로서의 인간이 어떻게 그 한계성을 극복하고 지고선(至高善)에 도달할 수 있는가를 설명하려고 한 이론이다.

주자에 의하면 그것은 인식주체인 인간 속에 선천적 능력으로 존재하는 영지(靈知)를 통하여94) 천하사물에 구비된 리(理) 일반으로 통하는 이치를 궁구하여 '사물로서의 존재'와 '의식으로서의 존재'가 합일되는

---

92) 四部備要本, 子部: 『二程全書』, 台北: 中華書局影印, 1976, 二先生語二上. "窮理盡性以至於命, 三事一時並了, 元無次序." 참조.

93) 侯外盧 主編, 『中國思想通史』, 第四卷(下), 644쪽 참조.

94) 朱子, 『大學或問』(大學 · 中庸 或問合本), 景文社影印, 1977, "苦夫知則心之神明妙衆理, 而宰萬物者也."

즉 물아일치(物我一致)의 경지에 이를 때 가능한 것이 된다. 이로써 인간은 존재하는 모든 사물이 각기 바른 모습을 드러내어 "소리개가 하늘에서 날고 물고기는 연못에서 뛰노는"[95] 삼라만상의 이 현전 세계가 모두 도의 자기 현현임을 알게 된다는 것이다.

물론 주자가 말한 물(物)은 인간과 아무런 관련 없이 홀로 존재하는 그 무엇은 아니다.[96] 그 단적인 예가 "물(物)은 사(事)와 같다"[97]라는 말이나 "무릇 물이 형기(刑器)의 정체(定體)가 있는 것을 가리켜서 말한다"[98]라는 표현이다. 사(事)는 사람과 직접 관계성을 맺는 현상 · 행위 · 작용 등을 지시하는 개념이지만, 물은 본래 존재 그 자체를 지시하는 개념이다.[99] 그런데 주자는 이러한 물의 개념을 사와 연결시킴으로써 물 단독자의 존재법칙을 도덕법칙으로 끌고 들어올 수 있는 기반을 마련하였고 뿐만 아니라 물에 대한 가치론적 해석도 가능하게 했던 것이다. 다음의 예는 이 점을 단적으로 드러내기에 족할 것이다.

> 격물(格物)의 두 글자는 매우 좋은 것이다. 물은 사를 말하는 것이니, 사물의 이치를 궁구하여 그 극치에 이르면 반드시 옳고 그름이 드러나게 된다. 옳으면 곧 행하고 그르면 마침내 행하지 않는 것이다.[100]

> 대저 천하의 일에는 모두 이치[理]가 있다. 임금과 신하에게는 임금과 신하의 도리가 있고, 아버지와 아들에게는 아버지와 아들의 도리가

---

95) 『詩經』, 大雅, 旱麓. "鳶飛戾天, 魚躍于淵."
96) 『中庸』, 十二章, 朱子註. "以明化育流行, 上下昭著, 莫非此理之用." 참조.
97) 『大學』, 經一章, 朱子註. "格至也, 物猶事也."
98) 『朱子語類』, 권94. "凡言物者, 指形器有定體而言."
99) 市川安司, 『朱子哲學論考』, 東京: 汲古書院, 1985, 19쪽 참조.
100) 『朱子語類』, 권15. "格物二字最好, 物謂事也, 須窮極事物之理到盡處, 便有一個是一個非, 是底便行, 非底便不行."

있으며, 또한 부부 · 형제 · 붕우(朋友)로부터 출입기거(出入起居)와 응사접물(應事接物)에 이르기까지 각각의 이치가 있는 것이다. 그것을 궁구(窮究)하면 크게는 군신(君臣)으로부터 작게는 사물에 이르기까지 그 소이연(所以然)과 소당연(所當然)을 알게 되어 티끌만 한 의심도 없게 된다. 이로써 선(善)이면 좇고 악(惡)이면 물리쳐서 터럭만큼의 폐도 없게 되는 것이다. 학문은 궁리(窮理)보다 우선하는 것이 없기 때문이다.[101)]

위에서 보듯이 격물은 단순히 존재 그 자체를 구명하는 문제가 아니라 시비를 가리는 도덕적 가치판단의 문제이다. 이때 강조되는 시비는 물론 지식적 범주에만 국한되지 않으며 그것은 실천적 행위와 연결되는 것으로서 도덕적 의미가 특히 강하다. 이 점은 의리와 도덕적 실천을 무엇보다 중시하는 정통 유학적 관점의 계승으로서 "격(格)은 래(來)의 뜻이고 물은 사와 같은 말이다. 그 앎[知]이 선(善)에 투철하면 곧 선물(善物)을 오게 하고, 그 앎이 악에 빠지면 악물(惡物)을 오게 한다. 그러므로 사(事)는 사람의 좋아하는 바에 따라 오게 됨을 말한 것이다"[102)]라고 한 정현(鄭玄)의 입장과 상통하는 것이다.

이렇게 볼 때 주자의 격물 즉 궁리는 인간의 세계에 대한 경험적, 객관적 이치의 궁구보다 인간내면의 지를 추구하는 데 더 많은 관심을 두려고 한 것이 아닌가 생각된다. 여기서 말하는 궁리는 객관적 이법, 즉 보편에 대한 인식을 의미한다. 그가 "만물의 이치가 하나에서 함께 나왔

---

101) 『朱子大全』, 권14, 行宮便殿奏箚. "夫天下之事, 莫不有理, 爲君臣者, 有君臣之理, 爲父子者, 有父子之理, 爲夫婦, 爲兄弟, 爲朋友, 以至於出入起居, 應事接物之際, 亦莫不各有理焉, 有以窮之, 則自君臣之大, 以至事物之微, 莫不知其所以然與所當然, 而亡纖芥之疑, 善順從之, 惡順去之, 而無毫髮之累, 此爲學所以莫先於窮理也."

102) 『漢文大系』 1: 大學說, 鄭玄注. "格物也, 物猶事也, 其知於善深, 則來善物, 其知於惡深, 則來惡, 言事緣人所好來也."

음을 궁구하는 것이 격물이며, 만물이 일리(一理)에서 나온 것임을 아는 것이 앎의 극치이다"[103]라고 말한 것이나, "대개 사람의 마음은 허령(虛靈)하여 모두 지(知)를 지니고 있고 천하의 사물은 모두 리(理)를 지니고 있다. 그런데 리에 대해서 궁구하지 않았기 때문에 지가 극진하지 못한 것이다"[104]라고 말한 것은 이런 문맥에서 이해되어야 한다. 이 문맥에서 '이치[理]'란 개체의 생명근원이요, 우주의 본체를 가리킨다. 또한 그것은 만물의 보편자로서 구체 사물의 규율이기도 하다. 그리고 '궁구한다' 함은 인식 주관에 의한 인식 대상으로서 실재하는 객관사물의 이치를 밝히는 일만이 아니라, 근원적인 일리(一理)에 있어서 우주만물은 모두가 일자(一者)이고 또한 하나의 법칙과 질서 속에 존재하고 있다는 사실을 밝혀내는 일이다. 다시 말해 "천하 만물이 반드시 각각 그렇게 된 까닭[所以然之故]과 마땅히 그래야만 하는 법칙[所當然之則]"[105]을 드러내어 "사사물물의 이치가 곧 도리[物理卽道理]"[106]임을 자각하는 일이 곧 궁구하는 일이라는 것이다.

사사물물의 이치를 궁구함에 의해 현상세계에 존재하는 만사만물이 본래의 바른 제 모습을 분명하게 드러내고, 아울러 인식 주체는 심(心)과 물(物)이 이원적으로 대립하는 양상이 아님을 비로소 체득하게 된다는 것이다. 그래서 주자도 "궁리는 사물의 소이연(所以然)과 소당연(所當然)을 알려고 하는 것일 뿐이다. 소이연을 알기 때문에 뜻이 미혹되지 않고, 소당연을 알기 때문에 실천이 어긋나지 않는다"[107]고 말했던 것이

---

103) 『大學或問』, 90~91쪽. "窮萬物之理同出於一爲格物, 知萬物同出於一理爲知至."

104) 『大學章句』, 補亡章 傳五章."蓋人心之靈, 莫不有知, 而天下之物, 莫不有理, 惟於理有未窮, 故其知有不盡也."

105) 같은 책, 36쪽. "至於天下之物則必各有所以然之故, 與其所當然之則, 所謂理也."

106) 『朱子語類』, 卷15.

107) 『性理大全』, 曺龍承影印, 1978, 卷48, 769쪽. "窮理者, 欲知事物之所以然, 與其所當然者而已, 知其所以然, 故志不惑, 知其所當然, 故行不謬."

다. 이로써 짐작되듯이 '궁리'라고 할 때의 '리(理)'는 앞에서도 밝힌 바처럼 "만물이 각각 지니고 있는 일리[萬物各具一里]"[108]로서의 단순한 리의 법칙을 뜻할 뿐만 아니라 '사람과 사물의 공통된 이치[人物公共之理]'의 리, 즉 "역(易)에는 태극이 있으니 이것이 음과 양이라는 양의를 낳는다[易有太極, 是生兩儀]"[109]라고 할 때의 '태극'과 같은 만물의 포괄자이며 근원적인 최고 원리, 즉 천리(天理)를 지칭하는 것으로 보인다. 모든 우주만물은 이 태극, 곧 천리에 의하여 생성되는 까닭에 리는 '생생의 이치[生生之理]'이며 동시에 만유의 존재원리인 것이다.

만물의 근원자를 의미하는, 천지간에 편재한 이 리는 또 매 일물(一物) 가운데 내구(內具)하여 그것의 자성(自性)이 된다. 우주만물의 생성 내지 그것의 현존을 가능케 하는 이 리 속에는 천리가 내재한다. 또한 이 리는 존재이자 존재현상이기도 하다. 존재와 존재현상은 근원에 있어서는 둘이 아닌 하나인 것이다.

이 밖에도 궁리는 만물의 존재근거, 존재법칙을 근원적으로 밝혀내어, 그것들이 선천적으로 품수한 자성(資性), 즉 존재가치와 존재의의가 유감없이 발현될 수 있도록 한다. 궁리의 궁극적 경지는 내(內)와 외(外), 아(我)와 비아(非我), 주와 객, 존재와 본질, 이성과 경험, 이론과 실천, 내용과 형식 등 이원적 갈등이 하나로 통일되어서 대립 모순이 극복 지양된 화해와 질서의 일제평등(一際平等) 세계가 현전되는 것에 있다. 그런 점에서 궁리란 객관적 사물 리의 경험적 인식이나 주관적 심의 선험적 인식을 위주로 하는 인식방법으로서의 '궁리'가 아니고 인식대상과 인식주체, 즉 내와 외를 함께 궁구하여 하루아침에 활연관통(豁然貫通)하는 경지에 이르게 되는 '진지(眞知)'의 자연스럽고 자유스러운 상태를

108) 같은 책, 卷34, 569쪽.
109) 『周易』, 繫辭上, 第十一章.

의미한다고 볼 수 있다. 이 경우 "진지란 몸소 실천하여 얻은 지(知)이며, 도덕과 성명(性命)을 자각한 지이다."[110] 궁리를 논할 때 자주 인용되는 『대학장구』의 다음 대목을 여기에 참고할 만하다.

> 이른바 '치지(致知)가 격물(格物)에 있다'는 것은 나의 앎을 투철히 하고자 하면 사물에 이르러 그 이치를 궁구함을 말한 것이다. 대개 사람 마음의 허령(虛靈)함을 알고, 천하의 사물에는 리(理)가 있지만, 이치에 대하여 모두 다 궁구하지 않기 때문에 그 앎이 부진(不盡)하게 되는 것이다. 그러므로 『대학』에서 처음 가르칠 때에 반드시 배우는 자들로 하여금 천하의 사물에 나아가서 이미 알고 있는 이치를 더욱 궁구하여 지극함에 이르게 하는 것이다. 그렇게 힘쓰기를 오래하여 하루아침에 활연(豁然)히 관통(貫通)하는 경지에 이르게 되면 모든 사물의 표(表)와 리(裏), 정(精)과 조(粗)가 드러나게 되고, 내 마음의 전체(全體)와 대용(大用)이 밝혀지게 된다. 이를 두고 '격물(格物)'이라 이르며 이를 두고 앎의 지극함이라고 말하는 것이다.[111]

위의 대목에서 주자는 인식대상과 인식주체라는 주객의 대립에 매달리지 않고 인식주체의 내면세계에서 일어나는 깨달음을 더 중요시하는 예리한 안목을 보여준다. 그 요지를 정리해 보면, ① 궁리의 과정을 줄기차게 밟아 가면 어느 단계에 이르러서는 세계와 사물의 배후에 존재하는 커다란 도리에 접근하게 되고, ② 그 원리를 파악하게 되면 하루아침에 활연관통하여 ③ 모든 사사물물의 표(表)와 리(裏), 정(精)과 조(粗)

---

110) 蒙培元, 『中國哲學主體思惟』, 123쪽.

111) 『大學章句』, 傳六章. "所謂致知在格物者, 言欲致吾之知, 在卽物而窮其理也, 蓋人心之靈, 莫不有知, 而天下之物, 莫不有理, 惟於理有未窮, 故其知有不盡也, 是以大學始教, 必使學者卽凡天下之物, 莫不因其已知之理而益窮之, 以求至乎其極, 至於用力之久, 而一旦豁然貫通焉, 則衆物之表裏精粗, 無不到, 而吾心之全體大用, 無不明矣."

가 확연하게 드러난 모습을 보게 되는 바, ④ 또한 그때 천리를 갖추고 있는 내 마음 전체의 작용이 남김없이 밝혀지게 된다는 것이다. 즉 주자는 기질지성(氣質之性)을 지닌 인간이 그 개체의 특수성과 한계성을 극복하고 보편 즉 천리를 인식할 수 있는 길은 궁리뿐이고, 그 궁극의 목적은 자신의 지혜를 통명(通明)하게 해서 천지자연의 생생(生生)하는 이치가 곧 자신의 본성임을[112] 깨달아 '자득(自得)'의 길에 이르는 데 있음을 설명한 것이다. 따라서 궁리는 논리가 아닌 사실이고, 이론이 아닌 실천이다.

그것은 천리를 궁구하여 근원적인 일리(一理) 안에서 사사물물이 스스로 자신을 드러내고, 천과 사람이 본래 둘이 아니고 하나임을 자각하여 그것을 스스로 밝히고 구현하는 일이다. 그 결과 주객대립의 일체의 표상과 분할된 자아가 완전히 지양되고, 존재하는 모든 사사물물이 또한 대립 충돌이 없는 조화의 원칙 속에서 제각기 '본성을 이루어 잘 보존하고[成性存存]'[113] 있음을 체득하기에 이르는 것이다. 여기에서 더 나아가 "사람이 하늘로부터 받은 본체의 밝음"[114]을 밝히는 진성의 문제가 제기된다.

2) 진성(盡性)

앞에서 우리는 궁리란 '사사물물에 나아가서 그 이치를 궁구하고' 하늘이 부명한 본체(本體)의 밝음과 지혜를 통명하게 해서 천리가 곧 자신

---

112) 『朱子語類』, 卷五. "發明心者曰一言以蔽之曰生而已天地之大德曰生, 人愛天地之氣而生, 故此心必仁, 仁則生矣." 참조.

113) 『周易』, 繫辭傳上, 제7장.

114) 『大學章句』, 經一章, 朱子註. "明德者, 人之所得乎天, 而虛靈不昧, 以具衆理而應萬事者也.." 참조.

의 본성임을 밝혀 지선의 세계를 구현하는 데 있음을 살펴보았다. 아울러 그것이 진성과도 본질적으로 일치하고 있음을 알게 되었다. 그러면 진성이란 대체 무엇인가? 우주만물은 모두 '천명지성(天命之性)'을 구유하고 있다. 사람 또한 하늘로부터 생래적으로 품수한 인간본유의 진실무망(眞實無妄)한 덕성을 가지고 있다. 이것을 통하여 자아의 존재근거와 존재의의를 밝히고 이를 천하에 실현하게 되면, 사람은 우주만물의 생성원리 즉 천도를 체득할 수 있게 된다는 것이다. "자신의 마음을 극진히 하는 자는 자기의 본성을 깨닫게 될 것이니, 본성을 깨달음은 곧 하늘을 깨닫는 것이다"라고 맹자가 말한 것은 그 단적인 표현이다.[115] 이 진실무망한 인간본유의 천부적인 덕성으로서 '성(性)'이 곧 '성(誠)'이며 천명인 것이다. 따라서 성(性)과 천명 그리고 성(誠)은 셋이면서 하나의 원리로 귀결된다.[116] 정자(程子)가 성명(性命)과 도덕을 결코 나눌 수 없는 유기적 관계를 갖는 개념으로 설명한 것도 이러한 인식의 소산일 것이다.[117]

이렇게 이해할 때 '성(誠)'은 우주만물에 구유된 생성의 원동력이며, 따라서 천명의 자기동인(自己動因)에 의한 자기실현으로서 만유의 생명이요 질서와 조화의 원리가 된다. 『주역』 건괘(乾卦) 상전(象傳)에 "하늘의 운행은 강건하여 잠시도 쉬는 일이 없다. 군자가 이를 주체적으로 자각하여 스스로 힘써 쉬지 않는다"[118]라고 한 단언에서 이 점이 보다 명료하게 밝혀진다.

이러한 성(誠)은 "인간이 가진 본성이 보편적·필연적으로 선험적인 선임을 형이상학적으로 밝히고 있는"[119] 『중용』에 이르러서 천도와 인

115) 『孟子』, 盡心章句上. "盡其心者, 知其性也, 知其性, 則知天矣."
116) 蒙培元, 『中國心性論』, 41쪽.
117) 『周易折中』, 권17, 說卦傳, 제1장, 程子註. "性命與道德非二也." 참조.
118) 『周易』, 乾卦, 象傳. "天行健, 君子以自彊不息."

도를 하나의 도로 합일시키는 근본원리로 정립되었다.

> 성실함 그 자체[誠者]는 하늘의 도(道)이고, 성실하려고 하는 것[誠之者]은 사람의 도(道)이다.[120]

우리는 여기서 진실무망한 존재로서의 성(誠)이 윤리·가치론적인 의미에서 인도로, 본체론적인 의미에서 천도로 파악되고 있음을 본다.[121] 『중용』에 의하면 성은 하늘의 도이고, 이 성을 본받아 자기의 양심을 철저히 발휘하고 인간의 인간다움을 남김없이 발현하는 것이 사람의 존재방식이요, 사람다운 삶의 길이다. 다시 말해서 '성자(誠者)'는 존재의 원리요, '성지자(誠之者)'는 당위의 원리이다. 이 점은 주자의 '성'에 대한 해석에서 선명하게 나타난다.

> 성실함 그 자체는 진실하여 망령됨이 없는 것을 말하는 것으로서 하늘의 이치가 본디 그러한 것이다. 성실하려고 하는 것은 능히 진실무망하지 못한 상태에서 진실무망하고자 함을 말하는 것으로서 사람의 일이 마땅히 그러한 것이다.[122]

위의 예에서도 볼 수 있듯이 성(誠)이란 있는 실재 그 자체, 또는 인식하고 난 뒤에도 실천해야만 하는 인간 최고의 도덕적 원동력이다.[123] 그래서 주자는 성을 진실무망한 천리의 본연, 즉 천지를 운행하고 만물

---

119) 李澤厚, 『중국고대사상사론』, 276쪽.
120) 『中庸』, 第二十章. "誠者天之道也, 誠之者人之道也."
121) 楊國榮, 『유교적 사유의 역사』, 184~185쪽 참조.
122) 『中庸』, 第二十章, 朱子註. "誠者, 眞實無妄之謂, 天理之本然也. 誠之者, 未能眞實無妄而欲其眞實無妄之謂, 人事之當然也."
123) 朱伯崑, 『중국고대윤리학』, 전명용 외 옮김, 이론과 실천, 1990, 229쪽 참조.

을 생성하는 근본 동력으로 풀이했던 것이다. 진실무망이란 아무런 거짓도 용납하지 않는 온전한 사실 그 자체를 뜻한다. 이는 천리 그 자체의 모습을 진실무망하다고 형용한 것이다. 그러면 진실무망하다고 할 때의 무망은 무엇을 의미하는가. 정자는 "무망이란 지성(至誠)이고, 지성은 천의 도이다. 천은 만물을 화육하고 생생하여 다함이 없는데, 각각 그 하늘에서 받은 본성을 바르게 하는 것이 곧 무망이다"[124]라 하였고, 주자는 이를 "실리자연(實理自然)을 말한다"[125]고 했다. 이에 의하면 무망이란 다름 아닌 원형리정(元亨利貞)이 잠시도 쉼 없이 순환하는 '생생불이(生生不已)'의 작용, 즉 성 그 자체의 부단한 유행(流行)을 뜻하는 것에서 벗어나지 않는다. 그러하기 때문에 『주역』의 천뢰무망괘(天雷旡妄卦)는 "천지자연의 무망상태에 견줄 수 있는 바른 길을 좇지 않는다면 재앙을 빚게 된다. 오로지 천명에 순응할 뿐, 임의의 길로 함부로 전진해서는 안 된다"[126]라고 경고하였던 것이다. 따라서 『중용』의 성은 실로 공자의 인(仁)과 상합하는 것이며, 본성과 천도는 그 의미가 동일하다는 논리가 성립한다.[127] 그렇다면 '사람과 자연, 주체와 객체를 완전히 통일시킨'[128] 성은 천도 그 자체의 공능(功能)과 유행을 도덕적 의미로 파악한 것이고, 그 천도를 효법(效法)해 나가려는 '성지(誠之)'의 후천적인 수양공부가 다름 아닌 인간의 도라고 추론할 수 있다. 김충열 교수가 『중용대학강의』에서 '성자천지도야(誠者天之道也)'의 성과 '성지자인지도야(誠之者人之道也)'의 성을 구별하면서 "천도의 성은 천도의 리(理)

124) 『備旨具解原本周易』, 朝鮮圖書株式會社 編輯部 編纂, 1921, 旡妄卦, 程伊川傳, 469쪽. "旡妄者至誠也, 天之道也, 天之化育萬物, 生生不窮, 各正其性命, 乃旡妄也."

125) 같은 책, 朱子本義, 470쪽. "旡妄, 實理自然之謂."

126) 『周易』, 旡妄卦. "旡妄, 元亨利貞, 其匪正有眚, 不利有攸往."

127) 牟宗三, 『中國哲學的特質』, 37쪽 참조.

128) 蒙培元, 『中國心性論』, 113쪽.

와 덕(德)을 모두 포괄하고 천지를 운행하고 만물을 생성하는 동력이지만, 인도에서 말하는 성, 즉 성인(聖人)의 성은 천지를 운행하고 만물을 생성하는 성이 아니라 천명지성을 솔성하고 진성해서 천지만물을 경영하는 인간이 성취한 성(誠)이다"[129]라고 한 말은 여기에 많은 참고가 된다. 이렇게 보면 '진성'은 '성지'의 또 다른 표현임이 사실로 확인된다. 따라서 맹자가 "자신의 마음을 극진히 하는 자는 자기의 본성을 깨닫게 될 것이니, 본성을 깨달으면 곧 하늘을 깨닫는 것이다. 자신의 본마음을 잘 보존하여 자신의 본성을 기르는 것이 바로 하늘을 섬기는 방법이다"[130]라고 말한 것은 이런 문맥에서 이해되어야 한다. 그가 말한 '진기심(盡其心)'의 '진'이란 극(極)과 같은 뜻이며,[131] "어디를 가더라도 다하지 않음이 없다"[132]는 의미이다. 따라서 그것은 자신이 맡은 일을 극진히 수행하는 것을 가리킨다. 그리고 이때의 '심'이란 물론 천의 창조성을 파악할 수 있는 생명의 주재자로서의 도덕심이다.

그런데 궁리와 진성을 구별하여 설명하는 일은 매우 어렵다고 본다.[133] 궁리와 진성은 근원에 있어서 일자(一者)로 만나고, 천명은 언제나 이 일자 속에서 자각되는 것이기 때문이다. 진성이란 인간본유의 덕성을 통하여 자아의 존재근거를 밝히는 동시에 타사물의 존재의의와 존재가치를 실현시켜 주는, 즉 창조적인 생성에 참여하는 일이다. 이러한 문제와 긴밀하게 연관되어 보이는 맹자의 다음 말이 특히 주목된다.

---

129) 金忠烈, 『김충열 교수의 중용대학강의』, 215쪽.

130) 『孟子』, 盡心章句上. "盡其心者, 知其性也, 知其性, 則知天矣, 存其心, 養其性, 所以事天也."

131) 『漢文大系』 1: 孟子, 盡心章句上, 集疏. "極猶盡也, 故盡其心, 卽極其心." 참조.

132) 『朱子語類』, 권64, 中庸三 第二十二章. "'盡'云者, 無所往而不盡也."

133) 물론 궁리·진성의 문자적 의미만을 따진다면 이 둘은 분명히 相異한 개념이다. 궁리는 객관적 사물의 이치를 궁구한다는 의미이고, 진성은 인간의 본래성을 궁진하게 內觀한다는 의미이기 때문이다. 金景芳·呂紹綱, 『周易全解』, 長春: 吉林大學出版社, 1989, 544쪽 참조.

성실함 그 자체는 하늘의 도리이고, 성실하려고 생각하는 것은 사람의 도리이다. 성실함을 극진히 하고서도 다른 사람을 감동시키지 못한 경우는 없다.[134]

여기서 말한 성이 『중용』의 성과 같은 내용임은 설명할 필요가 없다. '사성(思誠)'은 물론 '성지'의 뜻이고, 그것은 또한 '진성'과 거의 부합한다. 양쥐한(楊祖漢)이 '진심(盡心)'과 '진성'의 차이를 가리켜 "주자에 의하면 진심은 지(知)의 영역에 속하고 진성은 행(行)의 영역에 속한다. 그러나 실제로 진심과 진성은 모두 실천영역에 속한다. 진심은 도덕본심을 확충하는 것이고, 진성은 진심으로부터 일보 전진된 관념이다"[135]라고 말한 것은 이 때문으로 보인다. 성(誠)은 자기 체현의 전제이자 근거가 되는 것이고, 그것을 통해 자기존재의 길을 열 수 있는 개시성(開示性)이다. 인간은 이 성에 의해서만 자아를 회복하고 세계를 완성할 수 있다. 성은 모든 존재사물의 존재의의와 존재가치의 근거가 되는 지반이고, 인간으로 하여금 천도를 현세에 도덕적으로 실현할 수 있게 하는 생명력이다.

따라서 성 그 자체는 단순한 인간의 태도나 심리상태가 아니라 하나의 형이상학적 실재로서 진리 그 자체가 되는 천도의 선하고 영원하고 완전한 존재이다.[136] 그러하기 때문에 성은 스스로 이루어지고 스스로 존재하는 반면, 다른 존재자들의 존재원리가 되는 것이다. 『중용』에 이와 상응하는 다음 구절이 있다.

---

134) 『孟子』, 離婁章句上. "誠者, 天之道也, 思誠者, 人之道也. 至誠而不動者, 未之有也."
135) 楊祖漢, 『중용철학』, 황갑연 옮김, 서광사, 1999, 110쪽.
136) 이성배, 『유교와 그리스도교』, 분도출판사, 1979, 261쪽 참조.

성실함 그 자체는 스스로 이루는 것이요, 도는 스스로 가게 되는 것이다.[137]

주자에 따르면 성은 사물이 스스로 이루는 원리이다.[138] 그런 점에서 성은 천지만물 중에서 가장 보편적이면서 자명(自明)한 개념이다. 성은 그 자신을 이루기 위해서 또 스스로 존재하기 위해서 다른 존재를 필요로 하지 않는다. 그것은 존재자와는 구별되는, 존재자로 하여금 존재자이게 하는, 다시 말하면 존재자의 가능근거로서 존재일반을 의미한다. "여기서는 주관과 객관, 초월과 내재는 합일되어 하나로 된다."[139] 따라서 성은 시작이 되기도 하고 마침이 되기도 한다. 성이 없다면 이 세계가 존재하지도 않았을 것이다. 그러므로 『중용』에서는 "성실함으로 밝아짐[明]을 성이라 이르고, 밝음으로 말미암아 성실해짐을 교(敎)라고 한다. 성실하게 되면 밝아지고, 밝으면 곧 성실해지는 것이다"[140]라고도 했고, 또 "성실함 그 자체는 만물의 처음이요 끝이니, 성실하지 않으면 만물은 없게 된다"[141]라고 말했던 것이다. 그런데 천지를 움직이는 근본원리이고 그 원동력으로서의 성은 생명의 본질에 속하기 때문에 끝이 없고,[142] 오직 참되어 사악을 배제하고 정성스런 마음을 간직한다.[143] 따라서 성은 "부단한 노력, 한결같아 변함없는 것, 전일, 집중, 정진"[144]만을 그 요건으로 하는 것이다. 그런데 성은 불기(不欺)·불식(不息)·

137) 『中庸』, 第二十五章. "誠者自誠也, 而道, 自道也."
138) 『中庸』, 第二十五章, 朱子註. "言誠者, 物之所以自成." 참조.
139) 楊祖漢, 앞의 책, 308쪽.
140) 『中庸』, 제21장. "自誠明, 謂之性, 自明誠, 謂之教, 誠則明矣, 明則誠矣."
141) 같은 책, "誠者, 物之終始, 不誠無物."
142) 같은 책, 第二十六章. "故至誠無息."
143) 『周易』, 乾卦, 文言傳. "閑邪存其誠." 참조.
144) 李相殷, 『儒學과 東洋文化』, 汎學圖書, 1976, 194쪽.

무망(無妄)·진실(眞實) 등으로 이해될 수도 있겠지만 그 핵심은 '진실'에 있다고 본다. '진실'이기 때문에 그것은 불기이고 무망이며 불식일 수도 있는 것이다. 이렇게 볼 때 성은 진실이고 밝음[明]이다. 그것은 궁극적으로 '성(誠)'과 '명(明)'이 하나가 되고 '사람'과 '하늘'이 합해지는 것을 의미한다.145) 그러므로 인간은 언제나 참[誠]의 가장 밝은 빛 속에 서야 하고, 그러할 때 존재하는 모든 사물이 자기의 본래 고유한 모습을 드러내고, 또 그것에 의하여 인간 자신도 밝아져 감통의 세계에 들어갈 수 있게 되는 것이다.

성은 우주와 인간의 공통적인 본질이며 창조성 그 자체이다. 그러므로 사람에게는 끊임없이 '성지(誠之)'를 수행하여 자기 속에 내재한 천부의 덕성을 천하에 밝혀야 할 사명이 있는 것이다. 그러할 때, 인간은 천지의 화육에 참여하게 됨은 물론 천지를 대행하고 실현하게 되는 것이다. 인간에게 주어진 천명이란 결국 인간이 인간답게 살 수 있는 풍토에서 인간답게 살아가려고 노력하는 성(誠) 그 자체가 아닐까. 그런 점에서 성은 천도의 생명력을 그 부단한 노력과 진실무망함에 있어 실현되게 하는 가능근거로서 천도의 본질이라고도 할 수 있다. 그러므로 맹자도 "성실함을 다하는 데 방법이 있다. 무엇이 선인지를 명백히 인식하지 못하면 스스로 성실함을 다할 수 없다"146)라고 말하지 않았던가. 오직 지성(至誠)의 사람만이 인간성을 완성시킬 수 있고, 실재를 변화시킬 수 있으며 천지만물의 창조에 참여하게 된다. 『중용』의 다음 진술은 이러한 성의 지극한 경지를 명료하게 밝혀주는 좋은 전거가 될 수 있다고 본다.

---

145) 吳康, 「孔門的中庸學說」, 中庸論文資料彙編, 高雄: 復文圖書出版社, 1981, 198쪽 참조.

146) 『孟子』, 離婁章句上. "誠身有道, 不明乎善, 不誠乎身矣."

지극히 성실함의 도는 앞일을 예지(豫知)할 수 있다. 한 나라와 집안이 장차 흥하려 함에는 반드시 상서(祥瑞)로운 조짐이 있다. 나라와 집안이 장차 망하려 함에는 반드시 흉조(凶兆)가 있어 시초점과 거북점에 나타나며, 몸 전체의 움직임에 드러나기도 한다. 장차 화복(禍福)이 이르려 함에는 좋은 일도 반드시 먼저 알며, 나쁜 일도 반드시 먼저 알아보게 된다. 그러므로 지극히 성실함은 신(神)과 같은 것이다.[147)]

아무리 사소한 일에도 성실함을 다해야 한다. 성실하면 모습이 나타나고, 나타나면 더욱 뚜렷해지고, 뚜렷해지면 곧 밝아지고, 밝아지면 타자를 움직이게 되고, 움직이면 곧 변화가 일어나고, 변화하면 곧 교화(教化)가 되는 것이다. 오직 천하의 지극한 성실함만이 만사만물을 교화시켜 완성할 수 있다.[148)]

성(誠)은 인간의 절대적 자유와 깊은 체험을 통하여 그 심층 의식의 세계에서 얻어지는 천(天)·인(人), 물(物)·아(我)의 존재방식이고, 성지는 인간의 선택적인 구선행위(求善行爲)인 것이다. 성이 그 극치에 이르게 될 때에 천부(天賦)된 본연(本然)의 성(性)이 그대로 충분히 실현되고, 따라서 인간의 성(性)은 물론 물의 성(性)까지 남김없이 충분히 실현되게 되는 것이다. 그러므로 성(誠)은 인간 자기만을 이루는 것이 아니요, 나와 마주하고 있는 물(物)까지 이루는 것이다. 이처럼 물을 이룬다는 것은 곧 천지의 화육을 돕는다는 뜻이다. 천지의 화육을 돕게 된다면 인간은 천지와 더불어 나란히 서서 그의 존재의의가 가장 빛나게 될 것

---

147) 『中庸』, 제24장. "至誠之道, 可以前知, 國家將興, 必有禎祥, 國家將亡, 必有妖孼, 見乎蓍龜, 動乎四體, 禍福將至, 善必先知之, 不善必先知之, 故至誠如神."

148) 『中庸』, 제23장. "曲能有誠, 誠則形, 形則著, 著則明, 明則動, 動則變, 變則化, 唯天下至誠, 爲能化."

이다.[149] 우리는 그 핵심내용을 『중용』의 다음 대목에서 볼 수 있다.

> 오직 천하의 지극한 성인(聖人)만이 총명(聰明)·예지(叡智)로써 세상을 잘 다스릴 수가 있고, 너그럽고 부드러움으로써 백성들을 잘 받아들일 수 있다. 힘차고 굳셈으로써 올바른 도를 지켜낼 수 있으며, 정결·장엄함과 중정(中正)함으로 넉넉히 경건할 수 있으며, 조리 있고 세밀히 관찰함으로 넉넉히 변별(辨別)함이 있게 한다. 성인의 지극한 덕은 보편·광대(廣大)하고 심원(深遠)한 근원이 있어 수시로 그 덕들이 나타난다. 보편·광대함은 하늘과 같고 심원한 근원이 있음은 연못과 같다. 그가 나타나면 모든 백성들이 공경하고, 말하면 모든 백성들이 믿으며, 정책을 시행하면 모든 백성들이 기뻐한다. 그래서 그 명성과 덕화가 온 천하에 넘쳐나 오랑캐 땅까지 미치게 된다. 배와 수레가 이르는 곳, 사람 힘이 통하는 곳, 하늘이 덮고 있는 곳, 땅이 싣고 있는 곳, 해와 달이 비추고 있는 곳, 서리와 이슬이 내리는 곳에 무릇 혈기를 지닌 자 모두 존경하고 친애하게 된다. 그래서 성인의 위대한 덕은 천과 서로 합일한다고 한 것이다.[150]

이처럼 성(誠)은 '나'라는 주체를 이룰 뿐만 아니라 '물'이라는 객체도 이루는 것이기 때문에, 이러한 주객일치의 도리가 바로 인간존재의 도덕원리로서, 이것이 역사적 시의성(時宜性)에 의하여 행위로 구체화될 때 천명이 구현되는 것이다.

---

149) 朴鍾鴻, 『朴鍾鴻全集Ⅲ』, 형설출판사, 1980, 611쪽 참조.

150) 『中庸』, 제31장. "唯天下至聖, 爲能聰明叡智, 足以有臨也, 寬裕溫柔, 足以有容也, 發强剛毅, 足以有執也, 齊莊中正, 足以有敬也, 文理密察, 足以有別也, 溥博淵泉, 而時出之, 溥博如天, 淵泉如淵, 見而民莫不敬, 言而民莫不信, 行而民莫不說, 是以聲名洋溢乎中國, 施及蠻貊, 舟車所至, 人力所通, 天之所覆, 地之所載, 日月所照, 霜露所隊, 凡有血氣者莫不尊親, 故曰配天."

천명의 자각이 주체를 주체적으로 파악한다고 함은 나를 속속들이 나의 진실성[誠]으로 드러내는 것이다. 나를 스스로 은폐 기만하면서 나를 밝히고 존재사물의 근본원리를 밝히려고 함은 자가당착이 아닐 수 없다. 그러므로 성실해지려고 하는 사람은 모름지기 선을 가려 굳게 잡아야 되는 것이다.[151] 또한 선은 자기 '생(生)'의 본질을 실현하는 역정이요, 인간은 이 가치실현에 의하여 자기 존재가치와 의의뿐만 아니라 타자의 그것까지 개시한다. 이렇게 볼 때, 진성이란 그 극단에까지 이르도록 탐구하여[152] "보편적 외재운동(誠者)과 독자적 내재수양(誠之), 선험적 본체와 감정적 심리가 같은 것임"[153]을 발견하고 이를 바탕으로 하여 본래적인 자아를 회복하여, 자기로 하여금 도(道)의 온전한 주체이게 하는 일이다. 그것은 동시에 천명의 주체적 자각을 가능케 하는 '성지'의 간단없는 실천을 통해 온갖 사욕과 작위를 제거하여 자신의 도덕본체를 완성하는 일이다.[154] 이 점에서 진성은 자기 주체에 대한 엄숙이며 내면의 충실을 이룩해 가는 부단한 자기반성이요, 항상 자기의 주체를 자각하고 내면을 응시하여 진실을 준엄하게 추구해 스스로를 밝혀 나감으로써 타물(他物)의 존재의의와 그 가치를 밝혀주는 노력의 극치이기도 하다. 그래서 『중용』에서도 성실함[誠]이라는 것은 자신의 존재 가치를 실현하고 완성하는 원동력일 뿐만 아니라 만물의 존재가치도 실현하여 완성시키는 원동력이라고 말했던 것이 아닌가 생각된다.[155] 이 경우 타물이란 자기 이외의 타인을 가리킬 뿐만 아니라 또한 천지만물을 폭넓게 가리키는 개념이다.[156]

---

151) 앞의 책, 第二十章. "誠之者, 擇善而固執之者也." 참조.
152) 陳立夫, 『人理學』, 台北: 中華書局, 1981, 260쪽 참조.
153) 李澤厚, 『중국고대사상사론』, 280쪽.
154) 唐君毅, 『中國哲學原論原性篇』, 台北: 學生書局, 1979, 62~63쪽 참조.
155) 『中庸』, 제25장. "誠者, 非自成己而已也, 所以成物也."

궁리 · 진성에 일관하는 정신, 거기엔 오로지 자기의 본성을 극진히 발휘해야 하고 자기를 순화해야 할 '성지'만이 있을 뿐이다. 이와 같은 성은 동물적인 충동에서부터 인간을 해방시켜 주며[157] 또 인간의 인식 능력의 한계를 그어준다. 이렇게 이해하면 "성은 단순한 윤리적 개념임을 넘어서 인식주체로서 인간의 본래성에 관한 규정임을 여실히 보여주고 있다고 할 수 있다."[158]

3) 감통(感通)

따라서 우리는 지금까지 살펴본 바에 의해서, 자기의 본성을 극진히 발휘하여 본래의 명덕(明德)을 밝혀내고, 다시 그 밝혀진 명덕을 통하여 사사물물의 실상과 그 존재원리를 완전히 밝히고 또 그것을 통하여 천지의 화육에 참여할 수 있을 때, 비로소 천명(天命)이 천명이 됨을 자각할 수 있다는 결론을 얻게 되었다. 또한 바로 이것이 그 극단까지 이르도록 탐구한다는 '진성'이며 '성지'임을 알게 되었다. 물론 여기에서 말하는 진성이란 사람이 사람다운 삶을 지향하는 인간의 자격 및 태도를 의미한다.

그러면 천명의 자각에 이르는 최종의 길은 무엇인가? 주지하다시피 인식은 주관과 객관의 대립을 전제로 하며, 따라서 그것은 양자의 변증법적 통일에 의하여 성립된다.[159]

유가 인식이론의 대표적 학설이라고 할 수 있는 『대학』의 '격치설(格致說)'도 인식주체로서의 심(心)과 인식대상으로서의 물(物)의 주객대립

156) 楊國榮, 『유교적 사유의 역사』, 188쪽 참조.
157) 曺街京, 『實存哲學』, 박영사, 1970, 269쪽.
158) 같은 책, 같은 곳.
159) 朴鍾鴻, 『認識論理』, 박영사, 1972, 249~252쪽 참조.

을 전제하고, 양자의 근원적 동일성을 바탕으로 한 "안과 밖을 하나로 합치게 하는 도[合內外之道]"에 의하여 '앎'이 실현됨을 설명하고 있다. 이로써 보건대 "우리의 보통 인식은 주객의 이원론에 의해 성립하게 된다. 여기에 보는 주체인 내가 있고 저기에 보이는 대상이 있다고 하는 이원론적 구조를 우리 의식은 가지고 있는 듯하다."[160] 따라서 인식 주관과 객관의 대립은 인간 이성의 기본적 구조로 보인다. 그런데 이러한 구조가 적용되는 범위는 유한적이요, 감정의 대상이 될 수 있는 것에 한하기 때문에 이 유한적, 감성적 세계를 초월하는 '궁극적인 초월자'에 대해서는 인식할 수 없는 것이다.[161] 그렇다면 우리는 '천명'도 역시 인간의 이성적 사유의 대상이 될 수 없다고 추론할 수 있다.

천명이란 신과 같은 초월자 즉 시간과 공간을 벗어나 있는 존재자를 의미하는 것이 아니며, 인간의 정신이나 의식 활동의 내재성에 대립하는 외부적 대상을 의미하는 것도 아니기 때문이다. 천명은 내재자도 초월자도 아닌 내적 초월 그 자체이다. 그것은 스스로를 던져 주는 것이며, 스스로 길을 트는 것이며, 스스로 열어 보이는 것이며, 스스로 나타나 있음이다.

『주역』에는 참된 진리 활동이 감통하는 데서 성립함을 다음과 같이 밝히고 있다.

> 역(易)의 법칙은 무엇을 생각하는 일이 없고[無思], 무엇을 작위하는 일이 없다[無爲]. 고요히 움직이지 않지만, 사물에 감응하여 드디어 천하 만물의 참된 원인에 통달한다. 천하의 지극한 신묘함이 아니면 그 누가 능히 여기에 참여할 수 있겠는가?[162]

---

160) 金夏泰, 『自我와 無我』, 연세대학교출판부, 1980, 63쪽.
161) 金夏泰, 같은 책, 45쪽 참조.

여기에서 말하는 진리활동이란 오늘날 우리가 흔히 말하는 분석적 이성을 바탕으로 한 "지적인 인식이 아니라 생명조직의 자기발견이며 만물에 대한 동체의식(同體意識)을 넓혀가는 일"[163]이자 "인간의 마음과 우주 만물이 융합된 일종의 경험, 즉 증지(證知)"[164]를 의미한다.

따라서 저자는 이러한 천명의 주체적 자각도 보다 체험적인 진리활동이 전제될 때 비로소 가능하다고 본다. 위의 대목에서 '무사(無思)·무위(無爲)'란 망령된 사려(思慮)와 행위를 배제하는 것 즉 일체의 사(邪)된 인식 내지 판단을 단절하고 기성관념(旣成觀念) 또는 기득지식(旣得知識)을 방법적으로 포기함으로써 의식의 순수한 바탕을 전체적으로 드러내는 것을 뜻한다. 무사는 무념의 상태로서 "사려함에 사특함이 없다[思無邪]"[165]의 정사유(正思惟)를 의미하고 무위는 무조작(無造作) 무인위(無人爲)의 '스스로 그러함'을 의미한다. 그래서 주자는 이를 "작위를 경계한 것이다"[166]로 풀이하였고, 공영달(孔穎達)은 "천리자연(天理自然)에 맡겨 이기적 심려(心慮)에 관계하지 않음이 무사요, 천리자연에 맡겨 의도적으로 조작하지 않는 것이 무위이다"[167]로 주석하였던 것이다. 그러므로 모든 진리의 체득은 작위적인 사려와 조작이 없는 '결정정미(潔靜精微)'한 마음의 순화와 긴밀하게 관련되어 있다. 다음의 자료가 이런 생각을 선명하게 보여준다.

---

162) 『周易』, 繫辭上, 第十章. "易, 無思也, 無爲也, 寂然不動, 感而遂通天下之故. 非天下之至神, 其孰能與於此."

163) 李完栽, 「中國的學의 特質」, 『학술연구보고서』, 인문과학계 I, 문교부, 1974, 18쪽.

164) 高懷民, 『大易哲學論』, 台北: 成文出版社, 1987, 117쪽 참조.

165) 『論語』, 爲政.

166) 『周易所中』, 台北: 商務印書館 影印, 359쪽. "此戒夫作爲也."

167) 『十三經注疏 I』: 周易, 155쪽. "任運自然, 不關心慮, 是无思也. 任運自然不須營造是无爲也."

자벌레가 몸을 움츠려 굽히는 것은 장차 펴서 앞으로 나아가기 위한 것이다. 용과 뱀이 겨울잠을 자는 것은 몸을 보존하기 위한 것이다. 사물의 이치를 정밀하게 구명하여 신묘한 경지에 들어가는 것은 장차 세상에 나아가서 활용하기 위한 것이다. 사물을 이용해 몸을 편안하게 하는 것은 덕을 높이기 위한 것이다. 이러한 경지를 초월하여 앞으로 나아간 차원에 대해서는 알 수 없으니, 신묘한 이치를 깨달아 변화의 도를 아는 것이 덕의 성대함이다.[168]

이처럼 감통의 경지는 이미 인간의 대상적 사유나 분별을 떠난 것으로서, 오직 천하의 지극한 신령스러움만이 여기에 동참할 수 있다. 『주역』에서는 이를 "사물의 이치를 궁구하여 신묘한 경지에 들어가는 것[精義入神]이니" "신묘한 이치를 깨달아 변화의 도리를 아는 것[窮神知化]"이라는 명제로 제시하였다. 이 경우 '입신(入神)'은 인식의 최고 경지로서 신묘한 경지 또는 심오한 신도(神道)에 들어간다는 뜻이고, '궁신(窮神)'은 신도를 궁진(窮盡)히 한다는 의미이다. 신도는 물론 천도를 가리킨다.[169] 이렇게 보면 '입신'이나 '궁신' 또한 '감통'과 별반 차이가 없는 신비적 사유의 극치를 보여주는 개념임을 알 수 있다. 이와 같은 사실은 『주역』의 택산함괘(澤山咸卦) 구사(九四)효사에 대한 「계사전」의 다음과 같은 해석에서도 확인된다.

주역의 함괘(咸卦) 구사의 효사에 "일편단심으로 왕래하면, 친구들이 너의 생각대로 좇으리라"고 하였다. 공자는 이에 대해 다음과 같이 말씀하셨다. "세상의 모든 사람들은 무엇을 생각하고 무엇을 걱정하는

168) 『周易』, 繫辭下, 第五章. "尺蠖之屈, 以求信也, 龍蛇之蟄, 以存身也. 精義入神, 以致用也, 利用安身, 以崇德也. 過此以往, 未之或知也, 窮神知化, 德之盛也."
169) 南東園, 『주역해의Ⅲ』, 나남출판, 2003, 247~248쪽 참조.

가? 세상의 모든 사람들은 돌아가는 곳은 같되 거기로 가는 길은 각기 다르며, 취지는 하나인데 그것을 이해하는 방식은 다양하다. 세상의 모든 사람들이 무엇을 생각하고 무엇을 걱정하리요."170)

함괘의 구사효는 심위(心位)로서171) 정(貞)을 강조한 효이다.172) 정이천은 "정은 마음을 비워 아집이 없는 것을 말한다"라고 하여 사심이 없어 확연대공(廓然大公)한 상태로 보았다.173) "일편단심으로 왕래하면, 친구들이 너의 생각에 좇을 것이다"라고 한 말은 정(貞)의 반대 상태로서 외물(外物)에 덮이고 인욕의 사사로움에 얽매인 마음을 표현한 것이다.174) 따라서 공자가 "세상의 모든 사람들이 무엇을 생각하고 무엇을 염려하리요"라고 한 말은 바로 이와 같은 사심(私心)을 극복하고 정(貞)을 회복하고자 한 노력의 결정으로 볼 수 있다.

이를 통해서도 알 수 있듯이 '감통'은 일상적인 사유와 사심을 타파하고 하늘이 부여한 본래적인 신묘한 영명성(靈明性)을 회복하는 과정에서 발생하고, 또 그것은 구체적인 사실로 나타난다. 다시 말하여 감통은 인위적인 수식과 인식행위 등을 모두 끊어 '의식하는 것도 아니고 하지 않는 것도 아닌' 마음의 상태에 도달할 때 비로소 체득될 수 있는 직관된 경험의 세계이다. 이 경우 '직관된 경험'이란 사물을 볼 때 추리하지 않고 주객미분(主客未分)의 상태에서 경험 그 자체를 그대로 보는 인간의

---

170) 『周易』, 繫辭下, 第五章. "易曰憧憧往來, 朋從爾思, 子曰天下何思何慮, 天下同歸而殊塗, 一致而百慮, 天下何思何慮."

171) 『文淵閣四庫全書』, 第二十八冊, 周易折中, 台北: 商務印書館影印, 咸卦. "楊氏時曰九四脢之下股之上, 心之位也."

172) 『周易』, 咸卦 九四爻辭. "九四貞吉悔亡."

173) 『周易』, 咸卦 九四爻 程傳. "貞者, 虛中无我之謂也, …… 以有係之私心, 旣主於一隅一事, 豈能廓然无所不通乎." 참조.

174) 같은 책, 같은 곳. "是其朋類, 則從其思也, 以有係之私心卽旣於一隅一事, 豈能廓然无所不通乎."

의식 활동 전체를 가리킨다.[175]

따라서 감통의 세계는 분별적 지식과 논리적 추리가 용납될 수 없는 무한한 신비로 인위적 조작·통제를 떠난 본원적 자발성·천진성 그 자체를 의미한다. 즉 아무런 이기적 작위가 가해지지 않은 채 다만 여여부동(如如不動)하며 자타의 차별대립의 형상(形相)이 없이 자재현전(自在現前)하는, 그러면서도 언어로 규정할 수 없는 '지금 바로 여기'에서 이루어지는 절대현재(絶代現在)의 경지이다.[176] 그래서 『주역』에서는 "변화를 추진시켜 운행하는 것은 통합에 있고, 변통(變通)을 신묘하게 하고 명백하게 하는 것은 사람에게 있고, 말없이 묵묵히 일을 이루고 말없이 믿는 것은 그 사람의 덕행에 있다"[177]고 하였고, 공자는 "말없이 마음으로 이해하고 보존하는 것[默而識之]"[178]이라고 하였고, 『중용』에서는 "이와 같은 것은 보여주지 않아도 스스로 드러나며 움직이지 않아도 변화되며, 작위함이 없어도 이루어진다"[179]라고 하였던 것이다.

결국 '감통'이란 모든 것을 사(私)된 표상과 논리로서 이해하려는 망념을 타파하고 일체의 차별대립이 파기된 진실무망한 경지로서, 이는 "사유적(思惟的)인 관념지(觀念知)와 조작적 인위성을 넘어서서 진리 그 자체 묘용(妙用)의 경지를 주체적으로 깨달아서"[180] 존재의 근원적 지평에서 내가 우주와 더불어 일체가 되는 종극(終極)의 경지를 말한다. 이 지평으로부터 확연히 열리는 진실 세계의 확보가 곧 천명의 주체적 자각

---

175) 김하태, 『東西哲學의 만남』, 15~17쪽 참조.

176) 高亨坤, 『禪의 世界』, 三英社, 1977, 247~254쪽 참조.

177) 『周易』, 繫辭上, 第十二章. "推而行之存乎通, 神而明之存乎其人, 默而成之, 不言而信, 存乎德行."

178) 『論語』, 述而.

179) 『中庸』, 第二十六章. "如此者, 不見而章, 不動而變, 無爲而成."

180) 柳南相, 「韓國古代思想에 나타난 人本精神」, 『새마음論叢』, 창간호, 충남대학교부설 새마을연구소, 1977, 100쪽.

이라고 할 수 있기 때문에, 감통은 인간에게 고유한 것이며 본래적인 것이다. 그러므로 감통의 체현은 부단히 자기초월을 감행하여 천과 합일하려는 인간존재에 의해서 가장 확실하게 드러나고, 이것은 오직 자기의 마음을 세정(洗淨)하여 '밀은(密隱)'의 차원으로 퇴장(退藏)함으로써만 얻어지는 것으로부터 일어난다. 『주역』의 다음 말은 이를 좀 더 분명하게 설명하여 준다.

> 이런 까닭에 시초(蓍草)의 덕은 원만하고 신비로우며 괘의 덕은 방정하며 지혜롭다. 육효의 뜻은 바뀜으로써 길·흉을 알려주는 데 있으며, 성인(聖人)은 이를 본받아 마음을 닦아서[洗心] 물러가 은밀한 데 감추고 길흉을 백성들과 함께 근심한다. 신묘함으로써 오는 것을 알고 밝은 지혜로써 지나간 일을 간직한다. 그 누가 이러한 경지에 참여할 수 있겠는가.[181]

위의 예문에서 "성인이 이를 본받아 세심(洗心)한다"고 할 때의 '세심'이란 마음을 청징(淸澄)하게 씻어 무아무심(無我無心)의 경지에 도달하는 것을 말하는데, 그 최종의 목표는 물론 감통에 있다. 이 '세심'을 공영달은 역(易)의 복서로서 만물에 대한 의심과 악심(惡心)을 세탕(洗盪)하는 것으로 풀이했고,[182] 주자는 마음속 역의 이치가 혼연(渾然)하여 대상적 사물이 배제된 상태를 뜻한다고 하였고,[183] 내지덕(來知德)은 '마음의 본연'으로 해석하였다.[184] 이를 통해서도 알 수 있듯이 우리가 마

181) 『周易』, 繫辭上, 第十一章. "是故蓍之德圓而神, 卦之德方以知, 六爻之義易以貢. 聖人以此洗心, 退藏於密, 吉凶與民同患, 神以知來, 知以藏往. 其孰能與此哉."

182) 『十三經注疏』 I: 周易, 156쪽. "正義曰聖人以此易之卜筮, 洗蕩萬物之心, 萬物有疑則卜之, 是蕩其疑心, …… 是蕩其惡心也."

183) 『備旨具解原本周易』, 繫辭上, 第十一章, 朱子本義, 1053쪽. "所謂以此洗心者, 心中渾然此理, 別无他物."

음을 세정(洗淨)하여 인식주관의 일체의 관심, 일체의 표상을 떠나서 내적 행위를 통하여 존재의 깊은 근원을 추구하여 완벽한 자기 순화를 추구할 때 '감통'의 경지에 이르게 된다는 것이다. 이것을 다른 말로 표현한다면 '명덕을 주체적으로 자각하고 밝히는[神明其德]' 일이다. '그 덕을 신명하게 한다는 것'은 하늘이 부명한 인간 본질의 덕을 신성(神聖)하고 밝게 한다는 뜻이다. 다음의 말은 이를 좀 더 분명하게 해설하여 준다.

> 그러한 사람은 하늘의 도를 밝혀서 백성의 일을 살피고 『주역』의 법칙에 좇아 만백성을 인도한다. 성인도 이런 생각을 가지고 몸과 마음을 깨끗이 하여 자신의 덕을 신성하고 밝게 한다.[185]

특히 여기에서 주목되는 것이 '재계(齋戒)'이다. 이를 통해 인간은 비로소 자신의 덕성이 신성의 차원으로 전환되는 것을 경험할 수 있기 때문이다. 그렇다고 본다면 '명덕을 주체적으로 자각하고 밝히는' 방법론으로 제시된 '재계'는 감통 문제에 있어서도 중요한 개념이고 또한 그것은 인간이 선천적으로 부여받은 본래성을 회복하여 천인합일의 경지를 성취하는 데 있어서 근원적이고 결정적인 동기가 된다고 추론할 수 있다.

이때 재계는 주자의 해석처럼 경(敬)과 성(誠)의 정신으로 나아가는 열쇠에 해당된다.[186] 호병문(胡炳文)도 이를 "성인은 이것으로써 재계하는 것이니, 이 마음이 지극히 경건하면 리(理)의 작용이 행하여진다"[187]라고 하여 경(敬)으로 해석한 바 있다. 이와 같은 해석은 왕부지(王夫之)

---

184) 來知德, 『易經來註圖解』, 권13, 繫辭上, 第十一章. "洗心者, 心之本然."

185) 『周易』, 繫辭上, 第十一章. "是以明於天之道, 而察於民之故, 是與神物以前民用, 聖人以此齋戒, 以神明其德夫."

186) 『備旨具解原本周易』, 繫辭上, 第十一章, 小註, 1055쪽. "齋戒敬也, 聖人无一時一事不敬, 此特因卜筮而言, 尤見其精誠之至, 如孔子所愼齋戰疾之意."

187) 같은 책, 小註, 1056쪽. "聖人以此齋戒者此心至敬而理之用行也."

에게서도 발견된다. 그 역시 재계는 궁극적으로 성(誠)에 일치한다고 생각하였는데, 이때의 성(誠)은 신명과 통할 수 있는 인간의 마음을 의미한다.[188)]

그런데 이미 살펴본 바처럼 『중용』은 성(誠)을 "안과 밖을 하나로 합치게 하는 도[合內外之道]"[189)]로 보고, 그것을 주관과 객관을 합일시키는 매개자로 긍정한다. 뿐만 아니라 사람은 성(誠)을 통해서만 사람다운 사람이 될 수 있고, 또한 천지의 화육을 조성하고 천지만물과 능히 함께 어울려 나아갈 수 있다고 믿었다. 이러한 통찰을 바탕으로 하여 『중용』에서는 "지극한 성실함은 신과 같다[至誠如神]"[190)]고 하면서 인간이 신성(神性)을 회복할 수 있는 유일한 근거로 '성지(誠之)' 즉 지성(至誠)을 강조하였던 것이다.

지성이란 다름 아닌 철저한 자기 순화 과정이다. 여기에서 정신과 물질, 주관과 객관, 인식하는 자와 인식되는 자의 이원성이 근본적으로 용해되고, 따라서 "하늘·땅과 더불어 그 덕을 합하며, 해·달과 더불어 그 밝음을 합하며 춘하추동 사시와 그 순서를 합하며 귀신과 더불어 그 길흉을 합한다"[191)]는 무사(無私)와 절대 자유의 경지가 이루어진다. 이것을 일러 감통의 세계, 또는 "천하의 뜻을 통함이요, 천하의 업을 정함이며, 천하의 의혹을 결단함이다"[192)]라고 하는 것이다. 이는 물론 언어로써 언표할 수 없고 심려(心慮)로써 표상할 수 없는 세계이다.[193)] 그것

---

188) 王夫之, 『周易內傳』, 卷五. "戒之誠, 神明之通也. …… 以誠迓神, 誠者人之心, 神者天地之道." 참조.

189) 『中庸』, 第二十五章. "誠者非自成己而已也, 所以成物也, 成己仁也, 成物知也, 性之德也, 合內外之道也, 故時措之宜也."

190) 『中庸』, 第二十四章.

191) 『周易』, 乾卦 文言傳. "與天地合其德, 與日月合其明, 與四時合其序, 與鬼神合其吉凶."

192) 『周易』, 繫辭上, 第十一章. "聖人以通天下之志, 以定天下之業, 以斷天下之疑."

193) 이를 神秘的 體驗이라는 말로 표현해 볼 수도 있을 것 같다. 신비적 체험의 특징은 "이상한 '표시'나 오묘한 '말'에 있는 것이 아니라 모든 표현이 부적당하다고 느껴지는 사실

은 일체의 차별 대립이 끊어지고 호오(好惡) 존비(尊卑)가 없이 천지 만물과 인심이 여실(如實)하게 교감하는 감통의 세계인 것이다.

> 하늘과 땅이 감응하니 만물이 화생하고 성인이 사람의 마음을 감동시켜 천하가 평화롭다. 이렇듯 감응하는 바를 관찰하면 천지만물의 실정을 볼 수 있다.194)

> 가는 것은 굽히는 것이요 오는 것은 펴는 것이다. 굽히고 펴는 것이 서로 감응하여 모든 유익한 현상들이 생기는 것이다.195)

> 변통은 이로움에 따라 드러나고 길과 흉은 사정에 따라 바뀐다. 이로써 사랑과 미움이 서로 부딪쳐서 길과 흉이 생긴다. 먼 데 있는 것과 가까운 데 있는 것이 서로 취하려고 하다가 뉘우침과 인색함을 만들어 내고, 참과 거짓이 서로 감응해서 이(利)와 해(害)가 생긴다.196)

여기에서 보는 바와 같이 천지만물의 화생(化生)은 물론 인간 사회의 성립과 발전, 심지어 인간의 온갖 사소한 행동에 이르기까지 다 감통현상에서 비롯된 것이고, 감통현상이 아닌 것이 없다. 그렇게 볼 때 천명의 자각은 감통을 떠나서는 불가능한 일이며, 감통은 또한 인간이 천명의 자각을 가능케 하는 구극의 근거라는 논리가 성립한다.

을 정확히 표현해 주는 데 있으며", 그 본질은 "不可言(not-said)"이기 때문이다. 한정관, 「神秘的 體驗과 그 표현에 대한 고찰」, 『신학과 사상』, 제1호, 가톨릭대학 출판부, 1989, 42쪽 참조.

194) 『周易』, 下經, 咸卦彖辭. "天地感而萬物化生, 聖人感人心天下和平, 觀其所感而天地萬物之精, 可見矣."

195) 『周易』, 繫辭下, 第五章. "往者屈也, 來者信也, 屈信相感而利生焉."

196) 『周易』, 繫辭下, 第十二章. "變動以利言, 吉凶以情遷, 是故愛惡相攻而吉凶生, 遠近相取而悔吝生, 情僞相感而利害生."

앞에서 살핀 바처럼 궁리가 존재사물의 본래적인 근거와 그 원리를 궁구하여 근원적인 일리(一理)에서는 모두 하나임을 밝혀내고 거기에 도덕적 의의를 부여하는 일이라면, 진성은 하늘이 품부한 인간 본유의 지선지인(至善至仁)한 자성(自性)을 완전히 발현함으로써 종극에는 이를 통하여 천지화육에 동참하는 완벽한 자아실현의 길이라고 하겠다. 그리고 "정신적 생명의 점층적인 확대를 의미하는"[197] 감통은 궁리, 진성하여 명에 안주함으로써 "인성과 천명의 이치에 순종함이다."[198] 이것은 합리적 사유를 바탕으로 하는 기성적인 인식 활동을 일체 배제하고, 주체의 내적 심화를 통하여 존재의 항구적 실상과 그 원리를 직관하는 것이다. 그래서 왕부지도 '감통'을 풀이하면서 "이것은 지극히 정미하여 한 이치의 혼연한 데에 포괄되며, 감응을 따라 반드시 통하게 된다. 지모와 계략이 측량할 수 있는 바가 아니요, 오직 천하의 지극한 신묘함만이 함께할 수 있는 것이다"라고 말하였던 것으로 보인다.[199] 따라서 감통은 "천지를 본받아"[200] 낙천지명(樂天知命)하며 천지와 그 덕을 함께하는 것을 의미한다고 볼 수 있다.[201]

이상에서 우리는 천명의 주체적 자각은 궁리, 진성, 감통을 통한 존재의 근원적 파악으로써만 가능한 것이라는 확신을 얻게 되었다. 인간사 어느 것이나 천명 아닌 것이 없다. 모든 것은 오직 천명일 뿐이다. 다만 여기에서 문제가 되는 것이 있다면, '지금 바로 여기' 우리 앞에 주어져 있는 '현실상황'으로서의 천명에 대하여 갖는 우리의 인식과 이해의 방

---

197) 牟宗三, 『中國哲學的特質』, 30쪽.

198) 『周易』, 說卦傳, 第二章. "將以順性命之理."

199) 船山全書編輯委員會編校, 『船山全書』 제1책, 長沙: 嶽麓書社, 1988, 555쪽. "此則至精微, 而括之於一理之渾然, 以隨感必通, 非智計之所能測, 惟天下之至神, 乃能與也."

200) 『周易』, 繫辭上, 第十一章. "是故天生神物, 聖人則之, 天地變化, 聖人効之, 天垂象見吉凶, 聖人象之." 참조.

201) 같은 책, 繫辭上, 第四章. "樂天知命, 故不憂, 安土敦乎仁, 故能愛." 참조.

식 및 그 태도이다. 종래의 많은 학자들이 유가의 천명을 이미 고정되고 결정되어 버린 속성으로, 현상계의 배후에 존재하고 있는 형이상학적 실체관념으로만 이해하였음은 잘 알려진 사실이다.202) 하나의 '현실상황'으로 '지금 바로 여기' 우리 앞에 주어져 있는 그 명을 우리가 어떻게 자각하고 해석하느냐에 따라서 운명으로도 또는 사명으로도 나타날 수 있는 것이다. 따라서 우리에게는 오직 끊임없는 자아의 내적 성찰과 진실무망하게 순화된 지성(至誠)을 통해 "하늘이 부여한 것을 온전히 보존하고, 인위적으로 그것을 해치지 않도록"203) 책임 있는 선택과 결단을 감행해야 할 것이다. 맹자의 다음 말을 통해서 이 점을 분명하게 확인할 수 있다.

> 천명 아닌 것이 없다. 단지 순리대로 행하여 그 정명(正命)을 받아들여야 한다. 그러므로 천명을 아는 사람은 위험한 돌담 아래에 서지 않는다. 자기의 도리를 다하고 죽는 것이 정명이다. 죄를 지어 죽는 것은 정명이 아니다.204)

여기서 맹자가 강조한 "순리대로 행하여 그 정명을 받아들임[順受其正]"이란 말은 천명을 한갓 운명으로 돌리는 비굴 용렬한 태도를 가리키는 것이 아니다. 그것은 이미 우리에게 주어진 한계상황을 외면하거나 기피하지 않고 능동적·주체적인 의지로 그것을 수용함으로써 자기의 참된 사명을 찾아 실천궁행하는 진정 성실한 자세를 나타낸 것이다. 따

---

202) 이 점에 관련하여 다음과 같은 朱子의 말을 눈여겨 볼 만하다. "물었다. 命이란 무엇입니까? 주자가 답했다. 애초에 태어날 때 부여받은 기품은 일정하여 바꿀 수 없는 것이다." 김동인 외 옮김, 『세주완역논어집주대전2』, 한울, 2010, 70쪽.

203) 『孟子』, 盡心章句上, 朱子註. "立命, 謂全其天之所付, 不以人爲害之."

204) 『孟子』, 盡心章句上. "孟子曰, 莫非命也, 順受其正, 是故知命者, 不立乎巖牆之下, 盡其道而死者, 正命也, 桎梏死者, 非正命也."

라서 '지명(知命)'은 지금 여기 우리 앞에 주어진 '현실상황'을 내적으로 심화시키고, 그것을 주체적으로 자각하여 사명으로 전환시키는 일이라고 말할 수 있다. 이것이 바로 정명(正命)인 것이다. 이러한 천명은 궁리, 진성, 감통을 통하여 주체적으로 자각되는 것이다.

요컨대 유가의 천명은 결코 자아의 외적인 명수(命數)의 길고 짧음이나 화복(禍福) · 이달(利達) 등과 같은 운명적인 필연성이나 우연성이 아니라, 그것을 가치의식에 있어서 능동적으로 전환시키는 본래적인 자아완성의 의지 내지 천도구현(天道具現)의 성실성 및 사명의 뜻을 지닌다. 천명의 주체적 자각, 그리고 그 사명 수행의 출발은 자아완성을 통한 천명의 도덕적 실현과 정치적 구현에서부터 시작된다.

V. 천명(天命)의 구현

천명(天命)은 대상적으로 사유되거나 고정된 형식에 의해서 포착될 수 있는 지식이 아니다. 다시 말하면 인간의 합리적인 인식 활동에 의하여 객관적으로 근거를 댈 수 없는 인간 본래의 존재원리이며, 인간의 실존적 존재방식이다. 천의(天意)는 인간에 의하여 현실에 구현되고, 인간은 또한 천도를 현세에 체현함으로써 천지의 화육에 능동적으로 참여할 수 있는 도덕적, 인격적 주체이다. 사람이 참으로 사람된 까닭은 인간 본래의 내재적 도덕성·사회성에 있는 것이고, 또한 사람이 사람답게 사는 길은 바로 자기의 본래적인 덕성을 남김없이 발휘하여 이를 윤리적으로 구현하는 데 있는 것이다. 따라서 본장에서는 이와 같은 천명이 어떻게 도덕적으로 현실에 구현되는지를 충효(忠孝)와 충서(忠恕) 및 혈구지도(絜矩之道)를 중심으로 살펴보고자 한다.

1. 천명(天命)의 도덕적 실현

인간의 심성에 내재한 존재원리로서의 덕성은 선천적이고 선험적인 것이며, 인간이라면 누구나 공통적으로 구유하고 있는 것이다. 『중용』에 "하늘이 사람에게 명해준 것을 성(性)이라 하고, 성에 따르는 것을 도(道)라 하며, 그 도를 닦는 것을 교(敎)라고 한다"[1]라고 한 말이나, 맹자가 「고자장구상」에서 "인의예지는 밖으로부터 나를 녹여 들어온 것이 아니라 내가 본래 가지고 있는 것이다"[2]라고 한 단언은 이를 입증하는 좋은 전거가 된다. 그러므로 인간은 천명을 자각할 때 인간으로서 자기의 본래적 사명을 다할 수 있으며, 또한 그것은 인간의 당위적 실천원리로 구체화되는 것이다. 천명자각의 최후목표는 인간의 도덕적 완성과 인간다운 삶의 실현이다.

그러면 인간 자신의 내재적 덕성에 근거한 유가윤리의 가장 기본이 되는 실천요목은 무엇인가. 『논어』에 의하면 효(孝)와 제(悌)는 사람다운 행실을 하는 데 있어서 가장 기본이 되는 덕목이다.

> 유자(有子)가 말했다. 그 사람됨이 부모에게 효도하고 어른을 공경하면서도 윗사람을 범하기 좋아하는 사람은 드물다. 윗사람을 범하기 좋아하지 않으면서도 난리를 일으키는 것을 좋아하는 사람은 있을 수가 없다. 군자는 근본에 대하여 힘써야만 하는 것이니, 근본이 서야만 올바른 도가 생겨난다. 부모에게 효도하고 어른을 공경하는 것이 인을 이룩하는 근본일 것이다.[3]

---

1) 『中庸』, 第一章. "天命之謂性, 率性之謂道, 修道之謂敎."
2) 『孟子』, 告子章句上. "仁義禮智, 非由外鑠我也."
3) 『論語』, 學而. "有子曰, 其爲人也孝弟, 而好犯上者, 鮮矣. 不好犯上, 而好作亂者, 未之有也. 君子務本, 本立而道生. 孝弟也者, 其爲仁之本與."

이와 같은 생각은 맹자에게서도 그대로 발견된다.

> 인(仁)의 주요 내용은 어버이를 섬기는 것이고, 의(義)의 주요내용은 형을 따르는 것이다. 지(智)의 주요 내용은 이 두 가지를 알고서 거기서 벗어나지 않는 것이다. 예(禮)의 주요 내용은 이 두 가지를 알맞게 조절하고 수식하는 것이다.[4]

위에서 보이듯이 맹자는 사덕의 실천 문제에 있어서 가장 근본이 되는 덕목으로 인의(仁義)를 꼽았다. 그는 인을 실천하는 핵심으로서 사친(事親), 즉 효와, 의를 실천하는 단초로서 종형(從兄), 즉 제(悌)를 들었다.

효는 인한 마음씨와 태도로 어버이를 섬기는 것을 말하고, 제는 인한 마음씨와 태도로 형을 따르는 것을 의미한다. 물론 사친이니 종형이니 하는 말은 경우에 따라서는 '친친(親親), 애친(愛親) 및 경형(敬兄), 경장(敬長) 내지 존현(尊賢)' 등으로 표현되기도 한다. 아래에 두 가지 예를 들어 본다.

> 인은 사람의 도리이니 어버이를 친애함이 크고, 의는 마땅함이니 어진 사람을 존경하는 일이 크다. 친족(親族)에 대한 친애의 차별과 어진 사람을 존경하는 데 있어서의 등차(等差)가 예가 발생하는 근거인 것이다.[5]

---

4) 『孟子』, 離婁章句上. "仁之實, 事親是也, 義之實, 從兄是也, 智之實, 知斯二者弗去是也, 禮之實, 節文斯二者是也."

5) 『中庸』, 第二十章. "仁者人也, 親親爲大, 義者宜也, 尊賢爲大. 親親之殺, 尊賢之等, 禮所生也."

두세 살의 어린아이라도 자기 어버이를 사랑할 줄 알고, 장성하게 되면 자기 형을 공경할 줄 안다. 어버이를 친애함이 인이요, 어른을 공경함이 의이다. 다름이 아니라 이 두 가지가 천하를 통달하는 원리이다.[6)]

인(仁)과 의(義)는 온 천하 사람들에게 다 같이 통용되는 존재원리요 당위법칙이다.

그러나 조기(趙岐)도 "인의의 근본은 효제에 있다. 효제의 지극한 것은 신명에 통하니 하물며 가무(歌舞)에 있으랴. 스스로 알지 못하는 것은 중심에 있는 것이 밖에 나타나는 것이다"[7)]라고 한 바와 같이 그 핵심은 효·제에 있는 것이다. 이처럼 맹자만큼 효·제를 중시한 사람은 드물 것이다. 이는 그가 인간의 모든 덕행의 근본이 효·제에 있다고 확신하였고, "도덕의지의 선천성과 도덕규범에 대한 도덕의지의 자율성을 긍정"[8)]하였기 때문일 것이다. 그가 "사람이 배우지 않고서도 능할 수 있는 것은 양능(良能)이고, 생각하지 않아도 아는 것은 양지(良知)이다. 두세 살의 어린아이라도 자기 어버이를 사랑할 줄 알고, 장성하게 되면 자기 형을 공경할 줄 안다"[9)]라고 함으로써 효제의 선천성과 자율성을 강조한 데에서도 이 점은 특히 선명하게 나타난다.

맹자의 논리에 의하면 어린이가 가정에서 어버이를 사랑하고 형을 공경하는 도리를 알고 행하는 것은 배우지 않고서도 할 수 있고, 생각하지

6) 『孟子』, 盡心章句上. "孩提之童, 無不知愛其親也, 及其長也, 無不知敬其兄也, 親親仁也, 敬長義也, 無也, 達之天下也."

7) 『漢文大系』 1: 孟子, 離婁章句上, 趙注章指. "仁義之本, 在於孝悌, 孝悌之至, 通於神明, 況於歌舞不能自知, 蓋有諸中, 形諸外也."

8) 王邦雄, 『孟子哲學』, 58쪽.

9) 『孟子』, 盡心章句上. "人之所不學而能者, 其良能也, 所不慮而知者, 其良知也, 孩提之童, 無不知其親也, 及其長也, 無不知敬其兄也, 敬長義也, 無他, 達之天下也."

않고서도 알 수 있는 인간본유의 천부적인 도덕성이다. 그것은 후천적인 학습이나 경험을 통하여 얻어지는 능력과 지식이 결코 아니다. 따라서 도의사회(道義社會) 건설의 지름길은 "본심의 인(仁)과 본심의 의(義)인 양지와 양능의 작용을 천하의 모든 사람에게 확충하여 적용시키는 데 있다."[10] 맹자가 양혜왕(梁惠王)에게 왕도정치의 요체를 설명하면서 민생경제의 진흥정책과 아울러 효제충신(孝悌忠信)을 바탕으로 하는 도의교육(道義教育)의 중요성을 무엇보다 강조하면서 "학교의 교육을 엄격하게 실시하여 효성과 우애의 도리를 반복해서 가르친다면 반백의 노인이 등에 짐을 지거나 머리에 짐을 이고 길을 다니지 않게 될 것이다. 칠십대 노인들이 비단옷을 입고 고기를 먹으며 일반 백성들이 굶주리거나 헐벗지 않게 되고서도 천하에 왕 노릇을 하지 못한 사람은 지금까지 있어 본 일이 없다"[11]라고 말한 것은 이러한 맥락에서 이해되어야 한다.

그런데 여기서 한 가지 유의할 것은 '효제·충신'의 성격에 대한 맹자의 규정 방식이 매우 교화론적이며 초공리주의적이라는 점이다.[12] 그의 이와 같은 논법은 부모에 대한 효도와 형이나 윗사람들에 대한 공손을 무엇보다 중시하는 공자적 관점을 충실하게 계승한 결과였다. 이는 그가 공자와 마찬가지로 인간관계에 있어 부모와 자식 또는 형과 아우의 관계가 사회질서의 가장 기본이 된다고 생각했기 때문이다.

> 공자께서 말씀하셨다. "젊은이들은 집안에 들어와서는 부모에게 효도를 다하고, 밖에 나가서는 윗사람을 공경하며, 근신하고 신의를 지키며, 널리 사람들을 사랑하고 어진 자[仁者]를 가까이 하여야 한다. 이렇

---

10) 王邦雄, 『孟子哲學』, 258쪽.

11) 『孟子』, 梁惠王章句上. "謹庠序之教, 申之以孝悌之義, 頒白者, 不負戴於道路矣. 老者衣帛食肉, 黎民不飢不寒, 然而不王者, 未之有也."

12) 朱伯崑, 『중국고대윤리학』, 7쪽 참조.

게 행하고 남는 힘이 있으면 곧 책을 배우는 것이다."[13]

> 자하가 말하였다. 호색하는 마음을 바꾸어 어진 사람을 어질게 여기며, 부모를 섬기되 제 힘을 다할 줄 알며, 임금을 섬김에 자신의 몸을 바칠 줄 알며, 벗들과 사귐에 그의 말에 믿음이 있다면, 비록 그가 배우지 않았다 할지라도 나는 반드시 그를 공부한 사람이라고 말할 것이다.[14]

> 인은 사람의 도리이니 어버이를 친애함이 크고, 의는 마땅함이니 어진 사람을 존경하는 일이 크다.[15]

> 집 안에는 아버지와 아들이 있고, 집 밖에는 임금과 신하가 있다. 이것이 인륜 중에서 가장 큰 것이다. 부모 자식 간에는 자애를 위주로 하고, 군신 간에는 공경을 위주로 한다.[16]

이 대목에서 유가의 종지인 효·제 또는 충·효의 성격이 분명하게 드러난다. 즉 효제나 충효가 개인과 전체를 포용하는 도리이며, 조화로운 인간관계를 통한 인간 본래성 회복을 가능하게 하는 유일한 덕목이라는 것이다. 효는 사랑을 바탕으로 한 것으로서 인의 실천요목이고, 제는 공경을 바탕으로 한 것으로서 의의 실천요목이다. 이와 같은 성격을 함유하고 있는 효제가 혈연중심의 가족 관계에 있어서는 애친(愛親)·경장(敬長)으로 나타나고, 다시 이것이 의리(義理) 중심의 사회적 관계

---

13) 『論語』, 學而. "子曰, 弟子入則孝, 出則弟, 謹而信, 汎愛衆而親仁, 行有餘力, 則以學問."

14) 같은 책. "子夏曰, 賢賢易色, 事父母能竭其力, 事君能致其身, 與朋友交, 言而有信, 雖曰未學, 吾必謂之學矣."

15) 『中庸』, 第二十章. "仁者人也, 親親爲大, 義者宜也, 尊賢爲大."

16) 『孟子』, 公孫丑章句下. "內則父子, 外則君臣, 人之大倫也, 父子主恩, 君臣主敬."

에 있어서는 애중경장(愛衆敬長) 내지 존현사군(尊賢事君)으로 확충되어 나타난다. 이때 이루어지는 것이 바로 효와 더불어 충(忠)이다.

다음의 자료는 여기에 많은 참고가 된다.

> 공자께서 말씀하셨다. 군자는 어버이를 지극한 효로 섬기기 때문에 충을 임금에게 옮기어 행할 수가 있고, 형을 공경하여 섬기기 때문에 그 순종을 웃어른에게 옮기어 행할 수가 있다. 또한 평소에 집안을 잘 관리하기 때문에 그 관리능력을 관(官)으로 옮기어 행할 수가 있다. 그래서 그의 행실이 안에서 이루어지고, 이름이 후세에까지 바로 서게 되는 것이다.[17]

유가 인본윤리(人本倫理)에 있어서 인·의에 근거한 애경지심(愛敬之心)의 발현인 효와 충은 인간 생활의 내적 기반인 가족윤리와 외적 기반인 사회윤리의 근간을 이룬다. 그렇다면 우리는 충과 효는 사람이 사람다운 생활, 즉 윤리생활에 있어서 결코 어느 한 쪽도 빠뜨리거나 가볍게 다룰 수 없는, 인간만이 가진 탁월성으로서의 '인'을 실천하는 데 있어서 가장 근본이 되는 덕목으로 추론할 수 있다.[18] 그것은 개체 중심으로부터 나아가 전체의 조화를 가져오는 가장 적절한 방법이자 개인과 전체를 포용하고 조화시키는 원리이기 때문이다.[19]

주지하다시피 인은 모든 덕의 근본이자 덕목의 총칭이고, 사람이 짐승과 구분되는 종차(種差)가 되는 것이며, 따라서 사람다움을 이루는 근거가 된다.[20] 그래서 공자는 사람에게 인이 없다면 예와 악 같은 사회

---

17) 『孝經大義』, 傳十一章. "子曰君子之事親孝, 故忠可移於君, 事兄悌, 故順可移於長, 居家理, 故治可移於官, 是以行成於內, 而名立於後世矣."

18) 申東浩, 「先秦儒學에 있어서의 人本思想의 展開」 72쪽 참조.

19) 金忠烈, 『유가윤리강의』, 예문서원, 1994, 47~53쪽 참조.

규범도 의미가 없고 공허할 뿐이라고 하면서,[21] "군자가 인을 버리면 어떻게 군자라는 이름을 이루리요? 군자는 밥 먹는 동안이라도 인을 어기지 않고, 아무리 황급한 때라도 반드시 그것을 지키며, 아무리 어려운 상황에도 반드시 인과 함께한다"[22]라고 말하지 않을 수 없었던 것이다.

인(仁)자는 인(人)과 이(二)의 회의문자(會意文字)이다. 글자의 형태로 보아 인은 두 사람[나와 너] 사이에 있어야 할 어떤 원리를 의미한다. 두 사람 사이에 있어야 할 어떤 원리, 그것은 인간 일반에 통하는 원리라고도 할 수 있다. 인간관계는 결국 두 사람의 관계, 즉 나와 다른 사람과의 관계로 집약될 수 있기 때문이다. 그러므로 인은 두 사람 사이에 있어야 할 원리인 동시에 인간 사회 전반에 있어야 할 원리이기도 하다. 그러면 인간 사회의 원리인 인은 사회적으로 어떻게 구현되는가? 여기에서 '충서(忠恕)'의 문제가 제기된다.

공자는 여러 가지 덕을 거론하면서도 자신의 도는 오직 '일관(一貫)되어 있음'을 분명히 밝혔다. "삼아! 나의 도는 하나로 관통되어 있다."[23] 이 '일이관지(一以貫之)'의 도에 대해, 증자(曾子)는 그것이 다름 아닌 '충서'라고 이해하고 해석했다. 그리고 공자는 말하기를 "사야! 너는 내가 많이 배워서 그것들을 모두 외고 있는 사람이라고 생각하느냐?" 대답하기를 "그렇습니다. 그렇지 않습니까?" "그렇지 않다. 나는 한 가지 도로써 모든 것을 관통하고 있을 뿐이다"[24]라고도 했다.

또한 자공(子貢)이 공자에게 "한마디 말로써 평생 동안 그것을 실천할

---

20) 『中庸』, 第二十章. "仁者, 人也"와 같은 책, 二十五章. "成己, 仁也." 참조.
21) 『論語』, 八佾. "人而不仁, 如禮何, 人而不仁, 如樂何."
22) 『論語』, 里仁. "君子去仁, 惡乎成名,. 君子無終食之間違仁, 造次必於是, 顚沛必於是."
23) 같은 책, 里仁. "參乎, 吾道一以貫之, …… 曾子曰, 夫子之道, 忠恕而已矣."
24) 같은 책, 衛靈公. "子曰賜也, 女以予爲多學而識之者與, 對曰然, 非與, 曰非也, 予一以貫之."

만한 것이 있습니까?" 하고 물었을 때, 공자는 그것을 '서(恕)'라고 대답했다.[25] 여기서 평생토록 지키고 행할 수 있는 '한마디 말'이라면, 우리는 그것을 일관(一貫)과 상통된 의미라고 해석해도 좋을 것이다. 이때 '하나로 꿰뚫은' 도는 물론 의지의 순화를 가리키며, 그것은 인과 상응하는 개념이다.[26] 이를 통해 우리는 충서가 공자사상의 전체를 묶고 대표할 수 있는 가장 핵심이 되는 개념임을 쉽게 짐작할 수 있다.

충서는 효제와 함께 '인'을 둘러싸고 있는 양대 산맥을 이루고 있는 개념이다. 효제가 인의 실천에 속하는 개념이라면 충서는 인을 향하여 추구해 가는 방법에 속하는 개념이다.[27] 그러면 여기서 말하는 '충서'란 무엇인가?

'충(忠)'은 중심(中心)을 뜻한다. 중심은 그 마음을 하나로 하는 것이며, 진심(眞心)이며, 지극히 공평하고 무사한 마음이다.[28] 양량(楊倞)은 이를 '성(誠)'[29]으로 풀이하였고, 주자 역시 "자기를 다하는 것[盡己], 중심 혹은 천도(天道)"[30]로 주석하였던 것이다. 이러한 '진기(盡己)'에는 ① 자기의 모든 가능성을 빠뜨림 없이 실현하는 것[成己], ② 진실하고 거짓 없는 마음씨와 태도[誠], ③ 자기의 책임을 다하는 것 등의 뜻이 내포되어 있다.[31]

'서(恕)'가 공자의 윤리도덕사상 가운데 중요한 덕목으로 등장하게 된 유래는 공자 자신이 '나의 도는 하나로 관통되어 있다[吾道一以貫之]'라 했을 때 증자가 이를 '충서'로 파악한 데서 비롯되었다. 서는 여심(如心)

---

25) 같은 책, "子貢問曰, 有一言而可以終身行之者乎, 子曰, 其恕乎."
26) 勞思光, 앞의 책, 131쪽 참조.
27) 李康洙 외, 『중국철학개론』, 한국방송통신대학, 1986, 18쪽 참조.
28) 馬融, 『忠經』, 天地神明. "忠者, 中也至公無私, …… 一其心之謂矣."
29) 『荀子』, 禮論, 楊倞注. "忠, 誠也."
30) 『論語』, 里仁, 忠恕條에 대한 朱子註. "盡己之謂忠, 或曰中心爲忠, 忠者, 天道."
31) 李康洙 외, 위의 책, 19쪽 참조.

으로서 자신의 마음과 같이 다른 사람의 마음을 이해하고 알아주는 것을 뜻한다. 사람을 사람으로 대하는 도리로서의 서는 남을 용서하는 마음이자 다른 사람에게 나를 바치는 하나의 노력이다. 그런 점에서 가의(賈誼)가 "자기로써 남을 헤아리는 것을 서라고 한다"[32]고 한 말이나, 정자(程子)가 서를 가리켜 "자신으로써 사물에 미치는 것이 인이고, 자신을 미루어 사물에 미치는 것은 서이다"[33]라고 한 말은 매우 유의할 만하다. 내가 다른 사람을 알고 이해하는 것은 나의 마음을 '마음 그대로' 미루어서 이해하는 것이다. 그래서 맹자는 "자신의 마음을 미루어 남에게 미치기를 힘써 행하면 인을 구하는 데 이보다 더 가까운 길은 없다"[34]라고도 말했고, 주자는 인도로서 자기를 미루어 남에게 미치는 것을 서라고 해석하였던 것이다.[35] 이것은 천지가 만물을 낳는[生] 마음[心]을 있는 그대로[如如] 탐구하고 본받는 것이 바로 서라는 사실을 전제로 한 것이다.[36] 순자(荀子)가 「비상편(非相篇)」에서 "성인은 어째서 속일 수 없는가? 성인이란 자기의 지능으로 헤아리는 사람이다. 사람을 사람으로 헤아리며, 인정으로 인정을 헤아리고, 유(類)를 미루어 유(類)를 헤아리며 …… 도로써 모조리 다 꿰뚫어본다"[37]라고 말한 것도 이 때문이다.

이렇게 볼 때, 서는 다만 '인을 행한다'라는 의미로서,[38] 자아를 미루어 피아(彼我)의 구별을 없애고 만물일체를 통찰하는 근본인정(根本人情)으로 사람을 대한다는 의미이다.

---

32) 賈誼, 『新書』, 卷8, 道術. "以己量人謂之恕."
33) 『論語』, 里仁, 忠恕條에 대한 程子註. "以己及物, 仁也, 推己及物, 恕也."
34) 『孟子』, 盡心章句上. "强恕而行, 求仁莫近焉."
35) 『論語』, 里仁, 忠恕條에 대한 朱子註. "推己之謂恕, 或曰 如心爲恕, 恕者, 人道."
36) 方東美, 『中國人의 生哲學』, 132쪽 참조.
37) 『荀子』, 非相篇, 第五章. "聖人可以不欺, 曰聖人者以己度者也. 故以人度人, 以情度情, 以類度類, …… 以道觀盡."
38) 段玉裁, 『說文解字注』, 台北: 黎明文化事業公司, 1984, 508註. "爲仁不外於恕, 析言之則有別, 渾言之則不別也, 仁者親也."

공자는 이 문제를 다음과 같이 말했다.

> 자공이 물었다. 한마디 말로써 평생 동안 그것을 실천할 만한 것이 있습니까? 공자가 말씀하셨다. 아마도 서(恕)가 아닐까? 자신이 원치 않는 일을 다른 사람에게 억지로 시키지 말아야 한다.[39)]

공자가 평생토록 행할 만한 덕으로 가르쳤다는 뜻의 서는 사람의 마음은 모두 공통적이라는 사실, 즉 내가 좋아하는 것이면 다른 사람도 좋아하고, 내가 싫어하는 것이면 다른 사람도 싫어한다는 자연적 정감의 유로(流露)에 그 뿌리를 두고 있다. 그런 면에서도 "공자사상의 특징은 순수정감에다 윤리적 바탕을 둔 데 있으며",[40)] "공자는 일상생활에 있어서 인간의 정의적(情意的) 요소를 포함하여 모든 능력을 건전하고 풍부하게 발휘함을 중요시하였다"[41)]라는 평가는 유효하다. 이때 충과 서는 대립적인 것이 아니라 상보관계의 조화 개념이며, 인의 도를 달성하는 데 필요한 두 날개와 같은 일관된 개념이다.

충과 서는 비록 다른 덕목이지만 인을 지향한다는 점에서는 하나이다. 충은 서를 행하게 하는 원인이고, 서는 충에 근본을 두고 있기 때문이다.[42)] 그래서 자기 충실(忠實)을 다하는 자만이 비로소 너그러워질 수 있고, 너그러운 자만이 비로소 자기 자신에게 충실할 수 있다고 하는 것이다.[43)] 이를 체용(體用)관계에서 말한다면 충은 체요, 서는 용이다.[44)]

---

39) 『論語』, 衛靈公. "子貢問曰, 有一言而可以終身行之者乎, 子曰, 其恕乎, 己所不欲, 勿施於人."

40) 金忠烈, 『중국철학산고II』, 온누리, 1988, 178쪽.

41) 이동준, 『유교의 인도주의와 한국사상』, 한울아카데미, 1997, 102~103쪽.

42) 『論語』, 里仁, 忠恕條에 대한 雙峯饒氏注. "亦猶忠之所以爲恕, 而恕之本乎忠也."

43) 張其昀, 『孔子學說의 現代的 意義』, 110쪽.

44) 柳承國, 『東洋哲學硏究』, 116쪽 참조.

그러므로 충서를 실행한다는 것은 곧 인의 실행을 뜻하는 것이다.

> 충과 서는 도에서 멀리 떨어져 있지 않다. 자기에게 베풀어짐을 바라지 않는 것을 또한 남에게도 베풀지 말아야 한다.[45]

> 중궁이 인에 대하여 물었다. 공자께서 말씀하셨다. 집 문을 나가서는 큰 손님을 대하듯이 행동하고, 백성을 부릴 때에는 큰 제사를 받들듯이 할 것이며, 자신이 원치 않는 일은 남에게 베풀지 말아야 한다. 그렇게 하면 나라 안에서도 원망하는 이 없고, 집에서도 원망하는 이가 없을 것이다.[46]

인과 충서는 같은 내용이며, '자신이 원치 않는 일을 남에게 베풀지 않는 것[己所不欲, 勿施於人]'은 또한 그 구체적 표현이자 지표이다. 공자에 의하면 서(恕) 또는 충서는 인간본성의 원리에 충실하고 자기의 처신이 이욕(利慾)에 지배되지 않아 그것을 다른 사람에게 미루어 거짓 없이 행하는 것이며, 이와 함께 남을 대할 때는 남을 나와 똑같이 생각하여 남을 침해하면서까지 자신의 이익을 추구하지 않음을 뜻한다.[47] 다시 말해서 충서란 자아중심, 자아완성을 통한 "타재(他在)를 긍정하고, 자(自)와 타(他)가 공감하며, 자신의 호오(好惡)를 기준해서 남의 호오를 헤아려 아는 것"[48] 등의 제 요소를 내포한, 인(仁)의 대도를 실천하는 구체적 방법이라는 것이다. 이렇게 볼 때 인은 사람으로 하여금 사람다

---

45) 『中庸』, 第十三章. "忠恕違道不遠, 施諸己而不願, 亦勿施於人."
46) 『論語』, 顔淵. "仲弓問仁, 子曰出門如見大賓, 使民如承大祭, 己所不欲, 勿施於人, 在邦無怨, 在家無怨."
47) 勞思光, 앞의 책, 133쪽 참조.
48) 金忠烈, 『中國哲學散稿 I』, 온누리, 1988, 90~91쪽 참조.

운 사람이 되도록 하는 가장 중요한 도덕의 근본이고, 인을 실천하여 덕을 완성하는 요점은 미루어 생각하는 충서보다 더 요긴한 것이 없음을 알 수 있다. 따라서 공자가 "인한 사람은 어려운 일은 남보다 먼저 하고 이득에는 남보다 뒤지는데, 그러면 인하다 할 것이다"[49]라고 한 말이나, 자공이 "저는 남에게서 당하기 싫은 일은 저도 남에게 하지 않으려고 합니다"[50]라고 말한 것, 그리고 『주역』 지산겸괘(地山謙卦) 단전(彖傳)의 "겸손은 존귀하게 빛이 있고 자신을 낮추지만 남이 업신여기지 못하는 덕이다. 그러므로 겸손한 도를 지키는 군자는 유종의 미를 거둘 수 있다"[51]라고 한 말은 모두 이런 문맥에서 이해되어야 할 것이다. 공자의 다음의 말이 이를 좀 더 명료하게 해준다.

> 자공이 말하였다. 만일 백성에게 널리 은혜를 베풀고 뭇사람들을 널리 구제할 수 있다면 어떻습니까? 인하다고 말할 수 있습니까? 공자께서 말씀하셨다. 어찌 인뿐이겠는가. 성스럽다고 해야 할 것이다. 요임금과 순임금도 그렇게 하기는 쉽지 않았을 것이다. 대체로 인자(仁者)는 자기가 서고 싶으면 남부터 서게 하고, 자기가 뜻을 이루고자 하면 남부터 뜻을 이루게 하는 것이다. 가까이 자기에게서 미루어 남에게까지 미치게 하는 것이 바로 인을 실천하는 방법이라 할 수 있다.[52]

이것이 이른바 공자 자신의 인을 실현하기 위한 방법론인 '충서'이다. 즉 자기의 본성에 비추어 다른 사람을 헤아려 알고 그것을 기준으로 삼

---

49) 『論語』, 雍也. "仁者先難而後獲, 可謂仁矣."

50) 『論語』, 公治長. "我不欲人之加諸我也, 吾亦欲無加諸人."

51) 『周易』, 謙卦, 彖傳. "謙, 尊而光, 卑而不可踰, 君子之終也."

52) 『論語』, 雍也. "子貢曰, 如有博施於民而能濟衆, 何如, 可謂仁乎, 子曰何事於仁, 必也聖乎, 堯舜 其有病諸, 夫仁者立而立人, 已欲達而達人, 能近取譬, 可謂仁之方也已."

아 다른 사람과 관계를 맺고 처사접물(處事接物)하는 '충서'의 방법이 바로 인을 실천하는 적극적인 측면이다. 나를 미루어 남을 이해하고 남을 용서하며 동시에 '나와 너'가 동등하게 소중하다는 사실을 깨닫고 그것을 실천함을 본질로 하는 까닭에 충서는 인덕(仁德)과 통한다. 공자의 "덕은 외롭지 않고 반드시 이웃이 있다"[53]라는 말이나, 인을 "사람을 사랑하는 것"[54]으로 정의한 것이 바로 그것이다. 이 점은 맹자가 「진심장구하」에서 "어진 사람은 그가 사랑하는 것으로써 그가 사랑하지 않는 것에까지 영향을 미친다"[55]라고 한 말에서도 발견된다. 그렇다면 "역사적 책임감인 동시에 주체적 능동성이고, 이상적 인격일 뿐만 아니라 개체의 행위에 속하는"[56] 인덕과 충서는 동전의 양면과 같은 것이라고 볼 수 있다.[57] 이 경우 '충서'는 자기의 마음을 미루어 남의 마음을 이해해주고 동정해주는 소위 '추기급인(推己及人)'을 의미한다.[58] 이런 의미에서 충서는 인을 실천하는 구체적인 방법이며, 그것은 타재의 넓은 세계를 적극적으로 자기화시키는 과정이라고 이해할 수 있다. 여기에는 "반드시 공손하고 신중하며, 구차스럽지 않고 참되고 미더우며 거짓됨이 없이 남을 자기처럼 생각하는 실천"[59]이 강조된다.

이와 같은 공자의 '충서지도(忠恕之道)'는 이른바 자기를 척도로 삼아 다른 사람을 헤아리고 동정하는 도리를 표현한 『대학』의 '혈구지도(絜矩之道)'와 정확하게 일치한다. 혈(絜)은 자로 잰다는 뜻이며, 구(矩)는 법도의 뜻으로 그것은 척도로써 형량하는 방법을 지칭한다. 물론 자나 척

53) 『論語』, 里仁. "德不孤, 必有鄰."
54) 『論語』, 顏淵. "樊遲問仁, 子曰愛人."
55) 『孟子』, 盡心章句下. "仁者以其所愛及其所不愛."
56) 李澤厚, 『中國古代思想史論』, 86쪽 참조.
57) 吳康, 『孔孟荀哲學(上冊)』, 台北: 商務印書館, 1982, 43쪽 참조.
58) 李相殷, 「中國哲學史」, 한국사상연구회 편저, 『韓國哲學史』, 법문사, 1974, 49쪽 참조.
59) 勞思光, 앞의 책, 89쪽 참조.

도란 인간의 가치판단의 척도 또는 그 기준을 의미한다.

> 윗사람이 내게 하는 일이 좋지 않다고 생각하면 그런 일을 내 아랫사람에게 시키지 말 것이며, 아랫사람이 내게 대해 하는 일이 좋지 않다고 생각하면 그런 일을 내 윗사람에게 하지 말아야 한다. 앞사람이 내게 대해 하는 일이 좋지 않다고 생각하면 그런 일을 내 뒷사람에게 하지 말 것이며, 뒷사람이 내게 대해 하는 일이 좋지 않다고 생각되면 그런 일을 내 앞사람에게 하지 말아야 한다. 오른쪽 사람이 내게 대해 하는 일이 좋지 않다고 생각하면 그런 일을 내 왼쪽 사람에게 하지 말 것이며, 왼쪽 사람이 내게 대해 하는 일이 좋지 않다고 생각하면, 그런 일을 내 오른쪽 사람에게 하지 말아야 한다. 이것이 이른바 잣대로 헤아리는 도리라는 것이다.[60]

이에 유의하여 위의 대목을 살필 때 '혈구지도'가 공자의 '충서'를 기초로 하고 있음을 알 수 있다. 혈구지도는 '기소불욕 물시어인(己所不欲, 勿施於人)'을 바탕으로 하는 것인바, 그 의의는 자기행위를 결정하는 혈구(絜矩: 尺度)를 자기 이외의 다른 무엇에 의해서가 아니라 바로 자신 속에서 그 근거를 찾아야 한다는 데 있다.[61] 또한 이 경우 충서의 도는 인(仁)의 도이다. 따라서 충서를 실행하는 일이 곧 인을 실행하는 일이 되는 것이다.

그리고 인의 실행은 다름 아닌 사회적 책임과 의무의 이행을 통해 구체화되고 현실화된다. 이처럼 사회성 및 가치적 기능을 강조할 때 충서는 자연히 의(義)와 같은 의의를 지닌 것으로 이해된다. 그렇게 볼 때

---

60) 『大學』, 第十章. "所惡於上, 毋以使下, 所惡於下, 毋以事上, 所惡於前, 毋以先後, 所惡於後, 毋以從前, 所惡於右, 毋以交於左, 所惡於左, 毋以交於右, 此之謂絜矩之道."

61) 馮友蘭, 『中國哲學簡史』, 54~55쪽 참조.

충서는 인간의 도덕 생활에 있어서 시작이요 끝이며, 유가의 전덕(全德)을 대표하는 인의(仁義)와 그 의의가 동일하다는 논리가 성립한다.

그러나 충서는 도덕의 이념을 실현하는 원칙 내지 방책일 뿐, 그 자체가 도덕적 원리는 아니다. 주자가 충서를 "그 하고자 하는 바를 미루어서 다른 사람에게 미치면 곧 서의 일이요, 인의 방법이다"라고 풀이한 데서[62] 이 점은 분명히 드러난다. 그런데 인은 우리와 멀리 떨어져 있지 않고, 그것을 실천하는 방법 또한 매우 간단하다. 인은 하늘로부터 부여받은 자기의 본래성이고, 사람이 사람답게 사는 길은 바로 자기의 본래성, 즉 인을 남김없이 발휘하고 드러내는 데 있는 것이기 때문이다. 그래서 공자도 "인이란 결코 고원한 것이 아니다. 내가 인을 하고자 하면 곧 인에 이르게 된다"[63]라고 말했던 것이다.

유가의 이상인 인의 도덕의 실현은 곧 천명의 도덕적 실현이요, 천리의 구현이라 할 수 있다. 그러면 인의의 도덕적 실천이 어떻게 천리의 실현을 이룩할 수가 있는가? 『서경』에 "하늘의 일을 사람들이 대신해야 한다"[64]라고 한 바처럼 인간은 천의 소생자요, 천리를 품수한 존재로서 이미 그에게는 마땅히 수행하여야 할 사명과 의무가 가능근거로서 주어져 있다. 인간에게 주어진 사명, 그것은 곧 '천공(天工)을 대행 실현할 책무요, 주어진 능력이란 곧 천리로서 사덕(四德)이며, 그것이 바로 인간이 천명을 주체적으로 자각하여 도덕적으로 실현하는 일인 것이다. 요컨대 인간은 본질적으로 천명자각의 주체인 것이다.

천도와 인도는 별개의 것이 아니라 그 근원은 하나이고,[65] 따라서 인륜이 완전하게 행하여질 때만이 천리의 구현, 즉 세계와 인간의 완성이

---

62) 『論語』, 雍也, 朱子註. "然後推其所欲, 以及於人, 則恕之事, 而仁之術也."
63) 『論語』, 述而. "仁遠乎哉, 我欲仁, 斯仁至矣."
64) 『書經』, 虞書, 皐陶謨. "天工人其代之."
65) 『中庸』, 第二十章. "誠者, 天之道也, 誠之者, 人之道也."

가능하게 되는 것이다. 그래서 맹자도 "만물의 이치가 다 나에게 갖추어져 있다. 자신을 반성하여 성실하면 이보다 더 큰 즐거움은 없다"[66]고 하여 인간의 본성에는 우주만유의 존재원리와 인의도덕(仁義道德)의 실천원리가 생래적으로 구유되어 있다고 말했던 것으로 보인다. 따라서 인간이 천명을 주체적으로 자각해 자신의 도덕적 바탕인 사덕을 유감없이 확충하여 이를 부단히 성실하게 현세에 구현시킬 때 천명의 도덕적 실현은 완전히 성취되는 것이다. 흔히 『중용』을 논할 때 인용되는 구절인 "중화의 도가 지극한 데 이르게 되면 모든 것이 바른 위치를 갖게 되고 만물은 제대로 양육된다[致中和, 天地位焉, 萬物育焉]"[67]라는 말을 여기에 참고할 만하다.

천명의 도덕적 실현의 최고목표는 모든 인간의 생을 보존하고 증진시킬 수 있는 '충서'의 조화로운 실천을 통하여 이 땅 위에 도덕과 자유의 왕국을 건설하는 데 있는 것이다. 또한 도덕적 자아의 근거로서 인이나 의는 이론상 문제가 아니라 실천 과제인 것이다. 이는 다만 윤리적일 뿐만 아니라, 정치, 경제, 사회, 문화 등 인간 제반사에 일관되는 준칙이며 원리로서 언제, 어디서나 인식되고 실현되어야 할 절대적이고 궁극적인 목표인 것이다. 따라서 인과 충서를 떠나서 이루어지는 일들은 인간의 본래적 삶에 무가치하고 무의미한 것이라고 해도 과언이 아닐 것이다. 그래서 데이비드 S. 니비슨도 "서(恕)는 공동체의 기반이며, 그것이 없다면 어떠한 도덕도 생겨날 수 없을 것"이라고 하면서 다음과 같이 감동적인 언사를 표출하지 않을 수 없었던 것이다.

> 서(恕)는 다른 사람을 내가 이용하거나 조작할 수 있는 그리고 내게

---

66) 『孟子』, 盡心章句上. "萬物皆備於我矣, .反身而誠, 樂莫大焉."
67) 『中庸』, 第一章.

덤벼들거나 나를 물 수 있는 물리적인 대상이나 (아마도 적대적인) 동물이 아니라, 나와 같은 사람으로 대하는 태도이다. 따라서 나는 아주 사소한 측면에서조차 그 사람을 그에 따라 대함으로써 그 사람과 나 자신에게 우리가 가지고 있는 공통의 인간성을 재확인시켜 주어야만 하는 것이다.[68]

2. 천명의 정치적 구현

인간이 참으로 인간답게 존재할 수 있는 이유는 바로 인간이 우주의 중극체(中極體)로서[69] '천공(天工)'을 대행(代行)할 수 있는 자질과 능력, 자아의 존재원리인 '건지사덕(乾之四德)'을 현세에 구현시킬 수 있는 자율적이고 창조적인 도덕의지가 생래적으로 주어진 점에 있다. 인간이 인간답게 살아가는 길은 무엇보다도 천명을 주체적으로 자각해 사람다운 삶의 기반으로서 인(仁)과 사람다운 삶의 방식인 의(義)를 온전히 구현하는 일이라고 하겠다.

따라서 본장에서는 하늘이 인간에게 준, 인간이 마땅히 거처해야 할 '인지안택(人之安宅)'으로서의 인과 인간이 마땅히 걸어야 할 '인지정로(人之正路)'로서의 의가 어떻게 정치로 구현되는지 공자의 정명사상(正名思想)과 맹자의 왕도사상(王道思想)으로 각각 나누어 살펴보고자 한다.

1) 공자의 정명사상(正名思想)

---

68) 데이비드 S. 니비슨, 『유학의 갈림길』, 김민철 옮김, 철학과 현실사, 2006, 160쪽.
69) 『禮記』, 禮運. "人者, 天地之心也, 五行之端也." 참조.

① 정치이상

정치 목적은 인간의 완성과 사물의 완성에서 모두 성취될 수 있다고 본다. 사물의 완성은 인간의 지혜와 자각에 의해 완수되고, 인간의 완성은 사회적 '공동선(共同善)'을 위한 사랑과 정의의 조화로운 실천에서 수행된다. 사랑[仁]과 정의[義]는 인간의 본래적 자아를 완성하는 대도(大道)로서, 사랑은 "자신을 완성하고 만물을 완성하는 실천과정"[70]에서 이루어지고, 정의는 인간이 옳고 그름을 정확하게 분변하고 판단하는 데서 이루어지는데, 이러한 목적을 달성하려는 인간의 욕구와 노력 그리고 이에 수반되는 모든 행위는 일차적으로 정치행위로 통일된다.

그러므로 유가는 정치행위의 정당한 실천을 통하여 얻어지는 정신과 물질의 풍요 속에서 자아를 실현하고 사물과 세계를 완성하여 이 지구상에 '여민동락(與民同樂)'할 수 있는 대동사회 건설을 정치이론의 최고 이상으로 설정하였던 것이다. 다시 말하면 유가정치의 참된 구현은 인간자아의 내적 본질인 사랑과 정의를 투철하게 의식하고 자각하여 자아를 완성하고, 더 나아가서는 사사물물의 본질과 그 현상에 대한 인식, 그리고 의미적 실천을 통하여 그것의 본질을 구현하고 완성함에 이루어진다. 공자는 이러한 정치 이상을 구현할 수 있는 길을 도덕과 정치의 조화로운 합일에서 구해야 한다고 확신했다. 따라서 도덕과 정치는 별개의 것이 아니라 공자 정치의 본질을 이루는 두 요소이다. 이런 각도에서 공자의 정치사상을 설명하고자 할 때 흔히 등장하는 것이 덕치주의(德治主義)라는 개념이다.[71] 덕치주의는 말 그대로 법제(法制)나 형정(刑政)만이 아니라 덕으로써 하는 정치를 의미한다. 공자에 있어서 덕치

---

70) 蔡仁厚, 『孔子의 철학』, 98쪽.

71) 理想政治에 대한 정치 원리는 세 가지 종류로 나타난다. 즉 德治, 禮治, 法治가 바로 그것이다. 方東美, 『中國人의 生哲學』, 190쪽 참조.

는 정치의 출발점이자 귀착점이다.[72)]

공자는 덕을 들어 정치의 근본으로 삼았다. 이 경우 덕이란 "덕의 개념을 도덕화하고 확장시켜 도에 따라 행동하고 다른 사람들을 도로 인도할 수 있는 능력"[73)]을 가리킨다. 공자에 의하면 정치를 함에 도덕을 근본으로 삼는 것은 마치 북극성은 제자리에 있고 여러 별들이 이를 떠받들며 돌고 있는 것과 같다.[74)] 이는 곧 정치적 이상(理想)을 도덕이상(道德理想)이라는 차원에서 긍정한 것이다. 다시 말하여 공자는 인을 최고의 도덕적 이상으로 삼고 그것을 널리 사람들에게 베풀어 '백성을 구제하는 일[博施濟衆]'을 정치의 이상으로 제시한 것이다.[75)] 그가 말한 도덕정치는 행정제도나 법률에만 중점을 두는 법치와 대립되는 것으로, 인위적 조작 통제를 떠난 본원적 자발성 · 능동성에 바탕을 둔 사랑의 정치를 의미한다.

이처럼 도덕을 존중하고 강조하는 관점에서 정치(政治)를 이해하고 긍정하는 논리는 정치에 대한 개념 풀이에서도 나타났다. 정치(政治)는 도덕에 본원을 두고 그것의 발동인 정치(正治)의 소산으로서 나타난다는 것이다. 공자는 "정(政)이란 바로잡는 것이다"[76)]라 하여 정치에 대한 개념을 규정하고 있다. 즉 그는 도덕을 세상에 구현하여 무도한 세상을 바로잡고 다스리는 것을 정치로 설명한 것이다. 이미 정(政)자의 구조 속에 정(正)자가 들어있지만, 그가 정치(政治)를 정치(正治)로 이해했다

---

72) 도덕의 관점에서 정치문제를 생각하는 것은 물론 시대의 차이를 막론하고 공자 이전의 중국 정치사상에 공통되는 사실이다. 이에 관하여 특히 전형적이라 할 만한 예가 堯임금의 정치업적을 기록하고 있는 『書經』의 堯典이며 "克明俊德, 以親九族, 九族旣睦, 平章百姓, 百姓昭明, 協和萬邦, 黎民於變時雍"(『書經』, 虞書, 堯典)이라는 말은 많은 참고가 된다.

73) 앤거스 그레이엄, 『도의 논쟁자들』, 나성 옮김, 새물결, 2001, 36쪽.

74) 『論語』, 爲政. "子曰爲政以德, 譬如北辰居其所, 而衆星共之."

75) 『論語』, 雍也. "子貢曰, 如有博施於民, 而能濟衆, 何如, 可謂仁乎." 참조.

76) 『論語』, 顔淵. "政者正也."

는 점은 매우 특이하고 주목할 만하다.[77]

이런 의미에서 정치는 부정(不正)한 것을 바로잡아 균형과 조화를 이루게 한다는 뜻이며, 모든 것의 대본(大本)이며, 중용(中庸)과 중화(中和)의 상태로서 정(正)은 정치발현에 있어서 그 원천임과 동시에 가장 이상적 성취내용이 되는 궁극적 목표요, 최고의 본보기가 된다.[78]

주자도 이 정(正)을 "사람들의 바르지 않음을 바르게 하는 것"[79]이라고 도덕적인 의미로 주석했다. 물론 먼저 정(正)해야 할 주체는 치자(治者) 자신이다. 치자 자신이 바르지 않고서는 백성들을 바르게 할 수 없기 때문이다. 이 경우 정치의 주요 관심은 직간접적으로 정치적 치란(治亂)·선악(善惡)의 문제에 기울어지며, 정치를 담당하는 주체로서 치자의 역할이 보다 부각된다.

바로 여기서 정치는 치자의 개인적 윤리적 세계에서의 덕성 함양·솔선수범과 그 의의가 동일하다는 논리가 성립한다. 이와 같은 생각은 "대학의 도는 명덕(明德)을 밝히고 백성을 새롭게 하는 데 있으며, 지선(至善)의 경지에 이르는 데 있다"[80]라고 한 『대학』의 관점에 정확하게 일치한다. 그리하여 공자는 "치자가 올바르게 통솔하면 모든 백성이 올바르게 되고[81] 치자 자신이 올바르지 못하면 비록 명령한다 해도 백성들은 따르지 않는다"라고 하였고,[82] 더 나아가 치자가 "진실로 제 몸가짐을 바르게 한다면 정사(政事)에 종사하는 데 무슨 어려움이 있겠는가?"[83]라며 반문하였던 것이다. 이러한 관점은 먼저 수기(修己)하고 후에

77) 중국 고전에 의하면 政字는 여러 가지 의미를 포함한다. 政이란 곧음, 바름, 바르게 함, 올바름, 정직, 가르침, 본받음 등을 뜻한다. 方東美, 앞의 책, 190쪽 참조.

78) 金忠烈, 『中國哲學散稿』, 161쪽 참조.

79) 『論語』, 爲政의 朱子註. "政之爲言正也, 所以正人之不正也."

80) 『大學』, 第一章. "大學之道, 在明明德, 在新民, 在止於至善."

81) 『論語』, 顔淵. "子帥以正, 孰敢不正."

82) 『論語』, 子路. "子曰其身正, 不令而行, 其身不正, 雖令不從."

치인(治人)한다는 유가의 전형적 정치론 즉 도덕교화론에 귀속됨을 알 수 있다.[84]

공자는 도덕 실현을 정치의 궁극 목표로 생각하였다. 그는 정치와 도덕을 나눌 수 없는 일원적(一元的)인 것으로 이해하고 치자 개인의 양심과 도덕적 자각을 중시하는 덕치주의 입장에서 폭력과 권모술수만을 능사로 삼는 법치주의를 비판하였다. 이는 법치주의가 법령이나 조문의 의의를 중시하면서 강압적 명령이나 형벌과 같은 것을 치민(治民)의 방법으로 삼기 때문이다. 일률적으로 말하기는 어렵지만, 정령과 법률로 백성들을 교화하고 강제하는 법치주의에서는 인간의 자유의지나 능동적 참여는 철저하게 거부되고 백성들은 단지 통치의 수단으로서만 그 존재 의미를 갖게 된다. 그리하여 공자는 '양심과 수치심의 결여'를 가져올 법치주의를 반대했고, 인간을 윤리 실천의 주체로 생각하여 권력의 강압적 정치보다는 도덕적 감화정치를 요구하였다.

> 공자께서 말씀하셨다. "백성들을 금령으로 이끌고 형벌로써 다스리면, 백성들은 형벌을 피하려고만 할 뿐 부끄러워함이 없게 된다. 덕으로써 인도하고 예로써 질서정연하게 하면 부끄러워할 줄 알게 되고 또한 올바르게 된다."[85]

> 공자께서 말씀하셨다. "송사를 처리하는 일은 나도 남과 다를 것이 없으나, 반드시 송사가 없도록 만들어야 할 것이다."[86]

---

83) 『論語』, 子路. "子曰苟正其身矣, 於從政乎何有."
84) 唐端正, 『先秦諸子論叢(續編)』, 台北: 東大圖書公書公司, 1983, 34쪽 참조.
85) 『論語』, 爲政. "子曰道之以政, 齊之以刑, 民免而無恥, 道之以德, 齊之以禮, 有恥且格."
86) 『論語』, 顔淵. "子曰聽訟, 吾猶人也, 必也使無訟乎."

> 예악이 일어나지 않으면 형벌이 공정성을 잃어버리고, 형벌이 공정성을 잃어버리면 백성들이 안심하고 살 수 없게 될 것이다.[87)]

이로써 판명되듯이 공자는 정치를 타률적인 법질서가 아닌 백성들의 도덕적인 자각의식에 호소하는 것으로 보았다. 가장 훌륭한 정치는 인간 내면의 자율적인 당위의식에 따른 자유로운 행위 규범을 보장해 주는 것이다. 이것이 바로 도덕과 예로 백성들을 교화하여 저절로 질서 있는 생활을 하게 하는 덕치주의이다.

이런 관점에서 형법적 제일성(齊一性)은 당연히 부정될 수밖에 없다. 뿐만 아니라 법치전제주의(法治專制主義)니 패도정치(覇道政治)라는 관념은 존립할 수 없다. 공자의 정치체계 속에는 정치이상(政治理想)과 도덕정신이 하나로 융합되어 있는 데다가, 그의 정치철학 역시 우주생명의 생생(生生)하여 그침이 없는 덕과 인류에게 널리 베푸는 인을 근간으로 하고 있기 때문이다.[88)]

덕치주의는 치자로 하여금 인간 생명에 대한 자비와 사랑을 자각하게 하여 백성들을 죽이는 정치가 아니라 백성들을 살리는 정치가 당연한 것임을 받아들이게 한다. 그리하여 공자는 자신이 평생을 추구했던 바람직한 정치는 치자의 '호생지덕(好生之德)'과 성실성임을 계강자(季康子)에게 다음과 같이 말했던 것이다.

> 계강자가 정치에 관하여 공자에게 물었다. "만약 무도한 자를 죽여 백성들로 하여금 도를 지키는 방향으로 나아가게 한다면 (그 방법이) 어떠할까요?" 공자께서 대답하셨다. "선생께서 정치를 하시는 데 사람

---

87) 『論語』, 子路. "禮樂不興則刑罰不中, 刑罰不中則民無所錯手足."
88) 方東美, 앞의 책, 192쪽 참조.

죽이는 방법을 써서야 되겠습니까? 선생께서 선해지고자 노력하면 백성들도 자연스럽게 선해질 것입니다."[89]

위의 대목의 요지는 살인을 일삼는 정치는 그것이 무엇을 위하는 것이든 인도에 어긋난 일이며, 정당화될 수 없다는 것이다. 그것은 곧 치자의 선도(善導)에 의한 교화정치를 다른 무엇보다 높이 평가한 것이라 보아야 할 것이다. 공자에게 중요한 것은 사람을 죽이는 정치가 아니라 사람을 살리는 정치이다. 인정(仁政)의 의미가 여기에서 명료하게 드러난다.

이 관점은 특히 다음에 살펴볼 맹자에 이르러 더욱 심화되어 나타난다. 맹자는 생명을 존중하고 평화를 애호하는 왕도정치의 특징을 다음과 같이 논하였다.

맹자께서 양양왕을 만나보고 나와서 사람들에게 말씀하시었다. "멀리서 그를 바라보니 임금 같지가 않았다. 그 앞에 가까이 나아가도 경외할 만한 데가 전혀 보이지 않았다. 그가 느닷없이 '천하는 어떻게 정해지는지요?' 하고 묻기에, 나는 '하나로 정해질 것입니다'라고 대답하였다. '누가 천하를 통일할 수 있겠습니까?'라고 하기에 '사람 죽이기를 좋아하지 않는 사람이 천하를 통일할 수 있을 것입니다' 하고 대답하였다. '누가 그의 편이 되어 줄 수 있을까요?' 하기에, 이렇게 대답하였다. '천하에 그의 편을 들지 않는 사람은 없을 것입니다. 왕께서는 저 모가 자라는 모습을 아십니까? 칠팔월 사이 날이 가물면 모가 말라비틀어집니다. 그러나 하늘이 먹구름을 일으켜 흡족하게 비를 내리면 저 모가

89) 『論語』, 顔淵. "季康子問政於孔子曰, 如殺無道, 以就有道如何, 孔子對曰, 子爲政焉用殺, 子欲善而民善矣."

생기를 얻어 뻗어 오르게 됩니다. 이렇게 되면 누가 그것을 막아낼 수 있겠습니까? 지금 천하의 임금 중에는 사람 죽이길 좋아하지 않는 자가 없습니다. 만약에 사람 죽이기를 좋아하지 않는 임금이 생긴다면 온 세상의 사람들이 목을 길게 늘여 빼고 그를 바랄 것입니다. 정말 이와 같이 한다면 백성들이 그에게로 돌아가는 것이 마치 물이 아래로 흘러가는 것과 같아서 그 세를 누가 막아낼 수 있겠습니까?"[90]

우리는 전쟁의 불필요성과 평화주의의 신념에 투철하였던 맹자의 사유가 공자의 경우와 본질적으로 일치함을 본다. 맹자의 왕도사상은 "사람 죽이기를 좋아하지 않는 임금이 천하를 통일할 수 있다[不嗜殺人者能一之]"와 "도덕으로 인정(仁政)을 실행하는 것은 왕도이다[以德行仁者王]"[91]라는 말로 압축할 수 있다. 그의 "한 사람이라도 죄가 없는 사람을 죽이는 것은 인이 아니며, 자기의 소유가 아닌데도 차지하는 것은 의가 아니다"[92]라는 말과 "전쟁 잘하는 자는 극형에 처하여야 한다"[93]고 한 단언은 이를 더욱 뒷받침한다. 이는 치자의 사랑과 정의를 무엇보다 중시하는 공자의 생명존중 인도주의와 상통하는 것이라 하겠다.

그러므로 덕치주의는 천심(天心)에 근본을 두고 그것을 인간의 마음까지 확장시켜 사랑을 실천하는 것으로 이해된다.[94] 이 경우 덕은 "안으

---

90) 『孟子』, 梁惠王章句上. "孟子見梁襄王, 出語人曰, 望之不似人君, 就之而不見所畏焉, 卒然問曰, 天下惡乎定, 吾對曰, 定於一, 孰能一之, 對曰不嗜殺人者能一之, 孰能與之, 對曰天下莫不與也. 王知夫苗乎, 七八月之間旱則苗槁矣, 天油然作雲, 沛然下雨, 則苗浡然興之矣, 其如是, 孰能禦之, 今天下之人牧, 未有不嗜殺人者也. 如有不嗜殺人者, 則天下之民皆引領而望之矣. 誠如是也, 民歸之, 由水之就下, 沛然誰能禦之."

91) 『孟子』, 公孫丑章句上.

92) 『孟子』, 盡心章句上. "殺一無罪非仁也, 非其有而取之非義也."

93) 『孟子』, 離婁章句上. "善戰者服上刑."

94) 이 점과 관련하여 『周易』, 繫辭傳下 第1章의 말을 눈여겨 볼 만하다. "天地의 위대한 德은 생명의 창생과 유지에 그 목적이 있다[天地之大德曰生]."

로 자기에게 꼭 알맞고, 밖으로는 남에게 꼭 들어맞아 크고 넓게 꽉 들어차 있다"[95]는 뜻이다. 또한 덕은 "세상을 바로잡고 백성을 이끌어 나가는 데는 덕만 한 것이 없다[輔世長民莫如德]"[96]라고 한 맹자의 말처럼 치자의 덕으로 해석된다. "정사를 덕으로써 하면 움직이지 않아도 변화되고, 말하지 않아도 믿게 되고, 노력하지 않아도 이루어진다. 지키는 것이 지극히 간략하면서도 능히 번다함을 제어할 수 있고, 처하는 바가 지극히 고요하지만 능히 움직임을 제어할 수 있고, 힘쓰는 바가 지극히 적으면서도 능히 무리를 복종시킬 수 있다"[97]라는 말을 상기할 때 이 점은 명백하다. 그런데 공자의 도덕정치에서 가장 주목되는 점은 치자 스스로의 도덕적 자성(自省)을 통한 위로부터 아래로의 교화에 역점을 두었다는 사실이다. 이는 특별히 그의 정치관을 고려할 때 아주 자연스런 결론이다. 때문에 공자는 기회 있을 때마다 치자 개인의 높은 도덕성과 철저한 자기반성을 강조하였다. 즉 치자는 "중화의 원리를 잡고서 사사물물의 이치에 통달하여 바른 자리에 몸을 두어야 하며"[98] 또한 솔선수범하고 힘써 노력하고 게으름이 없는 삶을 살아야 한다는 것이다.[99]

따라서 도덕정치에 있어서 치자의 올바른 행동과 솔선수범은 한갓 이상에 그치는 것이 아니라, 정치의 성패를 근본적으로 결정할 만한 핵심이라고 할 수 있다. 예컨대 다음과 같은 공자의 말을 살펴볼 때 그러하다.

윗사람이 예를 좋아하면 백성들이 감히 그를 공경치 않을 수가 없게

95) 方東美, 앞의 책, 194쪽.
96) 『孟子』, 公孫丑章句下.
97) 『세주완역논어집주대전1』, 151쪽.
98) 『周易』, 坤卦, 文言傳. "黃中通理, 正位居體." 참조.
99) 『論語』, 子路. "子路問政, 子曰, 先之勞之, 請益曰無倦."

되고, 윗사람이 의를 좋아하면 백성들은 감히 그에게 복종하지 않을 수 없게 되며, 윗사람이 신의를 좋아하면 곧 백성들은 감히 진정으로 대하지 않을 수가 없게 된다. 대체로 이와 같이 한다면 사방의 백성들이 자식들을 업고 달려올 것이다.[100)]

군자가 친족들에게 후덕하게 대하면 백성들 사이에 인(仁)한 기풍이 일어나고, 옛 친구를 버리지 않으면 백성들이 각박해지지 않을 것이다.[101)]

선생께서 착해지고자 하면 백성들이 착해질 것이다. 군자의 덕이 바람과 같다면 소인의 덕은 풀과 같은 것이다. 풀 위에 바람이 지나가면 그 풀은 반드시 쓸리기 마련이다.[102)]

계강자가 도적을 근심하여 공자에게 물었다. 공자께서 대답하셨다. 진실로 선생께서 재물을 탐하지 않는다면, 비록 상을 준다고 하더라도 도적질 할 사람은 없을 것이다.[103)]

이처럼 치자의 행위는 백성들에게 직접적으로 영향을 미친다. 치자의 '정신(正身)'이 선행되지 않을 때는 백성들을 감화, 감복시킬 수 없듯이, 또한 치자로서도 효과적이고 능률적인 정치를 펴나갈 수 없다. 세상의 어지러움과 백성들의 타락은 치자의 책임이며 또 그 교정도 어디까지나 치자 스스로 도덕적 자성과 솔선수범 해야만 가능한 것이다. 그렇기 때

100) 같은 책, 같은 곳. "上好禮, 則民莫敢不敬, 上好義, 則民莫敢不服, 上好信, 則民莫敢不用情. 夫如是, 則四方之民襁負其子而至矣."

101) 『論語』, 泰伯. "君子篤於親, 則民興於仁, 故舊不遺, 則民不偸."

102) 『論語』, 顔淵. "子欲善而民善矣, 君子之德風, 小人之德草, 草上之風必偃."

103) 같은 책, 같은 곳. "季康子患盜, 問於孔子. 孔子對曰苟子之不欲, 雖賞之不竊."

문에 공자는 "곧은 사람을 등용하여 굽은 사람 위에 놓으면 굽은 사람을 곧게 할 수 있고"[104] "곧은 이를 천거하여 곧지 못한 자들 위에 앉히면 백성이 복종하고 곧지 못한 자를 천거하여 곧은 이들 위에 앉히면 백성은 복종하지 않는다"[105]라고 단언하면서, 오로지 덕과 능력을 갖춘 사람이 국정을 담당할 때만이 모든 사람의 복지와 이익을 가져올 수 있다고 믿었다.

그런데 이와 같은 치자의 자격은 가문, 재산 또는 지위와 무관한 것이고, 오직 인격과 지식에 달려 있다. 공자가 도덕정치를 강조하면서 자신의 의지를 실현할 수 있는 유일한 실제적 방법으로서, 교육을 통해 그러한 인물들을 양성하려고 노력했던 것도 이런 점과 관계있는 듯하다. H. G. 크릴의 다음 말은 여기에 많은 참고가 된다.

> 그러므로 공자는 장래 대신이 될 만한 청년들이나, 가능하다면 장래 군주가 될 사람들에게 교육을 통하여 영향을 주는 방법과, 교양 있는 여론의 결과로 형성되는 사회적 압력에 의존할 수밖에 없었다. 공자는 정치권력의 행사도, 실제적인 개혁을 단행하는 것도 불가능하였기 때문에, 자신의 개혁을 추진할 수 있는 유일한 실제적인 방법으로서, 교육을 통해 그런 인물을 양성하는 방향을 택하였다. 최초의 유가들은 학생에 불과하였지만, 후에는 교사가 된 경우도 많았고 주변의 사정이 허락한다면 정부관리가 되기도 하였다.[106]

② 정치원리

공자는 이에 더하여 치자의 도덕적 책임과 아울러 치자의 신의(信義)

---

104) 『論語』, 顔淵. "擧直錯諸枉, 能使枉者直."
105) 『論語』, 爲政. "擧直錯諸枉, 則民服, 擧枉錯諸直, 則民不服."
106) H. G. 크릴, 『孔子, 인간과 신화』, 이성규 옮김, 지식산업사, 1983, 183~184쪽.

를 중시하는 입장을 취했다. 이것은 결국 치자의 도덕적 성찰과 완성이 궁극적으로 세상을 바로잡는 데 결정적인 역할을 한다는 유가이념의 또 다른 표현이라고 하겠다. 공자는 인간과 세상을 바로 다스리고 구제할 수 있는 힘은 치자의 신의에 있다고 확신한다. 치자의 신의는 백성들의 마음을 바르게 하고 청징(淸澄)·화평하게 이끄는 데에 요긴하고 효과적인 것이다. 그가 "한 나라를 다스림에 있어서는 일을 공경히 하고 신의가 있어야 한다"[107]라든가, "윗사람에게 신의가 있으면 백성들은 성실히 행동하지 않을 수가 없게 된다"[108]라고 말한 것은 이를 좀 더 분명하게 해설하여 준다.

공자가 말한 신의는 『설문해자』에서 말하고 있는 '성(誠)'의 의미로서,[109] 치자에 의해 백성들의 도덕심을 감발케 하는 치민대요(治民大要)의 구도를 가진다. 그것은 건강한 사회를 형성하는 믿음으로서 치자와 피치자의 조화로운 합일을 기본으로 삼는다. 그러나 이 신의는 사회신분상 피치자의 문제보다는 통치과정에 나타나는 치자의 덕성과 결부된 것으로서, 특히 정치적 의미가 강하다.

따라서 공자가 말한 신의는 백성들에 대한 치자의 사랑과 교화의 뜻을 담고 있다. 거기에는 이루어져야 할 올바른 도리의 실현을 갈망하는 치자의 진실한 마음과 인위적 수식이나 조작을 통한 통치술은 거부되어야 한다는 강력한 열망이 들어 있다. 때문에 공자는 치자의 신의야말로 도덕정치의 가장 중요하고 높은 경지라고 여겼다. 다음과 같은 예에서 이 문제가 그에게 얼마나 절실한 것이었는지 알 수 있다.

---

107) 『論語』, 學而. "子曰道千乘之國, 敬事而信, 節用而愛人, 使民以時."
108) 『論語』, 子路. "上好信, 則民莫敢不用情."
109) 段玉裁, 『說文解字注』, 93쪽. "信, 誠也."

> 사람이면서 신의가 없다면 그것이 괜찮을지 알 수가 없다. 소가 끄는 큰 수레에 끌채가 없다든가 말이 끄는 작은 수레에 멍에걸이가 없다면 그것들을 어떻게 가도록 하겠느냐?[110)]

> 군자는 의를 본질로 삼아 예를 통하여 그것을 실행하고, 그것을 겸손하게 표현하며, 신의 있게 완성한다. 군자답도다.[111)]

> 공자는 네 가지로써 학생들을 교육했다. 그것은 문(文), 행(行), 충(忠), 신(信)이었다.[112)]

> 너그러우면 무리를 얻고, 신의가 있으면 백성들이 맡길 것이다. 민첩하면 공적을 이루고, 공평하면 백성들이 기뻐할 것이다.[113)]

이러한 통찰을 바탕으로 공자는 "묵묵한 가운데 일을 이루고 말하지 않아도 백성들이 믿는 것은 오직 치자의 덕행"[114)]이라고 지적하여 신의가 도덕정치의 근간이며 인간이 서로 사랑을 나누고 안정을 누릴 수 있는 정신적 윤리적 가치 질서임을 분명히 했다.

치자의 신의는 백성들을 감복시켜 모르는 사이에 치자를 믿고 따르게 하는 최후적인 요건이며, 상하의 화합 또는 조화로운 인간관계의 조성을 통한 사회의 평안을 가능케 하는 기본적인 토대이다. 치자의 신의란 곧 치자가 백성들과의 실질적인 유대감을 형성하는 내적 기반일 뿐 아니라 도덕성과 정치의식을 통합하는 힘이다. 또한 치자의 신의는 백성들의

---

110) 『論語』, 爲政. "子曰人而無信, 不知其可也, 大車無輗, 大車無軏, 其何以行之哉."
111) 『論語』, 衛靈公. "君子義以爲質, 禮以行之, 孫以出之, 信以成之. 君子哉."
112) 『論語』, 術而. "子以四教, 文行忠信."
113) 『論語』, 堯曰. "寬則得衆, 信則民任焉, 敏則有功, 公則說."
114) 『周易』, 繫辭上, 第十二章. "默而誠之, 不信而信存乎德行."

생존, 멸망과 불가분의 관계를 가진다.115)

그러므로 공자는 신의라는 덕목을 한 나라를 다스리는 데 있어서 본래적 덕성 못지않게 중요하고도 본질적인 것이라 생각했다. 그렇다고 그가 본래적 덕성과 신의를 엄격하게 나누어 본 것은 아니었다. 신의를 '족식(足食), 족병(足兵)'에 대비하여 말한 것도 이 때문이다.

> 자공이 정치하는 방법에 대하여 물었다. 공자께서 말씀하셨다. "먹을 것을 풍족하게 하고, 군비(軍備)를 충분히 하고, 백성들이 위정자를 믿도록 하는 것이다." 자공이 물었다. "만일 부득이하여 꼭 한 가지를 버려야만 한다면 이 세 가지 중에서 어느 것을 먼저 버려야 합니까?" 공자께서 말씀하셨다. "군비를 버려야 한다." 자공이 물었다. "만일 부득이해서 꼭 한 가지를 버려야 한다면 그 두 가지 중에서 어느 것을 먼저 버려야 합니까?" 공자께서 말씀하셨다. "양식을 버려야 한다. 예로부터 사람은 모두 죽는다. 만일 백성들이 믿지 않으면 나라는 존립할 수가 없는 것이다."116)

여기서 다음 두 가지가 정리된다. 신의는 첫째, 경제 국방력과 더불어 국기(國基)의 바탕이 되고, 둘째, 한 나라의 치란 · 흥망과 상하의 화합과 균형을 좌우하는 정신과 도덕의 응집력이라는 점이 바로 그것이다. 백성들의 신뢰를 죽음보다도 중시한 공자는 신의야말로 도덕정치의 근본이라고 역설하였다. 이때 신의란 나라를 다스리는 데 필요한 하나의 부분적 요소가 아니라 그 전체를 주관하는 원리이자, 치자를 피치자와 결합시키는 정신적 역량임을 알 수 있다. 그래서 자장(子張)도 "치자는 신

---

115) 金吉煥, 『東洋倫理思想』, 46쪽 참조.

116) 『論語』, 顔淵. "子貢問政, 子曰足食足兵民信之矣, 子貢曰必不得已而去, 於斯三者何先, 曰去兵, 子貢曰必不得已而去, 於斯二者何先, 曰去食, 自古皆有死, 民無信不立."

의를 얻은 후에야 백성들에게 수고를 끼쳐야 한다. 신의를 얻지 못하고 수고롭게 하면 백성들을 괴롭히는 것이 된다"[117]라고 말하였던 것이다.

반면에 신의의 강조는 사회관계가 합당하고도 조화로운 질서에 의해 유지되지 않는 상황을 논리적 전제로 한다. 사회관계의 조화가 아무 문제 없이 실현되는 한 상하계급 간의 갈등이나 불신·충돌은 없기 때문이다.

이처럼 치자의 신의 및 도덕적 정신을 강조할 때 정치는 자연히 '예'와 같은 의의를 지닌 것으로 이해되며,[118] 그것은 특히 '정명사상(正名思想)'을 통해 구체적으로 전개·심화된다. 그런 의미에서 '예'는 "국가의 근간"[119]이고 "국가의 기강"[120]이며, "천자(天子) 통치의 대법(大法)"[121]으로서 참다운 정치의 도리를 시현(示顯)하는 데 필요한 '통치 질서' 또는 '통치 수단'에 지나지 않는다. 그래서 『예기』에서도 "예라는 것은 친소(親疏)에 따라 정하고, 미심쩍은 인사를 해결해 주며, 신분질서의 같고 다름을 구별해 주고, 행위의 옳고 그름을 밝히는 것이다"[122]라고 하면서 "도덕인의(道德仁義)도 예가 아니면 이루어지지 않고, 사람을 가르쳐 풍속을 바로잡는 일도 예가 아니면 안 된다. 쟁송을 해결하고 판결하는 일도 예가 아니면 결정할 수 없고, 임금과 신하, 윗사람과 아랫사람, 아버지와 아들, 형과 아우의 관계도 예가 아니면 정하여지지 않는다"[123]라고 말했던 것이다. 공자의 예 또한 행위규범, 의식(儀式) 등과 같은 개인적

117) 『論語』, 子張. "子夏曰君子信而後勞其民, 未信則以爲厲己也."
118) 勞思光, 앞의 책, 83쪽 참조.
119) 『左傳』, 襄公三十年條. "國之幹也."
120) 『國語(下)』, 晋語四. "禮, 國之紀也."
121) 『左傳』, 昭公十五年條. "禮, 王之大經也."
122) 『禮記』, 曲禮上. "夫禮者, 所以定親疏, 決嫌疑, 別同異, 明是非也."
123) 같은 책, 같은 곳. "道德仁義, 非禮不成, 教訓正俗, 非禮不備, 分爭辨訟, 非禮不決, 君臣上下父子兄弟, 非禮不定."

인 의미와 제도·형식 등과 같은 사회적인 의미를 모두 내포한다. 이 문제에 관하여 공자의 생각을 집약하여 보여주는 것이 『논어』의 다음 대목들이다.

공자께서 말씀하셨다. "윗사람들이 예를 좋아하면 백성들에게 일을 시키기가 쉬워진다."124)

공자께서 말씀하셨다. "예의와 겸양으로 나라를 다스린다면 무슨 어려움이 있겠는가? 예의와 겸양으로 나라를 다스리지 못한다면 예가 무슨 소용이 있겠는가?"125)

정공이 물었다. "임금이 신하를 부리고 신하가 임금을 섬기는 것은 어떻게 해야 됩니까?" 공자께서 대답하셨다. "임금이 예로써 신하를 부리면 신하는 임금을 충성으로써 섬기게 될 것입니다."126)

자공이 매월 초하루에 지내는 종묘제사에 올리는 희생양을 폐지하려 하였다. 그러자 공자께서 말씀하셨다. "너는 그 양을 아깝게 생각하지만 나는 그 예를 아낀다."127)

당연한 논리적 귀결로서 공자는 도덕정치에 있어서 예가 극히 중요한 기반임을 역설하는 데서 출발하였다. 그는 예의 효용을 조화에서 찾고, 예는 "이 화(和)를 적용하는 데는 큰 일 작은 일을 가릴 필요가 없는 것

124) 『論語』, 憲問. "子曰上好禮, 則民易使也."
125) 『論語』, 里仁. "子曰能以禮讓爲國乎何有, 不能以禮讓爲國, 如禮何."
126) 『論語』, 八佾. "定公問, 君使臣臣事君如之何, 孔子對曰君使臣以禮, 臣事君以忠."
127) 같은 책, 같은 곳. "子貢欲去告朔之餼羊, 子曰賜也, 爾愛其羊, 我愛其禮."

으로"[128] 받아들였다. 이때 "화란 조용하여 급박하지 아니한다는 뜻으로서"[129] '차별' 속에서 조화를 구하는 것을 가리킨다.[130] 예는 국가사회를 유지하기 위한 신분적 질서를 확인시키고 조화시키는 데 목적이 있으며, 또한 그것은 사회적 차별성, 분별성을 촉구하는 기능으로 파악된다. 하지만 공자의 예는 인을 실현하기 위한 방법이자 그 실현태라는 인식이 전제된다. 이렇게 볼 때 예는 인간이 사회생활을 하면서 지켜야 할 전통적인 행위준칙이나 습관적인 의식의 차원을 넘어서, 인간이 역사를 갖기 시작한 이래 추구하고 발전시켜 온 근본적인 사회질서 또는 통치원리와 같은 의미와 공용을 갖는 것이었다.[131]

주지하다시피 공자가 관심을 가졌던 예(禮)는 주례(周禮)였다. 그것은 '분(分)'의 관념을 바탕으로 하여 주나라의 사회신분 관계를 회복하고 정당화시키기 위하여 '천리(天理)와 인사(人事)', '사랑과 질서'를 일정한 형이상학적 체계로 통합해 낸 결과의 산물이다. 공자가 고대의 문물제도와 문화를 연구하고, 그중 원칙적으로 주례를 가장 이상적인 것으로 생각하여 "주나라는 하·은 두 나라를 거울삼았으니, 문물제도가 더욱 찬란하다"[132]라고 하면서 "나는 주나라를 따르겠다[吾從周]"는 확고한 태도를 표명한 데서 이를 분명하게 확인할 수 있다.

요컨대 공자는 예야말로 혼돈과 분열의 시대를 극복할 수 있는 유일한 원리라고 간주하여 도덕과 예는 별개의 것이 아니라 정치원리의 본질을 이루는 두 요소라고 인식했다.

---

128) 『論語』, 學而. "禮之用, 和爲貴. 先王之道斯爲美, 小大由之."

129) 같은 책, 같은 곳. 朱子註. "和者, 從容不迫之意."

130) 劉澤華, 『중국고대정치사상』, 노승현 옮김, 예문서원, 1994, 336쪽 참조.

131) 宋榮培, 「孔子의 仁思想과 儒教的 存在論의 발단」, 『오늘의 책』, 제8집, 한길사, 1985, 겨울, 33~35쪽 참조.

132) 『論語』, 八佾. "子曰周監於二代, 郁郁乎文哉, 吾從周."

공자의 예는 기본 골격과 지향점에서 단순히 소극적 의미의 개인적 도덕률을 역설하는 데 그치기보다는 오히려 상하 차등의 인간관계를 분명히 하고, 인간 개개인의 본성에 내재되어 있는 도덕적 진실심(眞實心)의 회복과 발현을 통하여 질서와 조화가 공존하는 사회를 확립하고자 하는 데 궁극의 목표가 있다고 할 수 있다.

그렇다면 우리는 '예'가 간접적으로 정치의 선·악, 정·부정에 관계되며, 특히 그것은 지배하는 위치에 있는 자가 백성들을 교화 선도하는 도덕적 의의를 중심으로 전개된다고 추론할 수 있다. 공자가 '철환천하(轍環天下)'하면서 '목탁(木鐸)'으로서의 사명을 수행했듯이, 그의 예는 결국 이 세계 안에서의 제반 올바른 인간관계는 무엇이며 어떻게 하면 "혼란을 평정(平定)하여 질서 있는 세상을 회복하고[撥亂反正]" 사랑과 정의를 기반으로 한 법도 있고 안정된 도덕사회를 구현할 수 있는가의 물음을 기본으로 하였으므로, 그것이 '정명'의 문제까지 확장됨은 극히 자연스런 전개이다.

③ 정명(正名)의 정치

공자가 살았던 당시 상황은 현실의 객관적 실체로나 그 자신의 주관적 의식으로나 매우 심각한 위기의 시대였다. 주 왕조의 경제적 기반인 토지제도와 수취체제(收取體制)는 철제농구 및 우경(牛耕) 등에 의한 농업생산기술의 현격한 발전으로 인해 무너지는 과정에 있었고, 정치적 기반인 종법적(宗法的) 봉건제도의 붕괴가 몰고 온 주 왕실의 봉건제후에 대한 정치 군사적 공제력(控除力) 상실은 종주국의 권위와 세력을 급격히 약화시켰다.

이 과정에서 이적(夷狄)의 침입과 제후들의 이기적 야망으로 말미암아 제후국 간의 패권투쟁·병합전쟁은 끊이지 않았고 그 결과 왕권이 유명무실해지면서 군신질서(君臣秩序)는 파괴되고 가부장제에 바탕을 둔 봉건제적 예법의 정당성 및 효율은 의심스럽게 되었다.[133] 공자의 다음 말은 이를 좀 더 분명하게 설명하여 준다.

> 공자께서 말씀하셨다. 천하에 도가 있으면 예악과 정벌이 천자로부터 나온다. 천하에 도가 없으면 예악과 정벌이 제후로부터 나오게 된다. 그것이 제후로부터 나오게 되면 대략 십대로서 정권을 잃게 되지 않는 일이 드물고, 그것이 대부로부터 나오게 되면 오대로서 정권을 잃지 않는 일이 드물고, 가신이 국권을 장악하면 삼대로서 정권을 잃게 되지 않는 일이 드물다. 천하에 도가 있으면 일반 사람들이 나랏일을 논의하지 않는다.[134]

> 공자께서 말씀하셨다. 작록을 주는 권한이 공실(公室)을 떠난 지 오대가 되었고, 정권이 대부에게 넘어간 지 사대가 되었다. 그래서 삼환(三桓)의 자손들도 이미 미약하게 되었다.[135]

> 공자께서 계씨(季氏)를 평하여 말씀하셨다. 자기 집 정원에서 (천자의 종묘에서만 행할 수 있는) 팔일무를 추게 하는구나, 이를 용인할 수 있다면 어떤 것인들 용인할 수 없겠는가?[136]

공자가 경험했던 당시의 사회는 모든 가치질서가 붕괴되어 혼미를 거

---

133) 李春植, 「儒家政治思想의 理念的 帝國主義」, 『인문논집』, 제27집, 고려대학교 문과대학, 1982, 84~86쪽 참조.

134) 『論語』, 季氏. "孔子曰天下有道, 則禮樂征伐, 自天子出, 天下無道, 則禮樂征伐自諸侯出. 自諸侯出, 蓋十世希不失矣, 自大夫出, 五世希不失矣, 部臣執國令, 三世希不失矣, 天下有道, 則政不在大夫, 天下有道, 則庶人不議."

135) 같은 책. "孔子曰, 祿之去公室五世矣, 政逮於大夫四世矣, 故夫三桓之子孫微矣."

136) 『論語』, 八佾. "孔子謂季氏, 八佾舞於庭, 是可忍也, 孰不可忍也."

듭하고 천하에 올바른 도가 행해지지 않아, "제후는 무력해지고 대부가 권력을 다투는 시대였다. 사회가 구제도를 유지할 능력을 상실한 모습이 이른바 신하가 군주를 시해하고 아들이 아비를 시해하는 일로 표출된 시대였다."[137] 새삼스레 설명할 필요도 없이 공자가 '정명(正名)'을 강조한 이유는 바로 이러한 위기의식 바탕에서 추구한 현실 극복의 지표이며, 현실정치 문제에 대한 자신의 기본 관점을 드러낸 것이다.[138] 따라서 공자의 정명론(正名論)에 있어서 '혼란·무질서를 바로잡아 통일된 질서를 건립하는 일'은 매우 중요한 전제조건이 된다.

정명사상의 출현은 곧 당대의 정치상황과 치자계층의 동향과 작폐에 대한 심각한 우려에서 비롯되었다. 주지하다시피 봉건 귀족사회는 오랜 권력투쟁 및 사회적 변화에 휩쓸리면서 전통적 예법(禮法)질서와 이념(理念)이 요구하는 삶으로부터 벗어나 자신의 사회적 규정(規定)을 이탈하고 있었다. 그 결과 종법질서에 근거한 예교질서(禮敎秩序)는 유린·파괴되었고, 제후(諸侯)들의 자립과 독립이 급속도로 진행되면서[139] 백성들의 불행은 물론 사회부패를 더욱 가중시키는 결과를 낳았다. 이러한 시대상황을 극복하고 바로잡음으로써 올바른 정치질서를 확립하고 '존왕양이(尊王攘夷)'에 입각한 상하 귀천의 분명한 인간관계를 회복해야 한다고 공자는 생각했다. 그가 팔일무(八佾舞)를 가묘(家廟)의 뜰에서 추게 한 계씨를 필두로 하여 당시의 세도가인 삼환에 대하여 극도의 분노와 우려를 표시한 것은 이러한 맥락에서 이해되어야 마땅하다.

공자에 의하면 '권한침해'는 모든 사회·정치적 혼돈과 분열의 근본바탕으로서, 갖가지 폐단이 모두 여기에 기인한다. 따라서 명(名)과 실(實)

---

137) 範文瀾, 『中國通史(上)』, 193쪽.
138) 勞思光, 앞의 책, 77쪽 참조.
139) 李春植, 『中國古代史의 展開』, 예문출판사, 1986, 80쪽 참조.

의 물구나무서기 현상은 어지러운 세태와 윤리적 패란(悖亂)을 더욱 조장할 뿐 "정치란 바로잡는다는 것이다[政者正也]"[140]라는 명제와 합치할 수 없다. 공자는 이를 극복하는 실천적 · 구체적 방법으로 "예를 정명으로 확대하여 그 문제를 해결하려고 하였다."[141] 정명은 예에서 파생된 것으로서 정치권력의 하강에 따른 인간의 불신관계의 해소와 시폐(時弊)를 광정(匡正)하는 데 특히 적절한 요점이었다.[142] 그가 정명의 확립을 질서 있고 안정된 사회를 이룩하는 데 무엇보다 중요하고 시급한 문제라고 생각한 것도 이 때문이다. 따라서 공자에게 있어서 정명(正名)의 확립은 도덕정치의 출발점이자 귀착점이었다. 제자 자로(子路)와의 다음의 대화는 이 점을 단적으로 드러내기에 족할 것이다.

> 자로가 말했다. "위나라 군주가 선생님을 기다려서 함께 정치를 하고자한다면, 선생님께서는 무엇을 먼저 하시렵니까?" 공자께서 대답하셨다. "반드시 각종 명분(名分)을 바로 세우겠다."[143]

여기서 공자가 말한 정명은 물명(物名)을 지칭하는 개념이 아니라 사리명분(事理名分)을 가리키는 뜻이다.[144] 이것은 도덕적 · 정치적 삶이 가장 왜곡되고 압박된 현실에서 무너진 도를 일으키고 인간성의 회복을 이루기 위한 공자의 윤리적 결단의 전략적 목표였다.[145] 그 속에는 명분을 바로잡는다는 의미뿐만 아니라 거대한 역사의 동력을 온 몸으로 지탱하겠다는 공자의 결연한 의지가 뿌리박혀 있다. 정명이란 말 자체

---

140) 『論語』, 顔淵.
141) 蔡仁厚, 『공자의 철학』, 89쪽.
142) 馮友蘭, 『中國哲學史』, 53~54쪽 참조.
143) 『論語』, 子路. "子路曰衛君待子而爲政, 子將奚先, 子曰必也正名乎."
144) 具本明, 『中國思想의 源流體系』, 대왕사, 1982, 62쪽 참조.
145) 林孝善, 『삶의 政治思想』, 195쪽 참조.

에 드러나 있듯이, 여기서 명분이란 질서 내지 질서의 소이연으로서의 조리이다.

정명은 두 가지 의미로 해석될 수 있는 개념이다. 하나는 동이(同異)·시비·진위를 분변(分辨)한다는 뜻이요, 다른 하나는 명분·귀천·선악 등을 구별한다는 뜻이다. 전자는 사물을 합리적으로 분별하여 그 명(名)을 밝히는 논리적인 문제에 기울어지며, 반면에 후자는 정치현실의 잘잘못을 비판하고 바로잡는다는 윤리적인 측면이 보다 부각된다. 논리적인 면과 윤리적인 면은 별개의 것이 아니라 정명의 본질을 이루는 두 요소이다.[146] 이처럼 공자의 정명에서도 윤리와 논리라는 양면성이 분명하게 드러나고 있다. 그럼에도 불구하고 공자는 논리보다는 윤리적인 면을 강조하고 그 연장선에서 정치적·도덕적 차원으로 외연을 확대하고 사용하였다는 사실은 부정할 수 없다. 그것은 인류사회의 질서가 정명이고, 정명의 '명'은 예를 현실에 적용한 것이기 때문이다. 이 "'명'은 규범이자 의무이자 행위이자 활동이다."[147] 우리의 문제는 바로 이러한 특징이 어디에서 오는 것인가 하는 점이다. 앞서 언급했듯이, 이 문제의 해명은 그가 살았던 당시의 사회적 상황·조건이 특히 유력한 단서를 제공한다고 생각한다.

춘추시대는 정명이 다른 어느 때보다 더 긴급하게 요청되는 시대이면서, 또한 정명의 존립을 유례없이 위협하는 시점이라는 위기감에서 공자의 정명론은 독특한 전개의 길을 걷게 되었다. 특히 시비·선악의 표준을 잃은 상황에 처하여 이에 대신할 만한 가치표준을 탐구하여 세우는 일이 '정명'의 종지(宗旨)라고 그는 확신했다.[148]

---

146) 正名에 담긴 두 가지 의미를 이렇게 나누는 견해는 汪奠基도 제시한 바 있다. 그에 의하면 정명은 사실 판단과 가치 판단의 양면성을 동시에 내포한다. 汪奠基, 『中國邏輯思想史』, 上海: 人民出版社, 1975, 124쪽 참조.

147) 李澤厚, 『論語今讀』, 288쪽.

이러한 의미를 전제할 때 비로소 논리보다 윤리적인 면을 더 강조할 수밖에 없었던 공자 정명사상의 특질이 확연하게 드러난다. 그리하여 공자는 정명의 정치적 · 도덕적 기능을 중시하는 바탕 위에서 자신이 생각하는 바람직한 정치는 정명을 확립하고 실천하는 일이라고 자로에게 가르침을 베풀었던 것이다.

> 명분이 바로 서지 않으면 말(명령)이 순조롭지 못하고, 말이 순조롭지 못하면 일이 제대로 이루어지지 않는다. 일이 제대로 이루어지지 않으면 예악이 진흥되지 않고, 예악이 일어나지 않으면 형벌이 공정성을 잃어버리고, 형벌이 공정성을 잃어버리면 백성들은 안심하고 살 수 없게 될 것이다.[149]

이처럼 정치에서 정명은 매우 중요한 문제이다. 명분이 바로 서지 않으면 정치활동은 규범이 없게 되며 정책을 시행할 수도 없게 된다. 뿐만 아니라 사회의 통일된 질서도 민생의 안정도 있을 수 없게 된다.[150] 이 경우 정명이란 명분을 바로 세워 실체를 바로잡는 것, 즉 '객관적 표준'을 세우는 일을 뜻한다. 명분에 의한 객관적 표준이 확립되어야 형벌이 정당하게 시행되어 백성들이 어떤 것을 하고 어떤 것을 하지 않아야 할지 알게 된다.[151] 여기서 정명이 '권분(權分)'을 그어서 정하는 가치의 원천이자 표준이라는 의미를 갖게 되는 것이다.[152] 이 정명은 반드시 구체적인 제도로써 표준을 삼는 것을 요구한다. 공자가 근거로 삼았던

148) 胡適, 『中國古代哲學史』, 台北: 商務印書館, 1970, 92쪽 참조.
149) 『論語』, 子路. "名不正則言不順, 言不順則事不成, 事不成則禮樂不興, 禮樂不興則刑罰不中, 刑罰不中則民無所措手足."
150) 劉澤華, 『중국정치사상사(선진편)』, 정현근 옮김, 동과서, 2002, 284쪽 참조.
151) 王處輝, 『중국사회사상사(上)』, 심귀득 · 신하령 옮김, 까치, 1992, 76쪽.
152) 勞思光, 앞의 책, 79쪽.

표준은 물론 주례(周禮)였다.[153] 여기서 유의할 점은 '정명(正名)'의 명(名)이 두 가지 의미를 가지고 있다는 것이다. 하나는 명사·이름이란 뜻이고 다른 하나는 명분(名分)이란 뜻이다.[154] 따라서 '정명'은 이름과 내용이 서로 부합하고 일치하는 것을 말한다. "이름은 명분, 즉 사회적 역할이며 내용은 주례가 규정한 각종 역할에 따른 권리와 의미이다."[155] 이로써 볼 때 정명의 다른 표현인 '명분을 바로 세움'은 명과 실의 필연적인 관계와 함께 실제 사물에 붙인 이름[名]과 그 내실[實]은 일치되어야 한다는 뜻으로 이해할 수 있다. 그런 점에서 정명의 정(正)이 "동사일 때는 '바로잡다'로, 형용사일 때는 '~답다' 또는 '바르다'"[156]로 해석할 수 있다는 주장은 매우 시사적이다. 정명이란 모든 국가 구성원이 자기의 본분과 의무, 권리를 다하고 자신에게 알맞은 몸가짐을 하는 것을 뜻하며, 정치의 성패를 좌우하는 객관적 준거일 수 있다. 다시 말해서 정명은 삶의 진정한 의미를 획득하고 보전할 수 있도록 '권한의 구분'을 명백히 하여 생활에 질서를 확립하는 일이다.

> 제나라 경공이 공자에게 어떻게 정치를 해야 하느냐고 묻자, 공자께서 대답하셨다. 임금은 임금다워야 하고, 신하는 신하다워야 하고, 아버지는 아버지다워야 하고 자식은 자식다워야 한다. 경공이 말했다. 참으로 좋은 말이오. 진실로 임금이 임금답지 못하고, 신하가 신하답지 못하며, 아버지가 아버지답지 못하고, 자식이 자식답지 못하면, 비록 양식이 있더라도 내가 어찌 그것을 먹을 수 있겠는가?[157]

---

153) 蕭公權, 『中國政治思想史』, 최명·손문호 옮김, 서울대학교출판부, 1998, 99쪽 참조.
154) 朱伯崑, 『중국고대윤리학』, 42쪽 참조.
155) 王處輝, 앞의 책, 76쪽 참조.
156) 金敬琢, 『中國哲學槪論』, 범학도서, 1977, 45쪽.
157) 『論語』, 顔淵. "齊景公問政於孔子, 孔子對曰, 君君臣臣父父子子. 公曰善哉, 信如君不君, 臣不臣, 父不父, 子不子, 雖有粟, 吾得而食諸."

이로써 보건대 정명은 권분을 그어서 바로잡는 것을 근본으로 하고 있음은 명백하다. 공자에 의하면 어떤 이름이나 직함은 그에 상응하는 의무, 책임 또는 기능적 역할을 성실하게 이행해야 한다. 그러므로 명을 바르게 한다는 것은 곧 책임과 직무의 한계를 정확히 하는 것이 된다. 예컨대 임금은 임금으로서, 신하는 신하로서, 아버지는 아버지로서, 아들은 아들로서 각자 맡은 사회적 역할을 충실하고 훌륭하게 수행하는 일이 바로 그것이다. 시대를 통틀어 어느 사회든 공인(公認)된 시비 · 진위를 가늠하는 객관적 준거와 표준이 있어야 한다. 만약에 인간 사회의 무질서 · 부패 · 부도덕 등이 만연한다면, 그 원인은 명과 실이 상부하지 않는 데서 기인한다고 할 수밖에 없다. 그러므로 명분을 바로잡는 일은 인간이 선천적으로 구유하고 있는 윤리적 · 도덕적 원천을 회복하고 인간 사회의 무질서를 극복하여 올바른 사회적 관계를 확립하는 일이 된다. 그리고 그 구체적 방법은 '군군신신부부자자(君君臣臣父父子子)'에 있다.

이렇게 볼 때 정명은 올바른 사회적 관계 수립의 근본인 동시에 인간을 인간되게 하는 요체로서 천하의 안정은 바로 여기에서 비롯된다고 하겠다. 『주역』의 다음 대목도 기본적으로 이와 다르지 않다.

> 단전에 이르기를 가인괘(家人卦)는 아내가 안에서 옳은 위치를 차지하고 있고, 남편은 밖에서 바른 자리를 차지하고 있다. 남편과 아내가 각자의 올바른 위치를 차지하고 있다는 것은 하늘과 땅이 서로 자신의 법칙을 지킴과 같은 천지의 대의이다. 가정에 엄한 군주가 있으니 부모를 이르는 말이다. 아버지는 아버지의 위치와 역할을 지키고 이행하며, 아들은 아들의 그것을, 형은 형의 그것을, 남편은 남편의 그것을, 아내는 아내의 그것을 각기 지키고 이행하면 가정의 도리가 바로 서게

된다. 가정이 바르게 다스려지면 천하는 안정될 것이다.[158]

여기서 주목되는 내용은 공자가 사회 구성원 전체의 안녕·행복은 전체를 구성하는 각 개인의 성실한 역할 수행과 조화로운 협조를 통해서만 가능하다고 생각한 사실이다. 그에 의하면 사회 구성원들에게 공동체적 이념이나 삶의 의미를 형성·제공하는 것은 각자가 자기 자리를 지키고, 각자에게 부여된 임무와 책임을 충실하게 이행하는 일이다. 다른 사람과의 적절하고 조화로운 관계 내지 교섭을 갖는 삶이 없을 때, 또는 가정과 밖에서 자신의 직책·직무에 충실하지 않거나 지켜야 할 행위의 준칙·규범 및 질서로부터 벗어날 때, 사람들은 자신의 착한 도덕적 본성을 계발·실현할 수 없을 뿐만 아니라 사회의 안정과 화평도 기대할 수 없다는 것이다. 인간의 삶은 완성된 구도로 주어지는 것이 아니라 주체와 객체의 연계성 확립과 그 영향에 의해 성립되는 것이며, 개인은 공동체를 통해서만 진정한 인간이 될 수 있기 때문이다. 그래서 정자도 풍화가인괘를 '집안 다스리는 도리[家內之道]'로 풀이하면서 "대저 사람이 자신의 몸에 도가 있으면 집에서 시행할 수 있고, 집에서 시행하면 능히 나라에 시행하여 천하가 바르게 다스려지는 데 이를 수 있다. 천하를 바르게 다스리는 도는 집안을 다스리는 도이다"[159]라고 말했던 것이다. 그것은 물론 "남녀가 제자리에서 제 노릇을 다하는 것이 하늘과 땅의 참뜻[男女正天地之大義]"이라는 전제를 기본 성격으로 취한 것이라고 할 수 있다. 이는 앞서 살핀 『논어』의 정명사상과도 정확히 부합한다.

158) 『周易』, 家人卦, 彖傳. "曰家人女正乎內, 男正位乎外, 男女正天地之大義也. 家人有嚴君焉, 父母之謂也. 父父子子兄兄弟弟夫夫婦婦而家道正. 正家而天下定矣."

159) 『周易』, 家人卦, 程子註 "家人者, 家內之道, …… 夫人有諸身者, 則能施於家, 行於家者則能施於國, 至於天下治, 治天下之道, 蓋治家之道也."

『주역』의 이와 같은 논리는 사적 삶의 영역에만 국한된 것이 아니고, 공적 사항에도 적용된다. 사적 삶을 바로잡는 것은 공적 삶보다 결코 덜 중요한 것이 아니다. 사회는 확대된 가정의 형태이므로 가정이 바로잡힌다는 것은 천하의 안정에 매우 중요한 전제조건이 되기 때문이다. 공자는 가장 먼저 정명의 목표를 "가정이 바르게 다스려지면 천하는 안정된다[正家而天下定]"는 데에서 찾았다. 그의 말에 함축된 주장에 의하면 정명은 바로 아내로 하여금 아내의 옳은 자리를 지키게 하고 남편으로 하여금 남편의 합당하고 적합한 위치를 지키게 하여 자신의 천부적 본성을 다하게 하는 삶의 근본적 원리이며 행위의 준칙이다. 바꿔 말하면 인간 자신이 몸담고 있는 세계 속에서 선천적으로 품수한 '본명(本名)'과 후천적으로 획득한 사회적인 명분을 통일시켜, 이기(利己)의 추구가 아니라 대아(大我)를 완성시키는 '천하지대본(天下之大本)'이 곧 정명이라는 것이다.[160] 거듭 강조하지만 우리는 공자의 정명론이 주대의 예 이념과 우주의 원리를 바탕으로 하여 부자간의 혈연적·윤리적 상하관계로 논리화하고, 다시 이를 확장하여 군신과 사회신분 간의 봉건적 상하관계에 형이상학적 근거를 부여함으로써 권분, 즉 권한의 구분을 명확히 하고자 한 것이라고 파악할 수 있다.

이렇게 볼 때, 공자가 "이름을 바로잡음으로써 권분을 정하고자 하였고, 또 '통일된 질서'를 바라지 않을 수 없었던 것"[161]은 그가 당면하고 있었던 서주시대의 정치·경제·사회·문화적 혼돈과 무정부 상태에 대한 위기의식과 결코 무관하다 할 수 없을 것이다. 이미 언급했듯이 이 시기는 왕권의 약화로 인해 "사실상 전승되어 온 사회질서가 근본적으

---

160) 柳正基, 「統一原理 東洋思想」, 『霞城李瑄根박사 古稀紀念논문집』, 霞城 李瑄根 박사 古稀紀念, 논문집 간행위원회, 1974, 478쪽 참조.

161) 勞思光, 앞의 책, 79쪽.

로 붕괴되었으나, 사회가 새롭게 정착되지 못한 과도기적 진공상태가 나타나고 있던 때였다."[162]

공자의 정명론은 바로 이 같은 위기극복을 위한 "언제나 백성의 편에 서서 새로운 비전을 제시했던 창의적인 대안(對案)"[163]이며, 무너져 가는 주례(周禮)를 유신시키고 비참한 인간 상태를 향상시키기 위한 도덕적 실천의 노력이다. 정명에 관한 그의 강한 집착은 이러한 입장에 근거한 것으로서 공자 도덕정치의 핵심을 이룬다.

이로써 판명되듯이 공자의 정명은 "모가 있는 술잔을 고(觚)라 하고 모난 꼴을 방(方)이라 이름 지을"[164] 뿐 아니라 임금으로 하여금 임금다운 임금이 되게 함과 동시에 신하나 아버지와 아들들로 하여금 성실한 신하, 아버지다운 아버지, 아들다운 아들이 되게 하는 데에 있는 것이다. 그리고 "재물을 잘 다스리고 말[辭]을 바르게 하여 백성들에게 그른 일을 하지 못하도록 하는 것"[165]에 궁극목표를 두고 있다.

따라서 공자의 정명론에 있어서 착한 것을 본받고 악한 것을 고치도록 하는 도덕적 교화는 매우 중요한 전제조건이 된다. 그 결과 이루어지는 이상 사회가 바로 "대도(大道)가 행해져서 천하가 지극히 잘 다스려지고, 인류가 공존공영 할 수 있는 대동세계(大同世界)"이며,[166] '평천하(平天下)'의 세계이고, 공자가 꿈에서도 못 잊은 '오종주(吾從周)'[167]의 세계인 것이다.

---

162) 송영배, 『중국사회사상사』, 사회평론, 1998, 57쪽.
163) 허버트 핑가레트, 『공자의 철학』, 송영배 옮김, 1993, 98쪽.
164) 『論語』, 雍也. "觚不觚, 觚哉觚哉."
165) 『周易』, 繫辭下, 第一章. "理財正辭, 禁民爲非曰義."
166) 『禮記』, 禮運. "大道之行也, 天下爲公, 選賢與能, 講信修睦. 故人不獨親其親, 不獨子其子, 使老有所終, 壯有所用, 幼有所長, 矜寡孤獨廢疾者皆有所養. 男有分, 女有歸. 貨惡其棄於地也. 不必藏於己. 力惡其不出於身, 不必爲己. 是故謀閉而不興, 盜竊亂賊而不作, 故外戶而不閉, 是謂大同." 참조.
167) 『論語』, 八佾.

결국 공자 정명론의 방법과 목표는 도덕적 교화론의 성격과 기능을 함유하였고, 또한 그것은 시대현실에 대한 공자의 역사의식과 결합하여 춘추대의(春秋大義) 정신으로 발전 · 전개되었다.

2) 맹자의 왕도사상(王道思想)

① 왕도의 본질적 의미

맹자 철학의 핵심은 인도(人道)의 존재원리인 인의예지 사덕을 주체적으로 자각하고 그것을 현실적으로 구현 · 완성시키는 데 있다. 그가 "인은 사람의 본마음이고, 의는 사람의 올바른 길이다. …… 학문의 도는 다른 데 있지 않고 잃어버린 본심을 되찾는 데 있을 뿐이다"[168]라든지 "인에 거처하면서 의를 따라 살아간다면 큰사람[大人]으로서 갖춰야 할 것은 다 갖춘 셈이다"[169]라고 말한 것은 그 단적인 예가 될 것이다. 그래서 그는 '야수적 힘에 의한 정치 세계'에서도 도덕적 지향을 가능케 하는 철학을 추구했고 그것을 철학의 근본이라 믿었다. 이와 같은 맹자의 태도는 "선한 사회의 달성이 전적으로 선한 인간들의 본원적인 도덕적 성향에 달려 있다는 것을 입증"[170]하려고 한 노력으로 집약할 수 있다. 또한 그는 사상가로 만족하지 않고 공자의 직접적인 계승자로 자임하고 천하를 주유하면서, 자신이 '군주의 스승이 되어 군주를 가르치고자' 하였으며,[171] 모든 인간이 서로 자기의 이익만을 추구하고[上下交征利] 각자의 주장만 옳다고 하는 사회를 광정(匡正)하고자 하였다. 이러

168) 『孟子』, 告子章句上. "孟子曰仁人心也, 義人路也. …… 學問之道, 無他, 求其放心而已矣."
169) 『孟子』, 盡心章句上. "居仁由義, 大人之事備矣."
170) 벤자민 슈월츠, 『중국고대사상의 세계』, 367쪽.
171) 蕭公權, 『中國政治思想史』, 163쪽 참조.

한 자신의 노력을 무모한 일이라고 비웃던 제나라의 변사인 순우곤(淳于髡)에게, "천하가 도탄에 빠졌을 때에는 인의의 도로써 구원하고, 형수가 물에 빠졌을 때에는 손으로 구해 내야 한다"[172]라고 한 말은 맹자의 철학적 관심이 구세의 정치사상과 직결되는 것임을 의미한다.

맹자의 모든 철학적 관심은 '차마 모질게 하지 못하는 마음'에 의한 구세제민(濟世救民)에 있었고, 그것은 철학이 지녀야 할 최상위의 가치, 즉 인도 실현의 중심과제라고 할 수 있다. 이러한 각도에서 맹자의 정치사상을 검토할 때 가장 주목할 부분은 "군자의 도덕적 의지를 통한 세계구원에 대한 희망과 믿음"[173]이다. 그의 왕도사상이 바로 그것이다. 그것은 인간의 본래성을 정치현실로 구현시키는 것으로서 특히 윤리·도덕적 의미가 강하다.

맹자의 왕도사상은 한마디로 말해서 인정(仁政)이다. 여기에서는 천과 인간이 화해되고, 정치이상과 도덕정신이 하나로 융합되고, '인간 간의 상호연관성'의 참된 의미가 분명하게 밝혀진다. 이때 강조되는 것은 "자기를 바르게 하고 남도 바르게 하는 일"[174]인데, 그것은 또한 치국평천하(治國平天下)의 실천적 구현에서 완성된다. 맹자가 "군자의 몸가짐은, 자신의 몸을 닦음으로써 천하를 태평하게 하는 것이다"[175]라고 말한 것은 덕치를 주장한 공자와 별 차이가 없다.[176] 여기서 맹자 정치사상의 주된 관심은 윤리도덕에 바탕을 둔 정치이고, 그 특징은 천도를 주체

---

172) 『孟子』, 離婁章句上. "天下溺, 援之以道, 嫂溺, 援之以手."

173) 벤자민 슈월츠, 앞의 책, 402쪽.

174) 『孟子』, 盡心章句上, 有大人者. "正己而物正者也."

175) 『孟子』, 盡心章句下, 君子之守. "修其身而天下平."

176) 그러나 馮友蘭은 孟子의 政治觀이 공자와 일정한 차이가 있음을 다음과 같이 말하고 있다. "공자는 忠恕를 個人의 自己修養에만 국한시킨 데 반해 맹자는 정치에까지 널리 적용시켰다. 공자에게 있어서 忠恕는 단지 內聖之道에 불과했지만 맹자에 의해서 忠恕는 外王之道에까지 확장되었다." 馮友蘭, 『中國哲學史』, 鄭仁在 譯, 형설출판사, 1977, 114쪽.

적으로 자각하여 모든 사람을 사랑하는 왕도정치에 있다는 확신에서 찾을 수 있다.[177]

그렇다면 맹자의 왕도사상은 어떠한 체계와 구조를 갖는가. 이를 알기 위해 우선 왕도(王道)의 본질적 의미와 그 특성을 구명해야 할 것이다. 그리고 다음으로 왕도의 철학적 근거와 왕도의 목표와 실현방법 등을 살피는 것이 중요하다. 여기에서 얻어지는 성과 여하에 따라서 맹자의 사유 방법과 왕도정치의 진면목에 관하여 어느 정도 새로운 전망을 확보할 수 있으리라고 판단한다.

주지하다시피 맹자의 정치사상은 인의(仁義)를 바탕으로 한 왕도사상으로 요약할 수 있다. 왕도는 패도(覇道)와 대비되는 말로서, 인덕(仁德)을 근본으로 하여 인간세상을 다스리는 인정사상(仁政思想)이다. 그것은 당우삼대(唐虞三代)를 통하여 실현되었던, 요순(堯舜) 이래 성왕(聖王)이 천하를 다스렸다는 덕치사상으로서 맹자만의 독창적인 사상은 아니다. 예컨대 『서경』 「주서」 홍범편[178]에서는 왕도를 "치자가 중도(中道)를 잡는 것"으로 풀이하여 왕도가 "편벽됨이 없고 편당함이 없으며[無偏無黨]' '상도에 위배됨이 없고 기울어짐이 없어야[無反無側]" 함을 밝힌 바 있고, 『주역』 지수사괘(地水師卦)[179]에서는 왕도를 사도(師道)로 해석하여 "백성을 용납하고 대중을 잘 길러내는 것"으로 설명한 바 있다. 이를 통해 알 수 있듯이 왕도는 선진유학 일반이 공통적으로 오랜 역사를 통하여 추구해 온 사상이며, 유학의 궁극적 이상인 대동사회를 성취하는 근본적인 바탕이다. 맹자는 이를 더욱 발전시키고 체계화시켜 '차마 모질게 하지 못하는 마음[不忍之心]'을 미루어 '차마 모질게 하지 못하

177) 王志躍, 『先秦儒學史概論』, 臺北: 文津出版社, 1994, 166쪽 참조.
178) 『書經』, 周書, 洪範. "無偏無党, 王道蕩蕩, 無党無偏, 王道平平, 無反無側, 王道正直."
179) 『周易』, 師卦, 大象傳. "象曰地中有水師, 君子以容民畜衆."

는 정치[不忍之政]'를 촉구하여, 인정(仁政)의 근거와 방법을 구체적으로 제시하였다.[180] 맹자는 "오직 인자(仁者)만이 높은 지위에 있어야 한다. 어질지 않은 자가 높은 지위에 있게 되면, 그 죄악이 많은 사람들에게 전파된다"[181]고 말하여, 왕도사상은 인간의 천부적 본성인 인의를 바탕으로 하는 유덕자(有德者)에 의해 달성되는 것이라고 주장하였다. 그러므로 왕도정치에서 가장 중요한 덕목은 인덕(仁德)이다. 인덕은 왕도의 필요 불가결한 바탕이며, 그러한 의미를 맹자는 다음과 같이 표현하였다.

> 사람은 모두 차마 남에게 모질게 하지 못하는 마음을 가지고 있다. 옛날의 선왕(先王)들은 차마 남에게 모질게 하지 못하는 마음이 있었기 때문에, 차마 남에게 모질게 하지 못하는 정치를 시행하였다. 이처럼 차마 남에게 모질게 하지 못하는 마음을 가지고 차마 남에게 모질게 하지 못하는 정사를 행한다면 천하를 다스림은 마치 손바닥 위에 있는 작은 물건을 움직이는 것처럼 쉬울 것이다.[182]

맹자가 왕도정치의 대원칙으로 제시하고 있는 인의도덕(仁義道德)은 바로 천의 소생자로서의 인간이 생래적으로 품수한 천리, 즉 자아의 본질인 덕성에 근거한 것임을 알 수 있다. 여기에서 이른바 패도를 배격하고 "어진 사람은 그 사랑하는 바로써 사랑하지 아니하는 것에까지 영향을 미치게 한다"[183]는 꿈을 실현하려고 했던 맹자 왕도사상의 핵심적

---

180) 趙憲文, 『先秦思想史要論』, 遼寧: 教育出版社, 1993, 192쪽 참조.

181) 『孟子』, 離婁章句上. "是以惟仁者宜在高位, 不仁而在高位, 是播其惡於衆也."

182) 『孟子』, 公孫丑章句上. "孟子曰人皆有不忍人之心, 先王有不忍人之心, 斯有不忍人之政矣, 以不忍人之心, 行不忍人之政, 治天下可運之掌上."

183) 『孟子』, 盡心章句下. "仁者, 以其所愛, 及其所不愛."

논거가 드러난다.

맹자는 인간의 도덕적 근거를 천도의 사상(四象)에 근거한 인성의 사덕에서 찾았던 것처럼, 왕도사상의 근거를 '남에게 차마 모질게 하지 못하는 마음[不忍人之心]'에서 구했다. 즉 그는 "공리적 계산에 의해 오염되지 않은 순수한 도덕적 동기"를 바탕으로 정치의 이상을 피력하였던 것이다. 이에 따라 그는 덕으로 인을 구현하는 정치, 즉 '인정'을 왕도로 이해하고, "정의로운 군주의 마음에 뿌리박은 사덕에 전적으로 의지함으로써만 도가 회복될 수 있다"[184]는 논리를 폈다.[185]

그러면 왕도와 패도는 어떻게 다른 것인가? 맹자는 이 문제를 다음과 같이 논했다.

> 무력을 가지고 인을 표방하는 것은 패도정치이다. 패도정치는 반드시 국력이 강대해야 한다. 덕을 가지고 인을 행하는 것은 왕도정치이다. 왕도정치는 반드시 강대한 국력을 필요로 하지 않는다. 탕임금은 70리 땅을 가지고 왕업을 이루었고, 문왕은 100리 땅을 가지고 왕업을 이루었다. 무력을 가지고 남을 복종시키면 (사람들이) 마음에 우러나서 복종하는 것이 아니라 (그들의) 힘이 모자라기 때문이다. 덕을 가지고 남을 복종시키면 (사람들이) 마음속으로 기뻐서 진정으로 복종하게 되니, 그것은 마치 칠십 명의 제자들이 공자에게 복종하는 것과 같은 것이다.[186]

---

184) 벤자민 슈월츠, 앞의 책, 397쪽.

185) 『周易』, 乾卦, 文言傳은 이를 "君子行此四德者"란 말로 표현한 바 있다.

186) 『孟子』, 公孫丑章句上. "以力假仁者覇, 覇必有大國, 以德行仁者王, 王不待大, 湯以七十里, 文王以百里, 以力服人者, 非心服也, 力不贍也, 以德服人者, 中心悅而誠服也, 如七十子之服孔子也."

위에서 드러나듯이 맹자가 가장 긴절하게 생각한 것은 왕도와 패도를 엄격히 구별하는 문제였다. 맹자에 의하면 '이익[利]에 대한 고려'에 기초한 패도는 천성(天性), 즉 인애(仁愛)에 근거하고 있는 왕도와는 본질적으로 다르다.[187] 왕도는 인의도덕으로 백성을 감화 · 심복시키는 정치이고, 패도는 무력 · 경제력 · 정치권력 등으로 백성을 굴복시키는 정치이기 때문이다. 또한 패도는 '힘과 강제를 신앙처럼 생각하는' 정치이고, 왕도는 '덕과 백성의 자유의지에 의한 복종'을 통하여 하늘의 뜻을 받드는 정치라고 할 수 있다.[188]

맹자는 "인의에 따라 행동하는 인간의 능력을 전제로 하는 경우에만 선한 사회적 결과들이 성취될 수 있다"[189]고 믿었다. 왕도는 백성의 마음을 얻고 백성과 하나가 되는 정치이다.[190] 그래서 주자도 "덕으로써 인을 행하면 내가 마음에 얻은 것을 가지고 미루어 나가서 가는 곳마다 인이 아님이 없을 것이다"[191]라고 말하였던 것이다. 이는 도덕과 예를 중시하는 공자 덕치주의의 계승으로서 생명 존중의 인도주의와도 상통하는 것이라 하겠다.[192] 맹자가 "살인하기를 좋아하지 않는 사람이 천하를 통일할 수 있다"[193]고 한 말과, "한 사람이라도 죄 없는 사람을 죽이면 인한 것이 아니다"[194]라고 한 말을 상기할 때 이 점은 명백하다. 따

---

187) 이 문제에 관한 더 자세한 논의는 呂振羽, 『中國政治思想史』, 北京: 人民出版社, 1981, 190~193쪽 참조.

188) 金谷治, 『孟子』, 鄭泰允 譯, 문경출판사, 1988, 57~58쪽 참조.

189) 벤자민 슈월츠, 앞의 책, 367쪽.

190) 『孟子』, 離婁章句上. "得其民有道, 得其心, 斯得民矣, 得其心有道, 所欲與之聚之, 所惡勿施爾也." 참조.

191) 『孟子』, 公孫丑章句上. "以德行仁, 則自吾之得於心者推之, 無適而非仁也."

192) 이 문제에 대해서는 저자의 논문 「孔子의 德治思想」, 『현대사상연구』 제4집, 목원대학교, 1987에서 보다 상세하게 논하였다.

193) 『孟子』, 梁惠王章句上. "不嗜殺人者能一之."

194) 『孟子』, 盡心章句上. "殺一無罪, 非仁也."

라서 참다운 의미의 정치란 인간의 본래성 그 자체인 '다른 사람을 차마 모질게 하지 못하는 마음[不忍人之心]'을 널리 펴나가는 정치, 곧 인정(仁政)이다. 그것은 인의의 도덕 구현을 통하여 안과 밖으로 백성의 마음을 얻고 백성과 함께 즐거워하고 함께 근심하는 세상을 만드는 정치이다. 『주역』의 말을 원용한다면 "백성을 바르게 다스려 이로써 왕 노릇 하는 일"[195]이며, "고귀한 것으로 비천한 것의 아래에 있으니 크게 백성을 얻는 일"[196]이다. 맹자가 국가나 군주보다도 백성이 더 귀한 존재임을 분명하게 밝힌 것도 이러한 인식의 소산일 것이다.[197]

> 영토를 다시 더 개척할 필요도 없고 백성을 더 모을 필요도 없으니, 인정(仁政)을 행하여 진정한 왕자가 된다면 그 누구도 이것을 막을 수가 없을 것이다. 또 왕자(王者)가 나오지 않은 지가 지금보다 더 드물었던 적이 없었으며, 백성들이 포악한 정치에 시달려 초췌해진 것이 지금보다 더 심한 적이 없었다. 굶주린 사람은 먹을 것을 가리지 않고 목마른 사람은 마실 것을 가리지 않는다. 공자께서는 "도덕정치가 퍼져나가는 것이 역마(驛馬)를 마련하여 명령을 전달하는 것보다 빠르다"고 하였다. 지금 같은 때를 당하여 만승(萬乘)의 나라가 인정을 행한다면 백성들이 기뻐하기를 마치 거꾸로 매달린 사람을 풀어주는 것과 같다 할 것이다.[198]

195) 『周易』, 師卦, 彖傳. "能以衆正, 可以王矣."
196) 『周易』, 屯卦, 小象傳. "以貴下賤, 大得民也."
197) 『孟子』, 盡心章句下. "民爲貴, 社稷次之, 君爲輕." 참조.
198) 『孟子』, 公孫丑章句上. "地不改辟矣, 民不改聚矣, 行仁政而王, 莫之能禦也, 且王者之不作, 未有疏於此時者也, 民之憔悴於虐政, 未有甚於此時者也, 飢者易爲食, 渴者易爲飮, 孔子曰德之流行, 速於置郵而傳命, 當今之時, 萬乘之國行仁政, 民之悅之, 猶解倒懸也."

맹자께서 말씀하셨다. "패자(覇者)의 백성들은 기뻐 날뛰는 듯한 표정들이지만 왕자(王者)의 백성들은 마음이 편한 표정들이다. 백성들은 죽여도 원망하지 않으며, 이롭게 해주어도 고마워할 줄 모른다. 백성들이 날로 선해지고 좋게 발전해 나가도 누구 때문에 그렇게 되는지 알지 못한다. 군자가 지나가는 곳은 사람들이 모두 감화를 받고, 머물러 있는 곳은 신묘해져서 위아래가 천지와 더불어 흐른다. 어찌 작은 도움이라고 하겠는가."[199]

이렇게 말하면서 맹자가 이익추구와 무력만을 숭상하는 패도정치(覇道政治)를 배격하고, 인정(仁政)만이 사람을 살릴 수 있는 정치이며 그것이 곧 왕자(王者)의 길이라고 선언했을 때 왕도정치(王道政治)의 본질적 의미가 분명하게 드러난다.

요컨대 왕도정치란 패도정치처럼 '이익[利]'과 '무력'을 앞세워 사람들을 억지로 따르게 하거나 지배하는 정치가 아니다. 그것은 지극히 순수하고 자연스레 행해지는 정치이며, 일체의 인위적인 장식이나 조작이 가해지지 않은 인간의 본원적 심성에 바탕을 둔, 그래서 만인이 속으로부터 기뻐하여 복종하는 정치이다. 『주역』 택화혁괘(澤火革卦) 「단전」의 "탕임금과 무왕이 혁명을 하여 하늘의 뜻을 따르고 백성의 소망에 호응하였다"[200]라는 한 대목은 그러한 정치사상을 단적으로 나타내고 있다. 이러한 입장을 취할 때 물리적 강제력보다 도덕성을 중시함은 매우 자연스러운 일일 것이다. 여기에는 인간의 존재근거가 하늘에 있고, 정치의 목적은 백성들의 안정된 경제적 토대[恒産]를 마련하는 것뿐만 아니

199) 『孟子』, 盡心章句上. "孟子曰覇者之民驩虞如也, 王者之民皥皥如也, 殺之而不怨, 利之而不庸, 民日遷善而不知爲之者, 夫君子所過者化, 所存者神, 上下與天地同流, 豈曰小補之哉."

200) 『周易』, 革卦, 彖傳. "湯武革命, 順乎天而應乎人, 革之時大矣哉."

라 인간 개개인의 생명과 도덕적 삶을 보장해야 한다는 인식이 전제되어 있다.

그런 점에서 맹자는 왕도정치를 통해 인간을 단순히 '통치의 대상'으로만 생각하지 않고, 인간존재는 천명으로 주어진 자신의 본래적 덕성을 주체적으로 자각할 수 있으며, 또한 그로 인하여 자신의 인격적 완성은 물론 다른 존재의 존재 의미까지도 구현·완성시켜줄 수 있는 도덕적 존재라고 여겼음을 알 수 있다.

② 왕도의 철학적 근거

맹자는 공자의 인사상(仁思想)을 계승하여 그것을 '인심(仁心)'과 '인정(仁政)'의 이론으로 발전시켰다.[201] 그것이 이른바 왕도사상이다. 왕도사상은 인의(仁義)의 도덕적·정치적 구현이 주된 특징이다. 왕도란 '이익[利]'과 '무력'이 아니라 인의도덕(仁義道德)의 실천·구현을 통하여 백성을 감화·심복시키는 정치로서, 이익 추구와 물리적 힘만을 숭상하고 인간의 내적 자아의 본질인 덕성을 무시하는 패도와는 질적으로 구별된다.

왕도정치는 '천지호생(天地好生)의 덕'을 체인하여 안으로는 백성의 마음을 얻고 밖으로는 천하에 적이 없는 세상을 만드는 정치이기 때문이다.[202] 여기에서 맹자는 백성을 국가나 군주보다 더 귀중한 존재로 선언하여 왕도사상의 최종목표를 인간 개개인의 도덕적 완성과 사사물물의 완성을 통한 평천하(平天下)의 세계 구현에 두었던 것이다. 맹자는 그것을 "자기 몸을 바르게 하여 사사물물을 바르게 하는 것[正己而物正]"[203]으로 요약하여 표현한 바 있다.

---

201) 蕭公權, 앞의 책, 148쪽 참조.
202) 陳立夫, 『人理學』, 臺北: 中華書局, 1981, 435~437쪽 참조.

새삼스레 설명할 필요도 없이 왕도는 맹자의 순수한 도덕적 동기와 이상(理想)이 투영된 정치사상이다. 맹자는 왕도정치를 통하여 지선(至善)한 사회를 만들 수 있다고 확신했고, 그 철학적 근거를 인간의 본유적인 덕성, 즉 '사단설[四善端]'에서 찾았다.[204] 이것이 바로 그 유명한 성선설이다. "공자의 '인간 성품은 서로 비슷하다[性相近]'는 사상을 발전시킨 것"[205]이라고 하는 성선설은 이러한 입론에 바탕을 두고 있는 맹자의 정치사상에서 가장 중요한 이론이다. 그것은 왕도와 패도를 구분하는 핵심적 준거이자 척도이기 때문이다. 그 핵심은 "첫째, 사람에게는 공통적인 본성, 곧 보편적 인성이 있다. 둘째, 사람의 본성은 선하며 인성 자체는 본디 선한 덕의 가치를 갖고 있다. 셋째, 사람의 악은 후천적인 환경과 습관에 의해 형성된 것이므로 교육과 교화의 작용이 중요하다"[206]는 주장이다. 그런데 사람의 본성이 선하다 함은 인의예지의 도덕심이 인성에 고유한 것이며 선천적이고 내재적임을 전제로 한 것과 똑같다. 이 경우 "도덕심은 인격의 존엄성을 수립할 수 있는 근거로서 무엇과도 비교할 수 없는 절대적 가치를 지닌 도덕 주체이다."[207] 그러기에 맹자는 인의예지의 도덕심을 모든 덕목 가운데서 첫째가는 가치로 삼았고, 특히 인의에 대해서는 더욱 그러하였다. 인은 사람이 사람답게 사는 가장 편안한 집이고, 의는 사람이 마땅히 가야 할 가장 합당하고 올바른 길이기 때문이다.[208] 물론 이러한 인의는 예와 지를 포괄하고 사덕을 대표하는 개념이다.

---

203) 『孟子』, 盡心章句上.
204) 謝扶雅, 『中國政治思想史綱』, 臺北: 中華書局, 1956, 65쪽 참조.
205) 朱伯崑, 앞의 책, 104쪽.
206) 劉蔚華·苗潤田, 『稷下哲學』, 곽신환 옮김, 철학과 현실사, 1995, 140쪽.
207) 王邦雄, 『孟子哲學』, 87쪽.
208) 『孟子』, 離婁章句上. "仁人之安宅也, 義人之安路也."

이렇게 볼 때, 맹자가 강조한 성선이란 곧 '선'이라고 하는 측은, 수오, 사양, 시비의 4가지 보편적 가치를 자각하고 구현할 수 있는 능력이며, 구체적으로 "자아를 반성하고 자신에 대한 마음을 미루어 남을 대하는 데 힘씀"을 통하여 자아를 확대하고 자아를 완전하고 선하게 하는 것을 뜻한다.[209] 맹자에 따르면 "사람이 측은, 수오, 사양, 시비를 자각하는 것은 목전(目前)의 자각적인 생활 중에 수시로 드러나는 일이며 이 역시 모두가 가치를 자각하고 구현하는 일이다."[210] 이와 같은 입론은 인의의 도덕이 보편적이고 내재적이며 자발적이고 자연적임을 주장함으로써 인간의 심성 속에는 '보편적 선의지(善意志)'와 '가치를 자각하는 의식'이 내재해 있음을 논증코자 한 것으로 해석된다. 이러한 주장에는 반드시 가치를 자각하고 실현코자 하는 인간존재의 도덕적 각성과 능력이 요구되며, 또한 후천적인 학습과 수양의 문제가 뒤따르게 마련이다. 이런 이유에서 맹자는 인간을 크게 대체(大體)를 따르는 대인과 소체(小體)를 따르는 소인으로 나누었다.[211] 대인은 본심을 좇아 그것을 보존하고 기르는 사람이고, 소인은 눈 · 귀 같은 감각기관만 좇아 물욕을 추구하는 사람이다. 이는 "군자는 의(義)에 밝고 소인은 이(利)에 밝다.[君子喩於義, 小人喩於利]"고 한 공자의 말을 계승한 것으로 "천리를 보존하고 인욕을 제거한다[存天理 滅人欲]"는 송명(宋明) 이학(理學)의 금욕주의의 근원이 되었다.[212] 이렇게 보면 대인과 소인의 차이는 본질적인 것은 결코 아니며, 후천적인 학습과 수양의 결과로 나타난 현상일 뿐이다. 맹자가 이상적 인간상으로 제시한 대인은 도덕적 탁월성을 지닌 인간이며

---

209) 劉蔚華 · 苗潤田, 앞의 책, 146~148쪽 참조.

210) 『孟子』, 公孫丑章句上. "凡有四端於我者, 知皆擴而充之矣, 若火之始然, 泉之始達. 苟能充之, 足以保四海, 苟不充之, 不足以事父母." 참조.

211) 『孟子』, 告子章句上. "從其大體爲大人, 從其小體爲小人." 참조.

212) 劉蔚華 · 苗潤田, 앞의 책, 147쪽.

"천하와 더불어 즐거워하고 천하와 더불어 근심하는" 대장부이다.[213] 그런 점에서 대인은 인의예지 사덕을 유감없이 발현하여 사덕을 몸에 갖추고 그것을 도덕적 · 정치적으로 구현한 자라고 할 수 있다.

대인은 곧 왕자(王者)를 가리키는 것으로, 『주역』 천택리괘(天澤履卦)의 "위와 아래를 바로잡고 백성들의 뜻을 하나로 통일시키는"[214] 군자를 의미한다. 맹자는 바로 이에 근거하여 모든 인간이 사덕을 주체적으로 자각하여 이를 실천하기만 하면 마침내 평천하(平天下)의 세계를 기약할 수 있다고 주장하였던 것이다. 이것이 맹자 왕도사상의 철학적 근거이다.

③ 왕도의 목표와 실현방법

공자가 태어난 춘추시대(春秋時代)나 맹자가 살았던 전국시대(戰國時代)는 정치적으로나 사회적으로 혼란이 극한 세기말적 상황이었다. 이는 주실(周室)의 봉건세력이 그 권위를 잃게 되자 제후들이 이를 계기로 패권 다투기에 여념이 없었기 때문이다. 그리하여 전쟁에 광분하여 살인하기를 좋아하지 않는 자가 없었으며[215] 오직 이익추구와 힘의 대결만이 존재하며, 인간의 도덕성에 근거한 사랑이나 사회정의 같은 것은 결코 찾아 볼 수 없는 수화(水火)의 재난 속에서 사람들은 한시도 마음을 놓을 수가 없었다.

『춘추』의 기록에 "살군(殺君)이 36번이요, 망국(亡國)이 52번이고, 싸움에 패하여 그 사직(社稷)을 보존치 못한 제후의 수는 일일이 헤아릴 수도 없이 많다"[216]고 한 것을 보면 가히 그 정황을 짐작할 수 있다. 맹

---

213) 『孟子』, 滕文公章句下. "居天下之廣居, 立天下之正位, 行天下之大道, 得志與民由之, 不得志獨行其道, 富貴不能淫, 貧賤不能移, 威武不能屈, 此之謂大丈夫." 참조.

214) 『周易』, 履卦, 大象傳. "象曰, 上天下澤履, 君子以辯上下定民志."

215) 『孟子』, 梁惠王章句上. "今天下之人物, 未有不嗜殺人者也."

자는 이러한 난세를 바로잡아 구제하고 인류의 평화를 가져올 수 있는 길은 오직 인간의 도덕성을 근거로 한 인의도덕(仁義道德)의 구현밖에 없다고 확신하였다. 따라서 맹자 자신의 궁극적 목표이며 이상이기도 한 인의도덕의 실현은 곧 천명의 수행이며 왕도의 구현인 것이다.

그러면 왕도정치 구현의 실재적 수단은 무엇인가? 국가사회의 질서를 확립하고 백성을 구원하는 최선의 방책은 여러 가지가 있겠으나, 그중에서 가장 긴요한 것은 백성들로 하여금 자신의 고유한 능력과 주어진 직책에 따라 자기를 최대한으로 실현할 수 있는 안정되고 보람된 삶의 터전을 마련해 주는 일일 것이다. 그러므로 왕도정치가 민생문제의 해결을 선결조건으로 하는 것도 바로 이 때문이다.[217] 맹자는 백성을 구원하는 제일단계로 '양민(養民)'을 들고 있는데, 그것은 왕도정치가 경제문제와 불가분의 관계를 맺고 있음을 나타내 주는 좋은 단서가 된다.

> 농사철을 어기지 않게 하면 곡식을 다 먹을 수 없고, 촘촘한 그물을 웅덩이와 못에 넣지 않으면 고기와 자라를 다 먹을 수 없으며, 도끼와 낫을 제때 산림에 들여놓으면 재목을 다 쓸 수 없게 될 것이다. 곡식과 물고기와 자라를 다 먹을 수 없으며, 재목을 다 쓸 수 없다면, 이것은 백성들로 하여금 산 사람을 부양하고 죽은 사람을 장사지내는 데 아무런 유감이 없게 하는 것이다. 백성들이 산 사람을 부양하고 죽은 사람을 장사지내는 데 아무런 유감이 없게 하는 것이 왕도정치의 시작이다.[218]

---

216) 『史記』, 太史公自序. "春秋之中, 殺君三十六, 亡國五十二, 諸侯走不得保其社稷者不可勝數."

217) 陳立夫, 『孟子之政治思想』, 臺北: 中華書局, 1973, 165쪽 참조.

218) 『孟子』, 梁惠王章句上. "不違農時, 穀不可勝食也, 數罟不入洿池, 魚鼈不可勝食也, 斧斤以時入山林, 林木不可勝用也, 穀與魚鼈不家勝食, 林木不可勝用, 是使民養生喪死無憾也, 養生喪死無憾, 王道之始也."

위의 예에서도 볼 수 있듯이 맹자는 왕도정치를 통한 도덕세계의 구현이 민생의 안정, 즉 백성들의 기본적인 생활조건을 보장하는 데서부터 시작해야 함을 강조하고 있다. 그것은 "민생정책이 곧 왕도주의의 인정(仁政)시행의 기본정책이며, 또한 왕도(王道) 실행의 기초가 되기 때문이다."[219] 맹자에 의하면 일반 백성들이 인간으로서의 품위를 유지하고 인간다운 도리를 지키면서 살 수 있는 길은 첫 번째로 경제적 기반의 확보, 즉 백성들로 하여금 양생(養生)·상사(喪死)에 유감이 없게 하는 것이다. 이것이 허락되지 않으면 사람들은 선천적으로 부여받은 도덕성을 제대로 보존하기가 어렵고, 그로 인해 마침내 금수보다 못한 존재로 전락하게 되고 만다. 그렇다고 맹자가 왕도정치의 첫 번째 강령으로 백성들을 위한 경제정책을 제시하고는 있지만, 그 목적이 단지 '양민(養民)'에만 있었던 것은 아니라는 사실이다. 그것은 그가 '양민'을 어디까지나 인간에게 선천적으로 주어진 인의도덕을 참되게 실현하기 위한 하나의 방편 내지 선행시책에 불과한 것으로 이해하고 있었기 때문이다. 그러므로 맹자는 양혜왕에게 왕도정치를 설파하면서 백성들의 생활이 물질적으로 안정되게 되면 그다음에는 반드시 도덕교육을 시켜야 된다는 사실을 다음과 같이 주장하였던 것이다.

> 다섯 이랑의 택지에다가 뽕나무를 심으면 오십대의 사람들이 비단옷을 입을 수 있고, 닭이나 돼지, 개 등의 가축을 기르는 데 번식하는 시기를 놓치지 않게 하면 칠십대 노인이 고기를 먹을 수가 있다. 백 이랑의 밭에 경작시기를 빼앗지 않는다면 여러 명의 식구를 가진 가구가 굶주리는 일이 없게 될 것이다. 학교의 교육을 신중하게 실시하여 효성과 우애의 의리를 되풀이하여 가르친다면 반백의 노인이 등에 짐을

---

219) 賀榮一, 『맹자 왕도주의』, 박삼수 옮김, UUP, 106쪽.

지거나 머리에 짐을 이고 길을 다니지 않게 될 것이다. 칠십대 노인이 비단옷을 입고 고기를 먹으며, 일반 백성들이 굶주리거나 헐벗지 않게 되고서도 왕 노릇을 하지 못한 사람은 지금까지 있어 본 일이 없다. 개와 돼지가 사람이 먹어야 할 곡식을 먹는데도 단속하여 제지할 줄 모르고, 길에는 굶어 죽은 시체가 나뒹굴고 있는데 창고의 곡식을 풀 줄 모르며, 백성들이 죽으면 '내가 죽인 게 아니라 흉년이 그렇게 만든 것이다'라고 한다면 이는 칼로 사람을 찔러 죽이고는 '내가 죽인 것이 아니라 칼이 그렇게 한 것이다'라고 하는 것과 무엇이 다른가. 만약 왕께서 모든 것을 흉년의 탓으로 돌리지 않는다면 그때에는 천하의 백성들이 모여들 것이다.[220)]

민생의 안정과 교육을 통한 백성 개개인들의 도덕적 심성 계발은 왕도정치의 궁극적 목표이다. 그러므로 치자는 반드시 양민·보민(保民)정책을 시행하여 일반 백성들로 하여금 물질적으로 안정되게 확실한 경제적 기반을 마련해 주어야 한다. 또 그 위에 교육제도를 수립하여 인간이 짐승과 다른 존재임을 알도록 각자가 천명으로 받은 도덕심을 계발·각성시켜 정신적으로 안정되고 윤리적으로 정당한 삶을 살 수 있도록 해 주어야 한다는 것이다. 이렇게 볼 때 맹자가 경제문제와 교육문제를 아울러 거론한 점은 표면상의 명분에만 그치지 않는 실질적 의미를 가졌던 것이라고 하겠다. 그러나 그가 더 강조하고 싶었던 것은 아마도 교육문제였을 것이다. 사람은 인륜도덕을 통해서만 사람이 될 수 있고 사람

---

220) 같은 책, 같은 곳. "五畝之宅, 樹之以桑, 五十者可以衣帛矣, 鷄豚拘彘之畜, 無失其時, 七十者可以食肉矣, 百畝之田, 勿奪其時, 數口之家可以無飢矣, 謹庠序之教, 申之以孝悌之義, 頒白者, 不負戴於道路矣, 七十者衣帛食肉, 黎民不飢不寒, 然而不王者, 未之有也, 狗彘食人食而不知檢, 塗有餓莩而不知發, 人死則曰非我也勢也, 是何異於刺人而殺之, 曰非我也兵也, 王無罪歲, 斯天下之民至焉."

다움을 완벽하게 현실적으로 구현시킬 수 있는 존재이기 때문이다.

하여튼 그는 왕도정치의 실현과 도덕사회의 완성은 일차적으로 경제적 문제 해결에 있다고 생각하여 등문공(滕文公)이 치도(治道)의 방책을 물었을 때 다음과 같이 대답하였던 것이다.

> 백성들의 생활방식은 일정한 생활 근거가 있는 사람은 항심(恒心)을 지니고, 일정한 생활 근거가 없는 사람은 항심도 없는 것이다. 진실로 항심이 없으면 행실이 방탕하고 편벽되고 사악하고 사치하며 못하는 짓이 없게 된다. 죄에 빠지게 된 연후에 이를 따라서 처벌한다면 그것은 백성들을 그물을 쳐놓고 잡는 것이다. 어찌 어진 사람이 임금의 자리에 있으면서 백성들을 그물 쳐서 잡는 일을 할 수 있는가. 그러므로 어진 임금은 반드시 공손하고 검소하며, 아랫사람들을 예법으로 대하고, 백성들에게 세금을 거두는 데에는 일정한 제도를 가지고 하였다.[221]

일반 백성은 언제나 일정한 경제적 여건[恒産]이 허락되어야만 자아의 본질적인 덕성[恒心]을 유지할 수가 있고, 그러하지 못할 때에는 항심을 잃게 되어 죄를 짓고 형벌을 받게 되는 지경에까지 전락하게 된다는 것이다. 여기서 항산과 항심은 상호 관련되며, 보다 구체적으로는 교양 있는 자를 제외한 일반 백성의 항심은 언제나 항산에 의존하고 또 그것을 떠날 수 없다는 사실이다. 맹자가 "일정한 생활 근거가 없어도 일정한 마음을 갖는 것은 오직 선비만이 할 수 있다. 일반 백성들에 이르면 일정한 생활 근거가 없으면 일정한 마음을 갖지 못한다"[222]라고 말한 것

---

221) 『孟子』, 滕文公章句上. "民之爲道也, 有恒産者有恒心, 無恒産者無恒心, 苟無恒心, 放僻邪侈, 無不爲已, 及陷乎罪, 然後從而刑之, 是罔民也, 焉有仁人在位, 罔民而可爲也, 是故賢君必恭儉 禮下, 取於民有制."

에서 이 점이 분명하게 확인된다.

이 경우 생존을 위한 기초적 생업을 의미하는 항산과, 사람이 언제나 가지는 보편적 도덕심으로서의 항심은 대립하는 것이 아니라 상호보완적이다. 거기에는 단지 선후의 차이가 있을 뿐이다. 그래서 맹자는 도덕의 기반으로서의 항산 못지않게 도덕교육을 통한 인간 본래성의 계발·확충을 강조하였던 것이다.

> (수재(水災)가 안정된 후에 순(舜)임금은 또) 후직(后稷)을 보내어 백성들에게 농사짓는 법을 가르쳐 오곡을 심게 하였는데, 오곡이 익자 백성들이 살게 되었다. 사람이 사는 도리가 배불리 먹고 따뜻하게 입고 편안하게 산다고 하더라도 가르치지 않으면 짐승의 생활에 가깝게 된다. 성인은 바로 그 점을 근심하여 설(契)을 사도(司徒)로 삼아 백성들에게 인륜도덕을 가르쳤다. 아버지와 자식 사이에는 친애함이 있고, 임금과 신하 사이에는 의리가 있고, 남편과 아내 사이에는 분별이 있고, 어른과 어린이 사이에는 순서가 있고, 친구 사이에는 믿음이 있다.[223]

인간이 경제적인 풍요함 속에서 오직 그것만 탐닉하고, 사람된 까닭을 다하지 않으면, 인간의 품위는 물론 그 존립근거마저 사라지게 되어 짐승의 경지에 이르게 된다는 것이다. 다시 말하여 인간이 단지 물질적인 실리만 추구하고, 교육을 통해서 자기의 본래적 덕성을 계발하고 실현하지 않을 때, 인간은 인간으로서의 존재의미를 상실하게 되어 마침

---

222) 같은 책, 같은 곳. "無恒產而有恒心者, 惟士爲能, 若民則無恒產, 因無恒心."

223) 같은 책, 같은 곳. "後稷教民稼穡, 樹藝五穀, 五穀熟而民人育, 人之有道也, 飽食煖衣, 逸居而無教, 則近於禽獸聖人有憂之, 使契爲司徒, 教以人倫, 父子有親, 君臣有義, 夫婦有別, 長幼有序, 朋友有信."

내는 금수와 구별되기 어려운 상태로 전락하고 만다는 것이다.[224)]

그런데 맹자의 왕도정치에 있어서 경제문제가 중요시되는 것은 단지 인의도덕을 실현하기 위한 수단에 지나지 않으며, 최종목표는 실로 사람으로 하여금 '사람답게 살 수 있는 존재근거[人之所以爲人]', 즉 인간의 잠재적 도덕 가치를 충분히 발휘하고 실현하여 결국 이 사회가 도덕력이 생동하는 평화의 공간이 될 수 있도록 하자는 데에 있다. 맹자의 이러한 이상들이 잘 반영되어 나타난 것이 그가 경제정책의 구체적 실천방안으로 제시하고 있는 이른바 '정전법(井田法)', '박세(薄稅)', '경형(輕刑)' 등의 제도라 하겠다.[225)]

그런데 여기서 우리가 유의하고 넘어갈 한 가지는 맹자가 이익[利]을 무조건 경시한 것이 아니라, 편벽된 사리사욕, 즉 공익을 떠난 이익만을 배격했다는 사실이다. 사리사욕을 배제한다는 것은 곧 치자는 개인적 욕망을 추구해서는 안 되며, 이익은 백성과 나누어 갖고 욕구 또한 그들과 함께 충족해야 한다는 뜻으로 해석해도 좋을 것이다. 다음 맹자와 양혜왕과의 문답은 그 좋은 예가 된다고 하겠다.

> 왕께서 어떻게 하면 내 나라를 이롭게 할 수 있을까 하고 말을 하면, 대부는 어떻게 하면 내 집을 이롭게 할 수 있을까 하고 말할 것이고, 일반 관리나 백성들은 어떻게 하면 나 자신을 이롭게 할 수 있을까 하고 말할 것이다. 이처럼 상하가 서로 자신의 이익만을 취하게 된다면 나라는 위태롭게 될 것이다.[226)]

---

224) 蕭公權에 의하면 '養'과 '教'는 王道를 현실적으로 구현시키는 두 개의 큰 근본[大端]이다. 蕭公權, 앞의 책, 173쪽 참조.

225) 이 문제에 관한 더 자세한 논의는 金吉洛, 「孟子 王道思想의 硏究」, 충남대 박사학위 논문, 1976, 19~23쪽 참조.

226) 『孟子』, 梁惠王章句上. "王曰何以利吾國, 大夫曰何以利吾家, 士庶人曰何以利吾身, 上下交征利而國危矣."

만약 치자가 인의의 도덕을 바탕으로 한 공익을 추구하지 않고 오직 사리만을 좇게 되면, 그에 따라 군신, 부자, 형제 등 모든 사람들이 서로 최대한의 이익을 쟁취하려는 바람에 사회는 전반적으로 무질서와 혼란에 떨어지게 되고 종국에는 멸망하는 지경까지 이르게 된다. 바꾸어 말하면, 사리를 단호히 배격하고 인의도덕을 바탕으로 하여 치자를 비롯하여 모든 국민이 공익과 공공의 선을 추구할 때 그 나라는 평화와 안전을 얻게 되어 언제까지나 부강한 도덕적 사회로 발전하게 된다는 것이다.

맹자가 사리를 배격하고 인과 의를 근거로 하여 얻어지는 공공의 이익을 역설한 것은, 경제적인 문제를 떠나 다만 도덕만을 강조하려는 의도가 아닐 것이다. 그것은 경제정책에 있어서 사랑과 정의를 바탕으로 한 부의 공평균등한 분배의 원리를 말하고자 함에 있다고 하겠다. 본시 국가발전의 근본적인 장애는 부의 재분배 과정에서 일어나는 여러 가지의 악폐에 있다고 할 수 있다. 백성들의 경제생활에 있어서 부가 독점되지 않고 평등과 균점을 얻게 되면 사회 안정은 물론 국가발전도 자동적으로 이루어지기 때문이다. 이는 물론 일반 백성의 이익을 옹호하는 입장으로서 "많은 것은 덜고, 적은 것은 보태줌으로써 사물의 균형을 살피고 시책을 공평하게 한다"[227]라는 『주역』 지산겸괘(地山謙卦)의 말과도 상통하는 것이기도 하다.

맹자는 그리하여 치자들에게 인의도덕의 참된 구현은 오직 '여민동락(與民同樂)'에 있음을 강조하기에 이른다. 예컨대 "백성들과 함께 즐거움을 같이한다면 치자가 되는 데 아무런 어려움이 없다."[228] '풍류(風流)'[229]나 '재화(財貨)'[230] 그리고 심지어는 '호색(好色)'[231]을 즐김에 있

227) 『周易』, 謙卦, 象傳. "君子以裒多益寡, 稱物平施."
228) 『孟子』, 梁惠王章句上. "與百姓同之, 於王何有."
229) 『孟子』, 같은 책, 같은 곳. "今王與百姓同樂, 則王矣."
230) 『孟子』, 같은 책, 같은 곳. "王如好貨, 與百姓同之, 於王何有."

어서까지 그것을 백성들과 함께 즐겨야 진실로 치자다운 치자가 될 수 있는 것이다. 이와 같이 여민동락 사상을 강조한 맹자는 들에 굶어 죽은 시체가 널릴 정도로 도탄에 빠진 민생고를 외면하는 전제권력의 횡포에 대하여, 백성들의 보복과 천으로부터의 버림받음을 심각하게 경고하면서 부정의 소재를 부의 분배에 있어서의 불균형에서 찾았던 것이다.

맹자는 또 인간은 누구나 '사덕'을 실현할 수 있는 자아 본래의 고유한 덕성을 구유하고 있는 존재이니만큼 백성의 기본권은 마땅히 보장되어야 하며, 또 평등하게 향유되어야 함을 강조하면서, "백성[民]과 치자와 사직(社稷) 중에서 백성이 가장 귀한 존재"[232]임을 밝힌 바 있다. 이렇게 맹자가 백성을 귀하게 여긴 까닭은 그 당시 절대다수의 백성들이 전쟁과 수탈에 무참하게 짓밟히고 곤욕을 당하고 있음에 반하여, 치자를 위시한 극소수의 특권층들은 왕권의 확립과 권력신장의 미명하에 온갖 사치와 부귀영화와 부패를 자행하는 것을 목격한 데서 생겼으리라고 본다. 여기서 그는 왕도정치가 맹목적으로 기존의 국가사직 체제를 강압적, 무력적으로 옹호하여 성립하는 것도 아니며, 또한 정치 원리나 이념의 추상적 가치를 정립시키고, 그 추상적 관념을 마치 정의인 것처럼 하면서 정권을 유지하는 것에서 성립하는 것도 아님을 보았던 것이다.[233] 따라서 맹자가 사직이나 치자보다도 백성을 더욱 소중히 여겼던 본래적인 이유가 여기에 있다고 할 수 있다.

백성은 실로 국가의 주체이다. 영토 없는 국가나, 치자 없는 국가란 생각할 수 있어도 백성 없는 국가란 생각할 수조차 없는 일이다. 맹자 왕도정치의 근본이념을 단적으로 표현한다면 민본주의 내지 위민주

231) 『孟子』, 같은 책, 같은 곳. "王如好色, 與百姓同之, 於王何有."
232) 『孟子』, 盡心章句下. "民爲貴, 社稷次之, 君爲經."
233) 金炯孝, 『現實에의 哲學的 接近』, 도서출판 물결, 1976, 142쪽 참조.

의[234]라 할 수 있다. 민본이란 "백성은 가까이 친애하여야 하고 멀리해서는 안 된다. 왜냐하면 백성은 나라의 근본이니, 근본이 튼튼하고 확실할 때만 나라가 편안하기 때문이다"[235]라고 한 『서경』「하서(夏書)」를 근거하여 생긴 말이라 본다. 민본주의 사상은 당연히 백성을 사랑하고 존중하는 애민(愛民)과 중민(重民)을 강조한다.[236] 백성의 귀중함과 민권에 대한 논의는 유가 경전의 여러 곳에서 발견되지만 특히 『논어』의 "문밖에 나가서는 귀한 손님을 맞는 듯이 하고, 백성을 부릴 때에는 큰 제사를 받들어 모시는 것처럼 해야 한다"[237]라고 한 진술은 이의 대표적인 전거라 할 수 있다.

맹자는 "만물의 이치가 모두 내 안에 갖추어져 있다[萬物皆備於我矣]"라고 하고 이어서 "자기 마음을 다하면 자기 본성을 알게 된다. 자기 본성을 알면 천명을 깨닫게 된다"[238]라 하여 인간은 생래적으로 도덕의 원리는 물론 우주만물의 존재원리까지도 품수한 지극히 존엄한 도덕주체이므로, 부단한 내적 성찰과 수신(修身)을 통하여 자기의 선한 본성을 다한다면 천인합덕(天人合德)의 높은 정신적 상태까지 도달할 수가 있다고 하였다. 그러므로 맹자는 다른 무엇보다도 백성을 귀중한 존재로 생각했고, 또한 그를 근본으로 하여 자기 정치이론을 전개하였던 것이다.

맹자의 왕도정치가 민본정치임을 명쾌하게 설명하고 있는 곳은 「만장장구」 상편인데, 이에 의하면 요임금이 돌아간 뒤 천자의 지위가 그의 아들 단주(丹朱)에게로 가지 않고 순(舜)으로 계승된 것은 백성들이 그것을 받아들였기 때문에 가능했던 것이다.[239] 이것은 천의(天意)가 언제

---

234) 陳立夫, 앞의 책, 149쪽 참조.

235) 『書經』, 夏書, 五子之歌. "民可近, 不可下, 民惟邦本, 本固邦寧."

236) 安炳周, 앞의 책, 48쪽 참조.

237) 『論語』, 顔淵. "子曰出門如見大賓, 使民如承大祭."

238) 『孟子』, 盡心章句上. "盡其心者, 知其性也, 知其性, 則知天矣."

나 백성의 여망을 토대로 하고 있음을 시사한다. 따라서 왕위를 양수(讓受)하는 대상 인물의 결정은 그의 덕행과 실적이 천의 뜻, 즉 백성의 뜻에 합당한지 그렇지 않은지에 달려 있다는 것이다. 또한 맹자가 그의 민본사상을 논증하기 위하여 인용한 다음의 예문들도 천의 의지는 곧 백성의 여망을 통하여 현세에 구현된다고 하는 좋은 본보기라 할 수 있겠다.

> 하늘은 우리 백성들이 보는 것을 통하여 보고, 하늘은 우리 백성들이 듣는 것을 통하여 듣는다.[240]

> 백성들이 하고자 하는 바는 하늘도 반드시 따른다.[241]

왕도정치에서 강조되고 있는 백성의 여망이란 도덕원리의 의식 내지 성숙한 이성을 소유한 인격적 존재의 여망을 뜻한다. 거기에는 털끝만치의 불순한 사의(私意)도 개재되거나 용납될 수 없다. 그러므로 왕도의 민의정치(民意政治)는 궁극적으로 진리, 즉 천명에 따르는 정치라고 할 수 있다.

그리고 왕도정치사상에 있어서 천명이란 한 사람, 한 왕조에 국한된 상주불변하는 것이 아니기 때문에 민심을 잃게 되면 언제든지 다른 곳으로 넘어가게 된다. 『시경』의 「대아(大雅)·문왕편(文王篇)」에 보이는 "천명은 일정하지 않다[天命靡常]"라는 구절은 그 단적인 표현이라 하겠다. 맹자에 의하면 치자의 임무는 백성들로 하여금 "산 사람을 봉양하고

---

239) 『孟子』, 萬章章句上. "昔者堯薦舜於天, 而天受之, 暴之於民, 而民受之." 참조.
240) 『書經』, 周書, 泰書中. "天視, 自我民視, 天聽, 自我民聽."
241) 같은 책, 泰書上. "民之所欲, 天必從之."

죽은 사람을 장사지내는 데 유감이 없도록" 그들의 기본적인 생존권을 보장하여 주고,[242] 또한 그들로 하여금 자신의 고유한 능력과 개성을 최대한 발휘하여 누구나 사랑과 질서 속에서 공동선 실현에 자유롭게 참여할 수 있는 도덕적인 이상사회(理想社會)를 건설케 하는 데 있다고 할 것이다. 만일 치자가 자기의 본분을 다하지 못하여 백성의 생활이 불안하게 되고 민생이 도탄에 빠지게 된다면, 백성은 물론 하늘도 그를 외면해 버리는 결과를 가져올 것이다. 그러므로 치자를 선택함에 있어서 민심의 합일은 결코 우연히 이루어지는 것이 아니다.

> 요임금의 아들 단주가 어질지 못하였고 순임금의 아들 또한 어질지 못하였다. 순이 요를 보좌한 것과 우가 순을 보좌한 햇수가 길고 또 백성들에게 은택을 베풀어 준 것이 오래였다. 계는 현명하여 조심스럽게 우의 도를 계승할 수 있었다. 익이 우를 보좌한 햇수가 너무 짧아서 백성들에게 은택을 베풀어 준 것이 오래지 않았다.[243]

이를 통하여 우리는 민심이 언제나 도덕원리의 순수성을 지향하여 자기완성을 온전히 성취한 사람에게 귀일되며, 사리의 당연함을 따른다는 사실을 재확인할 수 있다. 그러므로 맹자는 "선양(禪讓)이든 세습(世襲)이든 그것이 천명(天命)과 민의(民意)에 의해 결정된 일이라면, 그 뜻은 서로 다르지 않다는 것"[244]을 누누이 강조하고 있는 것이다. 다시 말하여 선양이나 세습이 문제가 되는 것이 아니라, 민의에 따라서 백성이 소망하고 있는 바를 구현시켜 줄 수 있고, 또한 그것을 위하여 헌신할 수

---

242) 『孟子』, 梁惠王章句上. "養生喪死無憾, 王道之始也" 참고.

243) 『孟子』, 萬章章句上. "丹朱之不肖, 舜之子亦不肖, 舜之相堯, 禹之相舜也, 歷年多, 施澤於民久, 啓賢, 能敬承繼禹之道, 益之相禹也, 歷年少施澤民未久."

244) 같은 책, 같은 곳. "唐虞禪, 夏后殷周繼, 其義一也."

있는 인물이 치자의 자리에 나아갔는지 그렇지 못했는지 차이가 있을 뿐이라는 것이다. 이처럼 백성이 나라의 근본이고 백성의 의사를 존중하고 중시하는 것이 곧 하늘의 뜻을 올바로 받들고 수행하는 일이라고 생각하였던 맹자의 왕도사상은 그 당연한 결과로 '방벌론(放伐論)'으로까지 전개되지 않을 수 없었다.

맹자와 제선왕(齊宣王)과의 문답에서 이 점이 보다 명료하게 밝혀진다.

> 제선왕이 맹자께 물었다. "탕임금은 걸왕을 추방하고 무왕은 주왕을 쳤다고 하는데 그와 같은 사실이 있었습니까?" 맹자께서 대답하시었다. "전해 내려오는 글에 그 일이 실려 있습니다." 제선왕이 말하였다. "신하된 자가 임금을 시해해도 좋습니까?" 맹자께서 말씀하시었다. "인을 해치는 자를 흉포하다고 하고 의를 해치는 자를 잔학하다고 합니다. 흉포하고 잔학한 인간은 일부(一夫)에 지나지 않습니다. 일부인 주를 주살하였다는 말은 들었지만 임금을 주살하였다는 말은 못 들었습니다."[245)]

치자의 자리에 있는 자라 할지라도 그가 치자로서 마땅히 구비하여야 할 자격으로서 덕성과 그 실천능력이 결여되어 있고, 또한 그의 정사가 천의(天意)를 배반해서 수행된다고 하면 그는 이미 치자가 아니라 한낱 필부에 지나지 않기 때문에, 설령 죽여 내쳐버린다 할지라도 명분에 벗어나는 일은 아니다. 왜냐하면 천의가 곧 민의이기 때문이다.

그러므로 맹자는 치자가 천하를 보존하고 잃게 되는 것은 단지 민심

245) 『孟子』, 梁惠王章句下. "曰湯放桀, 武王伐紂, 有諸, 孟子對曰, 於傳有之, 曰臣弑其君可乎, 曰賊仁者謂之賊, 賊義者謂之殘, 殘賊之人, 謂之一夫, 聞誅一夫紂矣, 未聞弑君也."

에 의한 것이고 민심을 얻는 길은 인의를 바탕으로 하는 덕치에 있을 뿐, 그 외의 다른 도리가 없다고 하면서 "자기 자신을 바르게 하면 사물이 각기 제 바른 모습을 찾게 되고"[246] "천하가 다 평화롭게 된다"[247]고 하여, 인간의 내적 자아의 본질인 덕성의 함양과 인격의 간단없는 수양을 강조하고 있다.

요컨대 왕도정치는 맹자가 "덕으로 인정을 시행하는 것은 왕도다[以德行仁者王]"[248]라고 한 말처럼 인의도덕을 바탕으로 하는 정치이며, 인간 본래의 덕성을 도덕적 · 정치적으로 구현하는 정치이다. 그것은 현실적인 이익추구와 물리적 강제만을 전부로 생각하는 무력적이고 폐쇄적인 정치, 즉 패도가 아니고, 사랑과 정의의 조화로운 실천을 통하여 '나와 너'가, 주와 객이, 군과 민이, 천과 인이 근원에서 하나로 일치하는 정치이다. 『주역』에서는 이를 "허물 있는 자를 사면해 주고 죄 있는 자를 용서해준다"[249]라는 매우 구체적이고도 함축적인 언사로 표현하고 있다. 그런 의미에서 왕도정치는 민본정치요 위민정치라고 할 수 있다.

왕도정치의 최종목표는 인간 개개인으로 하여금 천부적인 덕성을 남김없이 드러내어 자기존재의 완성은 물론 다른 존재의 존재의미까지 구현 · 완성시켜 주는 것으로 집약된다. 이와 같은 생각이 정치적으로 완전하게 구현된 세계가 『예기』 「예운(禮運)」편에 나타난 '대동사회(大同社會)'이고, 그것이 도덕적으로 표출된 것이 『중용』의 핵심을 이루는 '중화(中和)'의 경지이고, 『대학』의 '지어지선(止於至善)'의 세계이고, 『주역』의 '작은 것이 가고 큰 것이 오는[小往大來]'[250] 세계이며 '각정성명

246) 『孟子』, 盡心章句上. "正己而物正."
247) 『孟子』, 앞의 책. "君子之守, 修其身而天下平."
248) 『孟子』, 公孫丑王章句上.
249) 『周易』, 解卦, 大象傳. "象曰雷雨作解, 君子以赦過宥罪."
250) 『周易』, 泰解, 卦辭.

(各正性命)'된 세계이다. 맹자가 이를 "인(仁)에 살며 의(義)를 따라간다면 대인의 일이 완전히 구비되는 것이다"[251]라고 요약한 견해는 그런 뜻에서 매우 적절하다고 하겠다.

지금까지 살펴 본 바처럼 맹자의 왕도사상은 당우삼대를 통하여 실현되었던 정치사상으로서, 패도정치와는 질적으로 대비되는 정치사상이다. 일본학자 가나야 오사무(金谷治)에 따르면 맹자는 왕도와 패도를 엄격히 구별하고, "왕도의 당위성을 강조하기 위해서 고의로 패도를 무시하고 이를 문제 삼지 않았다"[252]는 것이다. 왕도정치는 다름이 아니라 인의도덕의 구체적 실천을 통해 백성을 살리고 백성과 함께하는 정치, 즉 '차마 모질게 못하는 마음'을 펴나가는 정치이다.

따라서 왕도정치란 패도정치처럼 물질적 이익이나 강력한 힘을 앞세워 사람들을 조롱하고 다스리는 정치가 아니다. 그것은 백성에게 본원적으로 선성(善性)의 단초가 있음을 신뢰하고, 백성들이 자발적으로 심복할 수 있도록 이끄는 정치이다. 이는 공자가 풀 위에 바람이 지나가면 그 풀은 반드시 쏠리기 마련이라고[253] 하며, 정치상에서 치자와 피치자가 상호작용하는 데 '달라짐[異化]'이 아닌 선이 선을 부르고 따르는 '같아짐[同化]'을 중시했던 것과 지평을 같이한다. 공자 이후에 유가에서 이렇게 교화를 중시하는 정치사상은 덕을 주로 하고 형벌을 보조 수단으로 삼는다고 하는 덕주형보(德主刑輔)의 정치이론으로 전개되었다. 그리고 맹자도 인간의 도덕적 근거를 천도의 사상(四象)에 근거한 인성의 사덕에서 찾았던 것처럼 왕도사상의 철학적 근거를 인간의 선한 본성에서 구했다. 그것이 소위 세상에 널리 알려진 성선설이다.

---

251) 『孟子』, 盡心章句上. "居仁由義, 大人之事備矣."
252) 金谷治, 앞의 책, 57쪽.
253) 『論語』, 顔淵. "小人之德草, 草上之風必偃."

그 요체는 한마디로 "인성은 인간의 선천성이며 보편성이자 사회성으로서 그것은 근본적으로 선하다"라는 주장이다. 맹자에 의하면 천의는 인간에 의해서 현실에 구현되고, 또한 인간은 천도를 현세에 체현함으로써 천지의 화육에 능동적으로 참여할 수 있는 도덕적 주체이다. 사람이 다른 동물과 구별되는 이유는 도덕성에 있고, 사람이 사람답게 사는 길은 바로 자신이 태어나면서 받은 덕성, 즉 측은 · 수오 · 사양 · 시비의 '사단지심(四端之心)'을 유감없이 발휘하여 이를 도덕적 · 정치적으로 구현하는 데 있는 것이다. 이 경우 '사람답다'라는 말은, 사람이 다른 동물과 구별되는 자신만의 특징, 즉 선천적으로 선한 단서[善端]를 가지고 있기 때문이기도 하지만, 또한 그것은 한 개체의 사회화 과정을 통하여 자기 자신과 더불어 다른 존재자의 존재가치까지 함께 드러내 밝혀주는 천도 구현의 주체적 참여자임을 의미하는 것이기도 하다. 여기에서 선진유학(先秦儒學)은 "인간을 사회적 관계체(關係體)인 존재, 능동적 주체자인 존재, 그리고 무한한 가능체인 존재[254]로 파악하게 된 것이 아닌가 생각된다."

이미 살핀 바처럼 왕도정치의 구체적 방법론은 인간의 선한 단서를 계발시키는 것뿐만 아니라 아울러 민생문제의 해결을 선결조건으로 삼는다. 일반 백성은 일정한 생업(生業)이 있어야 인간다운 삶을 살 수 있다. 그래서 맹자는 도덕의 기초로서 경제문제를 다른 무엇보다 중요하게 생각했던 것이다. 그렇지만 그가 비록 경제의 중요성을 강조하기는 하였지만 그것은 어디까지나 인의도덕을 이룩하기 위한 수단에 불과한 것으로서 경제가 도덕보다 앞서야 한다든가 또는 경제가 도덕보다 중요한 위치를 점해야 한다는 것을 역설하려고 한 것은 결코 아니다. 맹자에

---

254) 조긍호, 『선진유학사상의 심리학적 함의』, 서강대학교출판부, 2008, 44쪽 참조.

의하면 왕도정치는 단순히 인간의 경제적 안정만을 추구하지 않고, 그보다 더 중요한 것이 도덕적 삶이고 그것은 또 교육을 통해서만 가능하다는 것이다. 그가 현실정치보다 좋은 교육[善教]의 필요성을 강조했던 것도 이와 무관하지 않다고 생각된다.

> 맹자께서 말씀하셨다. 인후(仁厚)하다는 말은 인후하다는 소문이 사람들의 마음 깊이 파고 들어가는 것만 같지 못하다. 좋은 정치[善政]도 좋은 교육[善教]이 민심을 얻는 것만 못하다. 좋은 정치는 백성들이 두려워하지만 좋은 교육은 백성들이 사랑한다. 좋은 정치는 백성들의 재산을 얻지만 좋은 교육은 백성들의 마음을 얻는다.[255)]

요컨대 맹자의 왕도사상은 인의의 도덕적·정치적 실천을 통한 대동세계의 구현을 그 최고의 목표이자 이상으로 삼고 있다. 대동세계란 공평무사한 정신과 물질적 안정 속에서 '나와 너'가, '군(君)과 민(民)'이 공생하고 함께 어울려 즐거워하는 사회, 즉 여민동락의 세계를 의미한다. 그것은 유가의 최고 이상(理想)이 투영된 조화와 화해(和諧)의 세계로서, 개인적 질서와 사회적 질서, 우주적 생명질서와 인간의 도덕적 질서가 하나로 일치되는 세계이다. 이를 다른 말로 표현한다면 인륜적 조직에 기반을 둔 '도덕공동체'라고 할 수 있다. 맹자는 왕도정치를 통해 그것이 가능하다고 믿었고, 그것을 위해 평생을 시류에 편승하지 않고 '시대의 고통을 자기화'하는 노력을 게을리 하지 않았던 것이다.

이러한 일련의 검토를 통해 맹자의 왕도정치와 그가 살았던 시대적·사회적 조건 사이에 긴밀한 연속과 상호조명의 관계가 있음을 확인하였

---

255) 『孟子』 盡心章句上. "孟子曰, 仁言不如仁聲之入人深也, 善政不如善教之得民也, 善政民畏之, 善教民愛之, 善政得民財, 善教得民心."

다. 그 핵심을 요약한다면 인간본성의 선함을 확신하고 그것을 통해 "혼탁한 현실을 구제하고, 백성의 생활을 안정시키고, 통일된 국가의 평화를 이룩하고자 했던"[256] 부단한 노력과 이상주의적 지향이다. 그러므로 "군자가 지나가는 곳은 사람들이 감화를 받고 머물러 있는 곳은 신비스러워져서 위아래가 하늘과 땅과 더불어 운행된다"라고 한 맹자의 말에 동의하지 않을 수 없는 것이다.

256) 金谷治, 앞의 책, 71쪽.

VI. 결론

이상에서 유가 천명사상(天命思想) 형성의 역사적 전개와 천명(天命)적 소여(所與)로서의 인간의 덕성, 천명의 주체적 자각, 그리고 천명의 도덕적 · 정치적 구현에 대한 문제를 검토하였다. 이로써 유가 천명사상이 가지는 사고방식의 근본적 특징 및 그 내용의 대체(大體)와 거기에 담겨져 있는 본래적 이념과 신조, 그리고 그것이 현실에 있어서 어떻게 드러나고 구체화되는가를 살펴보았다.

유가의 천명사상은 중국 상고(上古) 이래로 전승되어 오던 민간신앙 형태인 경천사상(敬天思想)에서 유래된 것으로, 하늘이 만민을 생하였다고 하는 '천생증민(天生烝民)'의 사상에 그 연원을 둔 것이다.

이러한 천(天) · 인(人)의 생명적 연관성을 토대로 하는 상고 시대의 경천사상의 유가적 전승은 일차적으로 군왕은 천명에 의해서 결정된다고 하는 유가 특유의 정치적 천명사상으로 발전하였으며, 그로부터 한층 심화 발전되어 천을 인간성명(人間性命)의 근원으로 이해하는 도덕적 천명사상의 탄생을 가능하게 하는 모태가 되었다. 이 경우 천은 종래의 경천사상에서 이해되었던 바와 같은 외재적이거나 초월적 성격을 가진 존재가 아니라, 인간성명에 내재한 것으로 바로 '나'라고 하는 인간존재가 인간답게 존재할 수 있는 존재근거가 되었다.

이와 같이 천·인의 성명(性命)적 일관성의 자각을 바탕으로 천을 자아의 인격적 본질로 이해하는 도덕적 천명사상은 마침내 공자에 이르러서 더욱 심화된 '인(仁)'사상으로 체계화되었다. 이는 공자에 이르러서야 인간의 인격적 본질이 자각되고 인간의 본래적 자아가 의식되어졌음을 뜻하는 동시에 보편적 인간의 이념이 발견되고, 유가의 사상이 고대종교의 낡은 껍질[舊殼]을 벗고 역사적 종교로 일신했음을 뜻하는 것이다. 공자의 천명사상은 공자 자신이 처해 있던 시대와 몸담았던 개인적 현실에서 형성되고 조건 지워진 것임을 부정할 수 없다. 철학이나 사상은 구체적 역사 안에서 진정한 힘을 발휘하고 또 그 존재 의의를 획득하기 때문이다. 공자는 평민생활의 절실한 통감과 시대의 아픔을 새로운 창조의 지반으로 확보한, 그리고 도덕 교화의 방식을 통하여 그 고통을 제거하려고 한 '시대의 선각자'였다.

공자의 '천' 이해는 자사로 이어져 『중용』에서 "하늘이 나에게 부여한 것이 성(性)이다[天命之謂性]"라는 명제로 전개되었다. 이는 공자의 "하늘이 나에게 덕을 주셨다[天生德於予]"를 좀 더 구체화한 것으로서 천명이 인간의 덕성임을 단정적으로 규정한 것이다. 맹자 역시 이를 바탕으로 하여 자사의 천명사상을 보다 체계화하고 심화시켰다. 맹자에 따르면 자기의 마음을 다함으로써 자기의 본성을 깨닫는 것이며, 이는 곧 하늘을 깨닫는 일이 된다. 이 경우 천은 자아의 내적인 심화를 통해서 자각되는 내재적인 천이었다. 아울러 그는 전통적 천관을 충실히 계승하면서도 천을 본래적 덕성의 존재와 가치의 근거로 규정하고 인간의 주체적 자각을 통해서만 발견되는 존재로 이해하였다.

도덕적 천명사상에서 말하는 천은 인간 바깥에 마주 서 있는 경험대상으로서의 사물존재이거나 인간세계를 넘어서 있는 인격적이고 절대적인 능력을 소유한 초월적 존재가 아닌, 바로 인간 자신의 본래적 인격성의 근거와 기준이다.

이와 같은 천 · 인 일관적 사고는 바로 천으로부터 품수한 덕성을 인간이 선천적으로 내재하여 구유하고 있는 본질로 규정하고 모든 인간사를 판단 · 결정하는 유가 천명사상의 이론적 기초가 되는 것이다.

그런데 사람을 다른 존재자와 구별되게 하는 가치근거이자 사람을 도덕 주체이게 하는 인간의 덕성과 그 내용을 구성하고 있는 인(仁) · 의(義) · 예(禮) · 지(智) 사덕은 건(乾)의 원(元) · 형(亨) · 이(利) · 정(貞) 사덕에 상응하는 덕목이다. 인간은 이 사덕을 매개로 하여 인간의 본래성으로서의 인격성과 천도의 진리성이 궁극에 있어 하나로 일치함을 깨닫게 되는 것이다. 인 · 의 · 예 · 지 사덕은 인간이 선천적으로 구유한 덕이며 인간의 존재원리라고 말할 수 있는데, 이것은 그 내용으로 볼 때 유가 덕목 가운데서 가장 중요한 위치를 차지하고 있는 인(仁)과 의(義)로 요약된다.

인은 자아본질(自我本質)인 사랑의 원리요, 의는 인간다운 삶의 길인 정의이다. 이때 의는 물론 '크게 공정하고 지극히 올바름[至正]을 힘써 추구하려는 정의와 공도(公道)'라고 하는 의미까지도 함축한다. 따라서 의란 다름 아닌 공동선(共同善)을 실현하기 위한 사회적 정의로서 전체 속에서 피차를 공평하게 하고 마땅하게 하는 올바름이다. 이 경우 '정의'는 서구의 justice와 같은 개념이 아니라 개인의 덕성과 인륜관계를 중시하는 '인륜적 정의(人倫的 正義)'를 뜻한다. 인간은 누구나 이 사랑과 정의를 알고 실천할 수 있는 존재인 것이다.

천명은 대상적 사물로 사유되거나 지식의 고정된 형식으로 얽어맬 수 없다. 다시 말해서 인간의 인식 활동에 의하여 객관적으로 근거를 댈 수 없는 인간본래의 존재원리이며, 인간의 실존적 존재방식이다. 천명은 인간과 자연, 주관과 객관, 실체와 작용, 존재와 사유가 분리되기 이전에 인간의 본성 안에서 자신의 모습을 전폭적으로 드러내는 천 자체의 존재방식이다. 천의는 인간을 통하여 현실에 구현되고, 또한 인간은 천도를 현세에 체현함으로써 천지(天地)의 화육(化育)에 능동적으로 참여할 수 있는 도덕적 주체이다. 그러므로 인간이 천명을 주체적으로 자각하게 될 때 인간으로서의 자기 본래적 사명을 다할 수 있으며, 동시에 존재원리와 당위적 실천원리를 하나로 통합하는 도덕 주체가 될 수 있다. 천명 자각의 최후목표는 인간의 도덕적 완성에 있고, 인간다운 삶의 실현에 있다. 특히 인(人)의 개념은 주체적 반성 없이 세상을 맹목적으로 살아가는 즉자적(卽自的) 존재로서의 인간 일반을 지칭하는 것이 아니라, 대자적(對自的)·자각적(自覺的)인 자기로서 자신과 더불어 다른 존재자의 존재의의·가치까지 함께 드러내 주는 천명을 주체적으로 자각·실현할 수 있는 인격적 존재임을 의미한다. 이때 자각(自覺)의 '각(覺)'은 감각에 의존하는 '각'이 아니라 '지(知)'의 높은 상태를 뜻하는 우리말의 '깨달음'에 해당한다. '각'은 현대어의 '지각'과는 별 상관이 없으며 또한 많은 차이를 가지고 있다. 따라서 '각'은 우리 주체의 내면에서 일어나는 지식작용 전체를 가리키는 포괄적 용어이다. 그런 면에서 자각은 인간 주체를 떠나서는 성립할 수 없는 개념이다.

천명의 주체적 자각은 궁리(窮理), 진성(盡性), 감통(感通)에 의한 존재의 근원적인 파악과 그 만남에서 성취될 수 있다. 여기서는 바로 천명을 이해하고 해석하는 사람의 입장과 태도가 문제된다. 이 경우 주체는 물론 어떤 특정한 대상의 의미가 아니라, 인간존재의 덕성 그 자체를 가리킨다. 그것은 생물학적 또는 심리학상에서 거론되는 주체와는 엄연히 다르다. 따라서 주체는 평면적인 논리로 구분할 수 있거나 사물로 대상화할 수 있는 성질도 아니다. 그것은 보편적 존재로서의 가치를 체현하는 진실무망한 주체이다.

천명은 우리 앞에 '지금 바로 여기' 에 현실상황으로 주어져 있고, 인간은 그것을 주체적으로 자각할 수 있는 실재적(實在的)이며 무한한 가능태를 자기 본성 안에 소유하고 있다. 그런데 지금 바로 여기 우리 앞에 주어져 있는 '현실상황'으로서의 천명은, 그것을 해석하고 이해하는 주체의 입장 · 태도 여하에 의해 운명으로도 사명으로도 파악될 수 있다. 그것은 천(天)인 태극 속에 음양이 융합되어 있듯이 명(命) 속에도 운명적인 요소와 사명적인 요소가 혼재하고 있기 때문이다. 그러나 우리가 유가 천명사상의 특징과 진면목을 발견하기 위해서는 반드시 천명을 사명으로 이해하고 해석하여야만 한다. 그러므로 유가의 천명은 결코 자아(自我) 외적(外的)인 명수(命數)의 길고 짧음이나 화복리달(禍福利達) 같이 운명적으로 정해진 '명(命)'이 아니라, 그러한 것까지 싸고 넘어선 자아 안에 내재된 천부의 덕성 내지 천도구현의 사명인 것이다.

그런데 천명은 궁리, 진성, 감통의 방법을 통해 자각될 수 있다. 궁리란 천하의 이치를 궁구(窮究) · 궁득(窮得)하는 일이다. 이 경우 '궁'이란 끝까지 밝혀내고 극한까지 완벽하게 추구하고, 안과 밖을 남김없이 궁구한다는 뜻이다. '리'란 '존재'이자 '존재현상'이며, 성리(性理)이자 물리(物理)이다. 이 '리' 속에는 천도(天道), 지도(地道), 인도(人道) 즉 삼재지도(三才之道)의 이치가 다 함축되어 있다. 때문에 궁리란 사사물물의 조리를 궁구할 뿐만 아니라 인성(人性)을 자각한다는 의미까지 포함한다. 그러므로 세계 전체에 대한 객관적 관찰과 자기 내면세계에 대한 주관적 성찰을 함께 해나가는 궁리를 통해서 물리와 성리의 내용과 의의가 완전하게 해명될 수 있고, 또한 그 둘이 본원자리에서는 하나임을 알게 되는 것이다. 이로써 보면 궁리란 사사물물의 본래적 근거와 근원적인 일리(一理)에서 모두가 하나임을 밝히는 일이다.

진성은 자기 본성을 다하고 그것을 바탕으로 다른 사람의 본성과 만물 개개의 본성을 완성시키는 것을 뜻한다. 이 경우 진성(盡性)의 '진(盡)'이란 궁진(窮盡)의 '진'이나 그친다는 의미는 아니며, 본성 안에 내재한 천리를 끝까지 밝혀내어 지극히 선한 곳에 머문다는 의미이다. 그리고 진성의 '성'이란 천지인(天地人) 삼재(三才)의 성(性)을 다 포괄하는 개념으로 '창조적 대생명'이자 '도덕본체'를 뜻한다. 요컨대 '진성'이란 하늘이 품부한 인간 본유의 지선지인(至善至仁)한 자성(自性)을 완전히 발휘하여 자신은 물론 다른 존재자의 존재의의 및 가치까지 드러내 주고 실현하는 일이다. '궁리'하고 '진성'하여 지명(知命)에 도달함이 '감통'이다.

'감통'은 '감이수통천하지고(感而遂通天下之故)'의 줄임말이다. 감통의 '감'은 교감의 의미로서 땅의 세계와 관계 맺는 일이고, '통'은 교통의 의미로서 하늘의 세계와 관계 맺는 일이다. 이 둘은 상호 불가분의 관계를 가지고 있다. '감통'은 천명을 주체적으로 자각하는 마지막 방법이다. '감통'이란 사물을 의식의 대상으로 자기 앞에 세운 다음에 이러저러한 것으로 분단(分斷)함이 없는 태도로서, 외물(外物)에 덮이고 인욕(人慾)의 사사로움에 얽매인 마음을 모두 끊어 '의식하는 것도 아니고 하지 않는 것도 아닌' 마음을 통하여 근원적으로 자재(自在)하는 천명과 합일할 때 비로소 체득될 수 있는 직관된 경험의 세계를 뜻한다. 다시 말하여 '감통'이란 천지를 본받아 낙천지명(樂天之命)하여 천지와 그 덕을 같이 하는 일이며, 이것이 곧 성명(性命)의 이치에 순종함이다.

사람이 참으로 사람다운 까닭이 인간 본유의 덕성에 있는 것이라면,

사람이 사람답게 사는 길은 바로 삶의 기반으로서의 인과 의를 투철하게 자각하고 그것을 현세에 도덕적으로 구현하는 데 있다. 그러므로 사람이 생래적으로 주어져 있는 자아의 본질인 덕성을 온전히 발휘하여 이를 '효제(孝悌) · 충서(忠恕)'로써 천하에 확충 구현하게 될 때, 천명의 도덕적 실현은 성취되는 것이다.

이렇게 볼 때 천명의 도덕적 실현의 최고목표는 인류 전체의 생(生)을 보존하고 증진시킬 수 있는 인 · 의에 근거한 애경지심(愛敬之心)의 발현으로서의 '효제 · 충서'의 조화로운 실천을 통하여 이 땅 위에 도덕과 자유의 공동체를 건설하는 것이라 할 수 있다. 이런 의미에서 효제 · 충서는 인간의 인간다운 생활, 즉 윤리생활에 있어서 결코 그 어느 한 쪽도 빠뜨리거나 소홀히 할 수 없는, 유가윤리 구현의 두 날개와 같은 것이다. 이 경우 효제 · 충서는 이론상의 문제가 아니라 실천의 문제이며, 도덕주체로서 인간이 자신의 역사적 사명을 수행하고 자아를 완성하는 데 있어서 가장 좋은 방법이 된다.

정치의 궁극적인 목적은 인간의 완성은 물론 사물의 완성까지 겨냥한다. 사물의 완성은 인간의 지혜와 자각에 의해서 완수되고, 인간의 완성은 '공동선' 실현을 위한 사랑과 정의의 조화로운 사회적 실천에서 수행된다. 그런데 천명사상의 정치적 구현은 공자의 정명사상과 맹자의 왕도사상으로 구체화되어 나타나고, 이것은 무엇보다도 천명의 자각을 그 사상적 기저로 하여 전개되었다. 공자는 자신의 정치 이념을 구현할 수 있는 길은 도덕과 정치의 조화로운 합일에서 구해야 한다고 생각했다. 따라서 도덕과 정치는 별개의 것이 아니라 공자 정치원리의 본질과 내용을 이루는 요소인 것이다.

덕치주의란 말 그대로 물리적 강제력에 의존하지 않고 도덕과 예로써 하는 정치이다. 공자의 덕치는 정치의 출발점이자 귀착점이다. 그에 의하면 정치란 도덕을 세상에 구현하여 무도한 세상을 바로잡고 다스리는 것을 의미한다. 그러므로 정치(政治)는 '바르게 다스리는 일[正治]'이 된다. 여기에서 치자의 개인적인 윤리적 세계에서 덕성의 함양·솔선수범 및 신의가 문제된다. 그것은 먼저 수기(修己)하고 치인(治人)한다는 유가의 전형적 교화론이다.

그리하여 공자는 '양심과 수치심의 결여'를 결과할 법치주의를 반대했고, 인간을 윤리도덕실천의 주체로 생각하여 자율적 자각과 각성을 통한 모든 인간의 자율적 실천과 열복(悅服)을 궁극적 목표로 하는 도덕적 감화정치를 요청하였다. 이것이 바로 덕과 예로 백성을 교화하고 인도하여 질서와 안정된 생활을 누리게 하는 덕치주의이다. 덕치주의는 백성을 죽이는 정치가 아니라 백성을 살리고 키우는 정치이다.

덕치주의는 특히 정명(正名)사상을 통해 구체적으로 전개되고 심화되었다. 공자에 따르면 정명은 명분을 바로 세우는 일이며, '권분(權分)을 그어서 잡는 것'을 근본으로 한다. 명(名)을 바르게 한다는 것은 곧 책임과 의무의 한계를 정확히 하는 것이 된다. 예컨대 군군신신부부자자(君君臣臣父父子子)하는 일이 바로 그것이다. 공자는 이를 통해 인간이 선천적으로 구유하고 있는 윤리적·도덕적 원칙을 회복하고 인간 사회의 무질서를 극복하여 사람이 사람답게 사는 대동(大同)세계를 만들고자 하였다. 이러한 공자의 정명사상은 시대현실에 대한 공자의 역사의식과 결합하여 춘추대의(春秋大義)로 발전 전개되었다.

맹자는 패도(覇道)와 대비되는 왕도(王道)와 인정(仁政)을 제창하였다. 왕도는 인의도덕(仁義道德)으로 백성을 감화·심복시키는 정치이고, 패도는 무력·경제력·정치권력 등으로 백성을 굴복시키는 정치이다. 왕도사상은 당우(唐虞) 삼대에 실현되었던 정치사상을 맹자가 계승한 것이다. 그런 점에서 왕도사상은 맹자의 독창적인 사상이 아니다. 그것은 정명주의(正名主義) 정치철학을 창도한 공자의 정치이론을 계승한 사상이라 할 수 있다. 왕도정치는 민생문제의 해결을 선결조건으로 삼는다. 백성은 '항산(恒産)'이 있어야 '항심(恒心)'을 가질 수 있으므로 맹자는 도덕의 기초로서 경제문제를 다른 무엇보다도 중시했다. 이러한 그의 구체적 실천 방안의 하나가 정전제도(井田制度)이다. 그가 비록 경제의 중요성을 강조했지만 그것은 단지 인의도덕을 이룩하기 위한 수단에 불과한 것으로서, 경제가 도덕보다 앞서야 한다거나, 또는 경제가 도덕보다 중요한 위치를 점해야 한다는 것을 역설한 것은 아니다.

요컨대 왕도정치의 근본입장은 민본(民本), 위민(爲民)주의에 있고 그 최종목표는 인간으로 하여금 천부적인 덕성을 유감없이 발휘하여 자기 생(生)의 가치실현 및 완성은 물론 사사물물의 존재의의 및 가치까지 완성시켜 주는 데 있다. 왕도의 구현은 인의도덕의 구체적 실천을 통한 인간 개개인의 완성과 존재사물의 완성에서 성취되는 것이고, 그것은 천명의 주체적 자각이 전제될 때 가능한 것이다. 따라서 천명사상의 정치적 구현의 최후목표는 천명의 주체적 자각을 통하여 인간의 존재원리이자 실천원리로 표출되는 바의 인의(仁義)를 실현하여 인간으로 하여금 인간다운 삶을 향유할 수 있는 사랑과 정의, 성실함과 신의, 질서와 평화가 존중되고 만개할 수 있는 자유와 도덕의 왕국을 건설하는 데 있다. 더 나아가서는 인간 개개인의 도덕 인격 완성은 물론 존재사물의 완성까지도 기약해 주는 데 있다. 이와 같은 이념이 도덕적 · 정치적으로 완전하게 구현된 것이 이른바 유가 정치사상의 최고 이상인 '대동사회(大同社會)'이다. '대동세계'란 "대도(大道)가 행해지면 천하에 공의(公義)가 구현되는" 세계로서, 공평무사(公平無私)한 정신과 물질적 안정 속에서 '나와 너'가, '군(君)과 민(民)'이 공생하고 동락(同樂)할 수 있는 세계를 의미한다. 그것은 유가의 최고 이상이 투영된 조화와 화해(和諧)의 세계로서 주객(主客) · 내외(內外) · 본말(本末)이 겸고(兼顧)되고 개인적 질서와 사회적 질서, 우주적 생명질서와 도덕적 질서가 하나로 일치되는 세계이다. 이를 다른 말로 표현한다면 인간의 궁극적 희망이기도 한 인륜조직에 기반을 둔 '도덕공동체'라고 할 수 있다. 맹자는 왕도정치를 통해 그것이 가능하다고 믿었고, 그것을 위해 평생을 시류(時流)에 편승하지 않고 '시대의 고통을 자기화'하는 노력을 게을리 하지 않았던 것이다.

인간은 자기완성의 주체일 뿐 아니라 천지만물의 질서와 화육까지도 조찬(助贊), 구현할 수 있는 우주 중극체(中極體)이기도 하다. 인간은 고정적이고 결정적인 본질을 가지고 있으면서 객관적 법칙이나 외재적 물질세계에 놓아나는 존재가 아니라 늘 자기를 형성해 가면서 언제나 '됨(becoming)'을 위해서 열려 있는 주체적인 선택 가능성의 존재이며, 스스로의 안에서 개방된 경계이기도 하다. 그러므로 인간은 언제나 끊임없는 자아성찰과 책임 있는 도덕적 · 실천적 행동을 통하여 '지금 바로 여기' 우리 앞에 주어져 있는 '현실상황'으로서의 천명을 주체적으로 자각하고 그것을 자기의 역사적 사명으로 체현시켜야 하는 당위성이 있다.

천명의 주체적 자각이란 결국 인간의 본래성 그 자체인 사랑과 정의의 끊임없는 실천을 통한 대공(大公)적 자아에 대한 자각이면서 천리(天理)에 대한 투철한 깨달음이기도 한 것이다. 이런 점에서 사랑과 정의로 살아가고자 하는 사람들이 점차 줄어들고, 사랑과 정의가 한갓 구시대의 낡은 유물처럼 취급되고 있는 세태 속에서, 사랑과 정의의 조화로운 실천을 통한 공익의 추구보다는 현실의 실리만을 앞세우는 사회적 분위기 속에서 유가 천명사상에 대한 올바른 이해와 해석은 그 어느 시대보다도 심각한 문명사적 전환기를 살고 있는 21세기의 우리에게[1] 한없는 의미와 시사를 주리라 믿는다. 또한 그것은 오늘의 삶에 대한 적극적·주체적 인식을 추구하는 한 방식이자, 이 세계에 대해 덕성을 바탕으로 한 실천적인 행위 문제를 제기하는 큰 몫을 지닐 것이다.

그런 점에서 천명의 주체적 자각이란 인간다운 삶을 실현할 수 있는 근거이자, 생성의 창조적 힘의 원천인 하늘을 알고, 또 '우리가 세상으로서의 사람임'을 깨달아 사랑과 정의가 최고의 가치로 인정되는 자유롭고 평등한 사회, 이론과 실천이 하나가 되고 인간과 자연이 조화된 도덕적 '평천하(平天下)'의 세상을 구현하는 일이 바로 우리의 역사적 사명임을 구체적으로 해명해 보려는 노력을 다른 말로 바꿔놓은 것에 지나지 않는다.

이상의 고찰을 통해 본 연구가 원용하고자 했던 천명에 대한 존재론적 접근과 시대적·사회적 관련을 통한 이해는 종래의 유가 천명사상 연구에서 미비하게 다루어진 다양한 문제들을 재검토하였다는 의의가 있다. 그러나 저자가 중국 고대사와 사상사에 대한 연구가 부족한 까닭에 일부분 어느 정도 무리한 추론을 감행한 것도 문제거니와, 선진유학의 천도관(天道觀)과 공자·맹자 이외의 사상가들이 '천'과 '천명'을 어떻게 이해하고 해석하였는지를 자세히 기술하지 못한 것 또한 문제이다. 그런 의미에서 이 책은 앞으로 선진유학에 있어서 천명사상에 대한 다양하고도 실증적인 재검토를 위해 중국 선진(先秦)시대의 사상사·종교사에 관한 이해의 심화를 추구하면서 보다 확실하게 보완·석명(釋明)되어야 할 것이다.

---

1) 박이문 교수는 21세기 문명의 특징을 사이버·디지털 기술로 상징되는 과학적 세계관 및 기술의 힘과 포스트모더니즘의 사조로 나타나는 인식론적 상대주의라는 두 가지 현상으로 진단하고 있다. 『『논어』의 논리』, 문학과 지성사, 2005, 201~202쪽 참조.

참고문헌

Ⅰ. 원전류(原典類)

『十三經注疏』, 台北: 藝文印書館 影印, 1979.

『諸子集成1』, 香港: 中華書局 影印, 1978.

『四書集註大全』, 經書, 成大 大同文化硏究院 影印, 1965.

『三經(周易·詩傳·書傳)』, 成大 大同文化硏究院 影印, 1973.

『皇淸經解(重編本)』, 台北: 漢京文化事業有限公司 影印.

『漢文大系』, 東京: 富山房, 1972.

『全釋漢文大系刊行會編』, 全釋漢文大系, 東京: 集英社, 1983.

『周易傳義大全(藏書閣本)』, 韓國思想硏究所 影印, 1970.

『周易折中』, 台北: 商務印書館 影印, 1980.

顧頡剛編, 『古史辨(七冊)』, 台北: 明倫出版社, 1970.

楊伯峻 編著, 『春秋左傳註(全四冊)』, 北京: 中華書局, 1981.

楊伯峻 譯註, 『孟子譯註』, 北京: 中華書局, 1980.

楊伯峻 譯註, 『論語譯註』, 北京: 中華書局, 1980.

『船山易學』, 台北: 廣文書局, 1974.

馮芝生, 梁啓雄 等編, 『中國哲學史資料選輯(先秦之部)』, 台北: 九思出版有限公司, 1978.

段玉裁 撰, 『說文解字註』, 台北: 黎明文化事業公司, 1983.

『十三經引得』, 台北: 南嶽出版社, 1978.

『諸子引得』, 台北: 南嶽出版社, 1978.

桓寬, 『염철론』, 김한규·이철호 옮김, 소명, 2002.

『辭海(哲學分冊)』, 上海: 上海辭書出版社, 1980.

白川靜, 『字統』, 東京: 平凡社, 1984.

金景芳·呂紹綱, 『周易全解』, 吉林: 吉林大學出版社, 1989.

潘念之 · 張采苓 撰,『思想家大辭典』, 台北: 河洛圖書, 1978.
韋政通,『中國哲學辭典』, 台北: 大林出版社, 1978.
後藤俊瑞 編,『朱子四書集註索引』, 廣島: 大學文學部中國哲學研究室, 1954.
李正浩 編,『周易字句索引』, 國際大學 人文社會科學研究所, 1978.
朴憲淳 編,『四書索引』, 신서원, 1992.
孔子文化大全編輯部 編輯,『四書大全』, 山東: 友誼書社, 1989.
孔子文化大全編輯部 編輯,『周易通解 · 周易要義』, 山東: 山東友誼書社, 1989.
孔子文化大全編輯部 編輯,『性理大全』, 山東: 友誼書社, 1989.
程樹德 編,『論語集釋』, 中華書局, 1980.
『性理精義(四部備要本)』, 中華書局, 1979.
『朱熹集』, 四川: 教育出版社, 1996.
『朱子語類』, 北京: 中華書局, 1994.
『二程全書』, 台北: 中華書局, 1976.
任繼愈 主編,『中華大典 · 哲學典(儒家分典)』, 雲南: 雲南教育出版社, 2006.
단국대학교부설 동양학연구소,『漢韓大辭典』, 단국대학교출판부, 2008.
儒教事典編纂委員會,『儒敎大事典』, 박영사, 1990.
關儀一郎 編輯,『日本名家四書註釋全書』, 東京: 東洋圖書刊行會, 1926.
成百曉 譯註,『四書集註』, 전통문화연구회, 1988.
成百曉 譯註,『書經集傳』, 전통문화연구회, 1998.
李元燮 譯解,『詩經』, 青木文化社, 1986.
金碩鎭,『大山周易講解』, 대유학당, 1995.
김병호,『亞山의 周易講義』, 소강, 1990.
南東園,『주역해의』, 나남, 2003.
이동환 역해,『중용 · 대학』, 나남, 2000.
김학주 역주,『대학 · 중용』, 서울대학교출판부, 1995.
洪寅杓 譯註,『孟子』, 서울대학교출판부, 1992.
동양고전회 역주,『논어』, 지식산업사, 2006.
김학주 역주,『논어』, 서울대학교출판부, 1986.
李相玉 譯,『新完譯 禮記』, 明文堂, 1985.
文璇奎 譯,『新完譯 春秋左氏傳』, 明文堂, 1985.

김용옥, 『논어한글역주』, 통나무, 2008.
______, 『효경한글역주』, 통나무, 2009.
池載熙 · 李俊寧 解譯, 『周禮』, 자유문고, 2002.
金景方 · 呂紹綱, 『易의 철학』, 한국철학사상연구회 기철학분과 옮김, 예문지, 1993.
정병석 역주, 『周易(上 · 下)』, 을유문화사, 2011.
김동인 · 지정민 · 여영기 옮김, 『세주완역 논어집주대전(I · II)』, 한울, 2010.
宋時烈 編, 『論孟或問精義通考』, 여강출판사, 1986.
溝口雄三 · 丸山松幸 · 池田知久, 『中國思想文化事典』, 김석근 외 옮김, 민족문화문고, 2003.

II. 연구서(硏究書)

高亨坤, 『禪의 世界』, 三英社, 1977.
곽신환, 『주역의 이해』, 서광사, 1990.
具本明, 『中國思想의 源流體系』, 大旺社, 1982.
그리스도교 철학연구소 편, 『하이데거의 哲學思想』, 서광사, 1978.
金敬琢, 『中國哲學槪論』, 汎學圖書, 1977.
金奎榮, 『時間論』, 서강대학교 출판부, 1979.
金吉煥, 『東洋倫理思想』, 一志社, 1981.
金能根, 『天思想之史的考察』, 崇實大學, 1969.
______, 『中國哲學史』, 探究堂, 1971.
金炳宇, 『存在와 狀況』, 한길사, 1981.
金勝惠, 『原始儒教』, 민음사, 1990.
金永植 編, 『중국 전통문화와 과학』, 창비사, 1986.
金容沃, 『東洋學 어떻게 할 것인가』, 통나무, 1986.
______, 『檮杌先生中庸講義(上卷)』, 통나무, 1995.
金忠烈, 『東洋思想散稿』, 汎學圖書, 1977.
______, 『中國哲學散稿』(I · II), 온누리, 1988.
______, 『김충열교수의 중용대학강의』, 예문서원, 2007.
金炯孝, 『現實에의 哲學的 接近』, 도서출판 물결, 1976.

______, 『東西哲學에 대한 主體的 記錄』, 高麗苑, 1985.
______, 『孟子와 荀子의 哲學思想』, 삼지원, 1990.
김태길, 『인간의 尊嚴性과 誠實』, 삼육출판사, 1979.
______, 『윤리학』, 박영사, 1980.
______, 『유교적 전통과 현대한국』, 철학과 현실사, 2001.
김하태, 『自我와 無我』, 연세대학교 출판부, 1980.
______, 『東西哲學의 만남』, 종로서적, 1985.
閔斗基 編, 『中國의 歷史認識(上, 下)』, 創作과 批評社, 1985.
박이문, 『논어의 논리』, 문학과 지성사, 2005.
朴鍾鴻, 『認識論理』, 박영사, 1972.
______, 『哲學槪說』, 박영사, 1974.
서울대학교 東洋史硏究室 편, 『講座 中國史(II · III)』, 지식산업사, 1989.
蘇光熙, 『시간의 철학적 성찰』, 문예출판사, 2001.
宋榮培 編著, 『諸子百家의 思想』, 玄音社, 1994.
宋榮培, 『中國社會思想史』, 한길사, 1986.
송인창, 『主敬의 철학자 동춘당 송준길』, 청계, 2007.
申午鉉 編, 『人間의 本質』, 형설출판사, 1982.
______, 『자아의 철학』, 문학과 지성사, 1987.
신정근, 『사람다움의 발견』, 이학사, 2005.
安炳周, 『儒敎의 民本思想』, 성균관대학교 대동문화연구원, 1987.
양재학, 『周易과 만나다』, 상생출판, 2010.
劉明鍾, 『中國思想社(I)』, 以文出版社, 1983.
柳承國 外, 『儒學原論』, 성균관대학교 출판부, 1978.
柳承國, 「韓國儒學思想史序說(槪說篇)」, 『韓國民族思想史大系』, 형설출판사, 1971.
______, 『東洋哲學硏究』, 槿域書齊, 1983.
柳正東, 『東洋哲學의 基礎的 硏究』, 성균관대학교 출판부, 1986.
尹乃鉉, 『商王朝史의 硏究』, 景仁文化社, 1978.
______, 『中國의 原始時代』, 檀大出版部, 1982.
______, 『商周史』, 民音社, 1984.

李康洙, 『道家思想의 硏究』, 高大 民族文化硏究所 出版部, 1984.
______, 『중국고대철학의 이해』, 지식산업사, 1999.
이광세 외, 『동서문화와 철학』, 철학과 현실사, 1996.
李東俊, 『유교의 인도주의와 한국사상』, 한울, 1997.
李相殷, 『儒學과 東洋文化』, 汎學圖書, 1976.
이상익, 『儒敎傳統과 自由民主主義』, 심산, 2004.
李成珪, 『中國古代帝國成立史硏究』, 一潮閣, 1984.
이성배, 『儒敎와 그리스도교』, 분도출판사, 1979.
이승환, 『유가사상의 사회 철학적 재조명』, 고려대학교출판부, 1998.
李恩奉, 『韓國古代宗敎思想』, 集文堂, 1984.
李正浩, 『正易硏究』, 國際大學出版部, 1976.
______, 『周易正義』, 亞細亞文化社, 1980.
李春植 『中國古代史의 展開』, 문예출판사, 1986.
______, 『中華思想의 이해』, 신서원, 2002.
이한구, 『역사주의와 역사철학』, 문학과 지성사, 1986.
林孝善, 『삶의 政治思想』, 한길사, 1984.
鄭 瑽, 『孔子思想의 人間學的 硏究』, 동국대학교 출판부, 1975.
鄭大爲, 『그리스도교와 동양인의 세계』, 韓國神學硏究所, 1986.
曺街京, 『實存哲學』, 박영사, 1970.
조긍호, 『선진유학사상의 심리학적 함의』, 서강대학교 출판부, 2008.
주재용, 『先儒의 天主思想과 祭祀問題』, 京鄕雜誌社, 1968.
진교훈, 『哲學的 人間學 硏究(Ⅰ·Ⅱ)』, 경문사, 1994.
최영진, 『유교사상의 본질과 현재성』, 성균관대학교 출판부, 2002.
韓國東洋哲學硏究會編, 『東洋哲學의 本體論과 人性論』, 연세대학교 출판부, 1982.
한국주역학회편, 『주역의 근본원리』, 철학과 현실사, 2004.
韓圭性, 『易學原理講話』, 圖書出版 史草, 1986.
한자경, 『자아의 연구』, 서광사, 1997.
황경식, 『사회정의의 철학적 기초』, 문학과 지성사, 1985.
黃山德, 『創造主의 復歸』, 양영각, 1984.
______, 『復歸』, 갑인미디어, 2003.

姜國杜 · 朱蔡菊, 『論人 · 人性』, 河北: 海洋出版社, 1988.

江曉原 外, 『天人之際』, 上海: 上海古籍出版社, 1989.

高　明 等, 『憂患意識的體認』, 台北: 文津出版社, 1987.

______, 『孔子思想硏究論集(一)』, 台北: 黎明文化事業公司, 1983.

高懷民, 『先秦易學史』, 台北: 文律出版社, 1978.

郭沫若, 『奴隸制時代』, 北京: 人民出版社, 1973.

______, 『中國古代社會硏究』, 香港: 三聯書店, 1978.

郭寶鈞, 『中國青銅器時代』, 北京: 三聯書店, 1973.

郭鼎堂, 『先秦天道觀之進展』, 上海: 商務印書館, 1936.

國立高雄師範學院國文系編輯委員會編, 『中庸論文資料彙編』, 高雄: 復文圖書出版社, 1981.

屈萬理, 『讀易三種』, 台北: 聯經出版, 1983.

金公亮, 『中國哲學史』, 台北: 正中書局, 1975.

羅　光, 『中國哲學思想史(全七冊)』, 台北: 學生書局, 1982.

______, 『儒家哲學的體系』, 台北: 學生書局, 1983.

______, 『儒家形上學』, 台北: 學生書局, 1990.

______, 『中國哲學認識論』, 台北: 學生書局, 1995.

南懷瑾, 『주역강의』, 신원봉 옮김, 문예출판사, 1997.

______, 『논어강의』, 송찬문 옮김, 씨앗을 뿌리는 사람, 2002.

勞思光, 『中國哲學史(全四冊)』, 台北: 三民書局, 1981.

盧雪崑, 『儒家的心性學與道德形上學』, 台北: 文津出版社, 1991.

唐　華, 『孔子哲學思想源流』, 台北: 正中書局, 1977.

唐君毅, 『中國哲學原論(全七冊)』, 台北: 學生書局, 1979.

______, 『中國人文精神之發展』, 台北: 學生書局, 1979.

唐文明, 『與命與仁』, 河北: 河北大學出版社, 2002.

戴　震, 『戴東原先生文集』, 台灣: 文化書局, 1978.

陶希聖, 『中國政治思想史(全四冊)』, 台北: 食貨出版社, 1982.

董作賓, 『甲骨學六十年』, 台北: 藝文印書館, 1974.

杜維明, 『人性與自我修養』, 北京: 中國和平出版社, 1988.

杜而未, 『中國古代宗教硏究』, 台北: 學生書局, 1978.

杜任之, 高樹幟, 『孔子學說精華體系』, 山西: 人民出版社, 1985.
鄧公玄, 『中國先秦思惟方法論』, 台北: 商務印書館, 1972.
黎建球, 『先秦天道思想』, 台北: 大林津出版社, 1994.
馬小虎, 『魏晉以前個體'自我'的演變』, 北京: 中國人民出版社, 1961.
馬振鐸, 『仁 · 人道』, 北京: 中國社會科學出版社, 1985.
牟宗三, 『政道與治道』, 台北: 廣文書局, 1974.
______, 『智的直覺與中國哲學』, 台北: 商務印書館, 1974.
______, 『中國哲學的特質』, 台北: 學生書局, 1978.
______, 『心體與性體(全三冊)』, 台北: 正中書局, 1979.
______, 『中國哲學十九講』, 台北: 學生書局, 1983.
蒙培元, 『中國心性論』, 台北: 學生書局, 1990.
______, 『中國哲學主體思惟』, 北京: 東方出版社, 1993.
方東美, 『원시유가 도가철학』, 남상호 옮김, 서광사, 1999.
方穎嫻, 『先秦之仁義禮說』, 台北: 文津出版社, 1996.
范文瀾, 『中國通史簡編』, 香港: 南國出版社, 1964.
______, 『중국통사(상)』, 박종일 옮김, 인간사랑, 2009.
范壽康, 『中國哲學史綱要』, 台北: 開明書店, 1982.
符　浩, 『先秦儒家的道德觀』, 廣西: 師範大學出版社, 2006.
傅佩榮, 『儒道天論發微』, 台北: 學生書局, 1985.
徐復觀, 『中國思想史論集』, 台北: 學生書局, 1975.
______, 『中國人性論史(先秦篇)』, 台北: 商務印書館, 1978.
______, 『中國藝術精神』, 台北: 學生書局, 1983.
成中英, 『合內外之道』, 北京: 中國社會科學出版社, 2001.
孫春在 撰, 『清末的公洋思想』, 台北: 商務印書館, 1985.
施湘興, 『儒家天人合一思想之硏究』, 台北: 正中書局, 1981.
楊　寬, 『戰國史』, 上海: 人民出版社, 1980.
楊　適, 『인륜과 자유』, 정병석 옮김, 소강, 1999.
梁啓超, 『先秦政治思想史』, 台北: 中華書局, 1936.
梁啓超 等, 『中國哲學思想論集(先秦篇)』, 台北: 牧童出版社, 1976.
楊國榮, 『유교적 사유의 역사』, 성균관대학교 출판부, 2006.

楊榮國,『中國古代思想史』, 香港: 三聯書店, 1962.

楊榮國 主編,『簡明中國哲學史』, 北京: 人民出版社, 1962.

楊儒賓・黃俊傑 編,『中國古代思惟方式探索』, 台北: 正中書局, 1996.

楊祖漢,『중용철학』, 황갑연 옮김, 서광사, 1999.

揚澤波,『孟子性善論研究』, 北京: 社會科學出版社, 1995.

楊向奎,『中國古代社會與古代思想研究(上冊)』, 北京: 人民出版社, 1961.

楊慧傑,『天人關係論』, 台北: 大林出版社, 1981.

嚴靈峰,『易學新論』, 台北: 正中書局, 1984.

嚴定暹,『天命與民生』, 台北: 臺灣商務印書館, 1990.

余 雄,『中國哲學概論』, 台北: 源成文化圖書供應社, 1977.

余敦康,『周易現代解讀』, 北京: 華夏出版社, 2006.

余英時,『동양적 가치의 재발견』, 김병환 옮김, 동아시아, 2007.

閻 鋼,『內聖外王』, 四川: 人民出版社, 1995.

吳 康 等,『學庸研究論集』, 台北: 黎明文化事業公司, 1981.

______,『孟子思想研究論集』, 台北: 黎明文化事業公司, 1982.

吳 康,『孔孟荀哲學(上・下)』, 台北: 商務印書館, 1982.

吳 怡,『中國哲學發展史』, 台北: 三民書局, 1984.

王邦雄 외,『논어철학』, 황갑연 옮김, 서광사, 2002.

______,『맹자철학』, 황갑연 옮김, 서광사, 2005.

王孺松,『董仲舒天道觀』, 台北: 教育文物出版社, 1985.

汪奠基,『中國邏輯思想史』, 上海: 人民出版社, 1975.

王志躍,『先秦儒學史概論』, 台北: 文津出版社, 1994.

王處輝 편저,『中國社會思想史(上)』, 심귀득・신하령 옮김, 가치, 1992.

宇 同,『中國哲學大綱』, 北京: 商務印書館, 1958.

熊十力,『明心篇』, 台北: 學生書局, 1979.

劉蔚華・苗潤田,『稷下哲學』, 곽신환 옮김, 철학과 현실사, 1995.

李 杜,『中西哲學思想中的天道與上常』, 台北: 聯經出版社, 1978.

______,『中國古代天道思想論』, 台北: 藍燈文化事業股份有限公司, 1992. 聯經出版社, 1978.

李 申,『儒學與儒教』, 四川: 大學出版社, 2005.

李　震,『人與上帝』, 台北: 黎明文化事業公司, 1982.
______,『중국형이상학』, 최기섭 · 안은수 옮김, 성바오로, 2001.
李鏡池,『周易探源』, 北京: 中華書局, 1982.
李宗桂,『중국문화개론』, 李宰錫 옮김, 동문선, 1991.
李澤厚,『中國古代思想史論』, 中和: 谷風出版社, 1986.
______,『論語今讀』, 安徽: 安徽文藝出版社, 1998.
______,『중국고대사상사론』, 정병석 옮김, 한길사, 2005.
李澤厚 · 劉再復,『告別革命』, 김태성 옮김, 북로드, 2003.,
林　尹 等,『易經硏究論集』, 台北: 黎明文化事業公司, 1982.
任繼愈 主編,『中國哲學史(全四冊)』, 北京: 人民出版社, 1979.
______,『중국의 儒家와 道家』, 權德周 옮김, 동아출판사, 1993.
任繼愈 편저,『中國哲學史』, 전택원 옮김, 까치, 1990.
任卓宣,『孔孟學說底眞相和辨正』, 台北: 帕米爾書店, 1977.
林火旺,『從儒家憂患意識論知行問題』, 台北: 正中書局, 1982.
張光直,『中國青銅時代』, 台北: 聯經出版社, 1983.
張其昀,『孔子學說의 現代的 意義』, 華岡校友會譯, 형설出版社, 1981.
張岱年,『中國哲學大綱』, 北京: 中國社會科學出版社, 1982.
張立文 주편,『理의 철학』, 안유경 옮김, 예문서원, 2004.
張立文,『周易思想研究』, 湖北: 人民出版社, 1983.
蔣伯潛,『諸子通考』, 台北: 正中書局, 1984.
張懷承,『天人之變』, 湖南: 湖南教育出版社, 1998.
錢　穆 等,『論孟硏究論集』, 台北: 黎明文化事業公司, 1981.
錢　穆,『中國思想史』, 台北, 學生書局, 1977.
______,『朱子新學案(全五冊)』, 台北: 三民書局, 1982.
傳樂成,『中國通史』, 辛勝夏 譯, 宇鍾社, 1974.
程發軔 等,『儒家思想研究論集』, 台北: 黎明文化事業公司, 1983.
趙　岡 · 陳鍾毅,『中國土地制度史』, 尹貞粉譯, 大光文化社, 1985.
趙紀彬,『論語新探』, 北京: 人民出版社, 1974.
趙澤厚,『大學研究』, 台北: 中華書局, 1972.
周群振,『儒學義理通詮』, 台北: 學生書局, 2000.

朱芳圃編, 『甲骨學(文字編)』, 台北: 商務印書館, 1983.
朱伯崑, 『先秦倫理學槪論』, 北京: 北京大學出版社, 1984.
周世輔 · 周文湘, 『周禮的政治思想』, 台北: 東大圖書公司, 1981.
周自强, 『中國古代思想史(先秦卷)』, 北京: 廣西人民出版社, 2006.
周長耀, 『孔墨思想之比較』, 台北: 世紀書局, 1981.
______, 『天人論集』, 台北: 世紀書局, 1981.
朱贈庭 主編, 『中國傳統倫理思想史』, 上海: 華東師範大學出版社, 1989.
朱川順, 『中國古代宗教初探』, 中和: 谷風出版社, 1986.
仲崇親, 『先秦儒家政治思想硏究』, 台北: 華岡出版有限公司, 1977.
陳 來, 『송명성리학』, 안재호 옮김, 예문서원, 1997.
______, 『주희의 철학』, 이종란 외 옮김, 예문서원, 2002.
______, 『중국고대사상문화의 세계』, 진성수 · 고재석 옮김, 성균관대학교 출판부, 2008.
陳大齊 等, 『孔子思想硏究論集(二)』, 台北: 黎明文化事業公司, 1983.
陳大齊, 『孔子學說』, 台北: 國立政治大學, 1977.
______, 『孔子學說論集』, 台北: 正中書局, 1979.
陳寧, 『中國古代命運觀的現代詮釋』, 遼寧: 遼寧教育出版社, 1999.
陳立夫, 『孟子之政治思想』, 台北: 中華書局, 1973.
______, 『四書道貫』, 台北: 世界書局, 1981.
______, 『人理學』, 台北: 中華書局,1981.
陳榮捷, 『中國哲學文獻選編(上 · 下冊)』, 楊儒賓 等譯, 台北: 巨流圖書公司, 1993.
陳元德, 『中國古代哲學史』, 台北: 中華書局, 1957.
陳正炎 · 林其錟, 『中國大同思想硏究』, 이성규 옮김, 지식산업사, 1990.
蔡尙思, 『中國傳統思想總批判』, 北京: 棠棣出版社, 1950.
______, 『孔子思想體系』, 上海: 人民出版社, 1982.
______, 『中國禮敎思想史』, 이광호 옮김, 법인문화사, 2000.
蔡仁厚, 『孔孟荀哲學』, 台北: 學生書局, 1984.
______, 『儒家的常與變』, 台北: 東大圖書, 1990.

______,『孔孟荀哲學』, 천병돈 옮김, 예문서원, 2000.
『哲學硏究』 編輯部 編,『孔子哲學討論集』, 北京: 中華書局, 1963.
焦國成,『中國古代人我關係論』, 北京: 中國人民大學出版社, 1991.
肖萬源·徐遠和 主編,『中國古代人學思想槪要』, 北京: 東方出版社, 1993.
鄒化政,『先秦儒家哲學新探』, 黑龍江: 黑龍江人民出版社, 1990.
馮 寓,『天與人』, 北京: 重慶出版社, 1988.
馮友蘭,『中國哲學史新編』, 北京: 人民出版社, 1984.
______,『中國哲學簡史』, 北京: 北京大學出版社, 1985.
______,『中國哲學史』, 上海: 華東師範大學出版社, 2000.
______,『中國哲學史』, 정인재 옮김, 형설출판사, 1985.
______,『中國哲學史料集』, 정인재 옮김, 형설출판사, 1985.
何 新,『神의 起源』, 洪 熹 옮김, 동문선, 1990.
夏甄陶,『中國認識論思想史稿(上卷)』, 北京: 中國人民出版社, 1992.
向世陵·馮禹,『儒家的天論』, 山東: 齊魯書社, 1991.
許進雄,『중국고대사회』, 洪 熹 옮김, 동문선, 1991.
胡 適,『中國古代哲學史』, 台北: 商務印書館, 1970.
胡志奎,『學庸辨證』, 台北: 聯經出版事業公司, 1984.
胡厚宣,『五十年甲骨學論著目』, 台北: 太平書局, 1966.
黃公偉,『孔孟荀哲學證義』, 台北: 幼獅文化事業公司, 1975.
黃克劍,『由'命'而'道'』, 北京: 線裝書局, 2006.
黃俊傑 主編,「天道與人道」,『中國文化新論(思想篇二)』, 台北: 聯經出版事業公司, 1983.
侯家駒,『先秦儒家自由經濟思想』, 台北: 聯經出版事業公司, 1983.
侯外盧·趙紀彬·杜國庠,『中國思想通史(Ⅰ)』, 北京: 人民出版社, 1961.

加地伸行,『中國論理學史硏究』, 東京: 硏文出版, 1983.
高田眞治,『支那思想の硏究』, 東京: 春秋社, 1940.
郭沫若,『天の思想』, 東京: 岩波書店, 1935.
溝口雄三,『중국 전근대 사상의 굴절과 전개』, 김용천 옮김, 동과서, 1999.
具塚茂樹,『中國의 歷史(上)』, 李龍範 編譯, 중앙일보사, 1980.

宮瀨陸夫,『東洋哲學の根本思想』, 東京: 目黒書店, 1941.
金谷治編,『中國における人間性の探究』, 東京: 創文社, 1983.
金谷治,『중국사상사』, 조성을 옮김, 이론과 실천, 1986.
大濱皓,『中國古代思想論』, 東京: 勁草書房, 1977.
______,『朱子の哲學』, 東京: 東京大學出版會, 1983.
______,『朱子의 철학』, 임헌규 옮김, 인간사랑, 1997.
동경대중국철학연구실 엮음,『중국사상사』, 조경란 옮김, 동녘, 1992.
鈴木憲久,『古代漢民族思想史』, 東京: 泉文堂, 1938.
鈴本隆一,「宗法の成立事情」, 東方學報, 第三十一冊, 1961.
武內義雄,『易と中庸の研究』, 東京: 岩波書店, 1943.
______,『中國思想史』, 東京: 岩波書店, 1979.
______,『中國思想史』, 李東熙 옮김, 여강출판사, 1987.
務臺理作,『철학개론』, 홍윤기 옮김, 한울, 1982.
______,『현대의 휴머니즘』, 풀빛편집부 옮김, 풀빛, 1982.
梶芳光運 監修 · 峰島旭雄 編集,『東西思惟形態の比較硏究』, 東京: 東京書籍, 1977.
白川靜,『孔子傳』, 金河中譯, 知人社, 1977.
______,『甲骨文의 世界』, 金玉錫譯, 도서출판 연희, 1981.
______,『漢字, 백 가지 이야기』, 심경호 옮김, 황소자리, 2005
福原龍藏,『孟子』, 東京: 講談社, 1974.
森三樹三郎,『上古より漢代に至る性命觀の展開』, 東京: 創文社, 1971.
______,『중국사상사』, 임병덕 옮김, 온누리, 1986.
西順藏,『中國思想論集』, 東京: 筑摩書房, 1969.
狩野直喜,『中國哲學史』, 東京: 岩波書店, 1974.
______,『中國哲學史』, 오이환 옮김, 을유문화사, 1986.
市川安司,『朱子哲學論考』, 東京: 汲古書院, 1985.
阿部吉雄 編,『中國の哲學』, 東京: 明德出版社, 1981.
窪德忠 · 西順藏 엮음,『중국종교사』, 조성을 옮김, 한울, 1996.
宇野哲人,『중국의 사상』, 김진욱 옮김, 열음사, 1986.
伊東倫厚,『孟子』, 東京: 評論社, 1973.

日原利國,『中國思想辭典』, 東京: 硏文出版, 1984.
林巳奈夫,『중국고대의 神들』, 박봉주 옮김, 영림카디널, 2004.
赤塚忠,『中國古代の宗教と文化』, 東京: 角川書店, 1977.
赤塚忠 · 金谷治,『중국사상개론』, 조성을 옮김, 이론과 실천, 1987.
赤塚忠 外,『思想槪論』, 中國文化叢書(2), 東京: 大修館書店, 1978.
______,『思想史』, 中國文化叢書(3), 東京: 大修館書店, 1978.
赤塚忠著作集刊行會,『儒家思想硏究』, 東京: 硏文社, 1986.
佐藤貢悅,『古代中國天命思想の展開』, 東京: 學文社, 1971.
竹內照夫,『四書五經』, 이남희 옮김, 까치, 1994.
池田末利,『中國古代宗教史硏究』, 東京: 東海大學出版會, 1981.
淺井茂紀,『孟子の禮知と王道論』, 東京: 高文堂出版社, 1982.
淸水博,『생명과 장소』, 박철은 · 김강태 옮김, 그린비, 2010.
出石誠彦,『世界精神史の諸問題(二)』, 東京: 理想社, 1941.
板野長八,『中國古代における人間観の展開』, 東京: 岩波書店, 1972.
平岡武夫,『經書の成立』, 東京: 創文社, 1983.
穴澤辰雄,『中國古代思想論考』, 東京: 汲古書院, 1982.
和辻哲郎,『윤리학』, 최성묵 옮김, 이문출판사, 1993.
荒木教授退體記念會,『荒木教授退體記念 中國哲學史硏究論集』, 福岡: 葦書房有限公司, 1981.

A. C. Graham, *Studies in Chinese Philosophy & Philosophical Literature*, Singapore: The Institute of East Asian Philosophies, 1986.
Benjamin I. Schwartz, *The World of Thought in Ancient China*, Cambridge: Harvard Univ. Press, 1985.
Charles A. Moore, *Essays in East-West Philosophy*, Honolulu: Univ. of Hawaii, 1951.
Cho-Yun Hsu, *Ancient China in Transition*, California: Stanford univ. Press, 1965.
Donald J. Munro, *The Concept of man in Early China*, Stanford: Stanford univ. Press, 1969.
F. S. C. Northrop, *The meeting of East and West*, New York: The Macmillan

Company, 1947.

Fung Yu-Lan, *A History of Chinese Philosophy*, Princeton: Princeton univ. Press, 1966.

Fung Yu-Lan, *The Spirit of Chinese Philosophy*, Boston: Beacon Press, 1974.

H. G. Creel, *Chinese Thought: from Confucius to Mao Tse-Tung*, Mentor, The New American lib. Press, 1953.

Hellmut Wilhelm, *Change: Eight Lectures on the I Ching*, Princeton: Princeton univ. Press, 1973.

James Legge tr, *Confucian Analects, in the Four Books*, New York: Paragon, 1966.

Kwang-Chih Chang, *Shang Civilization*, London: Yale Univ. Press, 1980.

Stuart C. Hackett, *Oriental Philosophy*, London: The Univ. of Wisconsin Press, 1979.

Wing-Tsit Chan, *A source Book in Chinese Philosophy*, Princeton: Princeton univ. Press, 1973.

C. A. 반 퍼슨, 『몸 · 영혼 · 정신』, 손봉호 · 강영안 옮김, 서광사, 1985.

F. W. 모트, 『중국의 철학적 기초』, 김용헌 옮김, 서광사, 1994.

H. G. 크릴, 『중국사상의 이해』, 李東俊 · 李東仁 옮김, 경문사, 1981.

______, 『공자-인간과 신화』, 李成珪 옮김, 지식산업사, 1983.

J. 몰트만, 『창조 안에 계신 하느님』, 김균진 옮김, 한국신학연구소, 1986.

L. 라벨, 『영원한 현존』, 최창성 · 이상호 옮김, 서광사, 2000.

W. 리처드 콤스톡, 『宗教學』, 尹元徹譯, 展望社, 1983.

데이비드 S. 니비슨, 『유학의 갈림길』, 김민철 옮김, 철학과 현실사, 2006.

로저 에임즈, 『동양철학, 그 삶과 창조성』, 장원석 옮김, 성균관대 출판부, 2005.

로저 트리그, 『인간 본성에 대한 철학적 논쟁』, 최용철 옮김, 2003.

리차드 H. 니버, 『責任的自我』, 정진홍 옮김, 이화여자대학교 출판부, 1983.

마르셀 그라네, 『중국의 고대축제와 가요』, 신하령 · 김태완 옮김, 살림, 2005.

멜시아 엘리아데, 『宗教形態論』, 李恩奉 옮김, 형설출판사, 1982.

벤자민 슈월츠, 『중국고대사상의 세계』, 나성 옮김, 살림, 1996.

비탈리 에이·루빈, 『중국에서의 개인과 국가』, 임철규 옮김, 현상과 인식, 1985.
알랭 핀킬크라우트, 『잃어버린 인간성』, 이자경 옮김, 당대, 1997.
알프레드 포르케, 『중국고대철학사』, 양재혁·최해숙 역주, 소명, 2004.
앤거스 그레이엄, 『道의 논쟁자들』, 나성 옮김, 새물결, 2001.
에리히 프롬 편, 『사회주의 인간론』, 사계절 번역실 옮김, 사계절, 1982.
에릭샤프, 『종교학』, 윤이흠·윤원철 옮김, 도서출판 한울, 1986.
에머리히 코레트, 『哲學的 人間學』, 진교훈 옮김, 종로서적, 1986.
이정용, 『易의 신학』, 이세형 옮김, 대한기독교서회, 1998.
______, 『易과 基督教 思想』, 鄭鎮弘 옮김, 韓國神學研究所, 1980.
이찬수, 『인간은 신의 암호』, 분도출판사, 1999.
조규홍, 『시간과 영원 사이의 인간존재』, 성바오르, 2002.
조셉 니담, 『中國의 科學과 文明』, 李錫浩 외 옮김, 을유문화사, 1985.
줄리아 칭, 『유교와 기독교』, 임찬순·최효선 옮김, 서광사, 1993.
카렌 레바크, 『정의에 관한 6가지 이론』, 이유선 옮김, 크레파스, 2000.
카렌 암스트롱, 『축의 시대』, 정영목 옮김, 교양인, 2010.
칼 야스퍼스, 『소크라테스·佛陀·孔子·예수』, 황필호 옮김, 종로서적, 1980.
프랑수아 쥴리앙, 『운행과 창조』, 유병태 옮김, 도서출판 케이시, 2003.
______, 『맹자와 계몽철학자의 대화』, 허경 옮김, 한울, 2004.
필립 아이반호, 『유학-우리 삶의 철학』, 신정근 옮김, 동아시아, 2008.
하인리히 오트, 『하나님에 대한 우리시대의 질문』, 金光植 옮김, 대한기독교 출판사, 1981.
______, 『思惟와 存在』, 金光植 譯, 연세대학교 출판부, 1985.
허버트 핑가레트, 『공자의 철학』, 송영배 옮김, 서광사, 1993.

III. 연구논문(研究論文)

高範瑞, 「人間存在의 두 側面과 倫理學」, 『論文集』, 제4집, 인문·사회과학편, 1986.
孔泳立, 「孔子 天思想의 宗教性에 관한 問題」, 『중국학보』, 제19집, 한국중국학회, 1978.

金京一, 「『易經』과 『中庸』의 人間學的 探究」, 성균관대학교 박사학위논문, 1992.
金吉洛, 「孟子王道思想의 硏究」, 충남대학교 박사학위논문, 1976.
金得晩, 「中國古代哲學에 있어서 '天'과 '人'」, 『철학연구』, 제54집, 대한철학회, 1995.
金文俊, 「尤庵 宋時烈의 哲學思想에 관한 연구」, 성균관대학교 박사학위논문, 1996.
금장태, 「유교의 天 · 上帝觀」, 『유학사상의 이해』, 집문당, 1996.
金忠烈, 「論'天'」, 『人文論集』, 제19집, 고려대학교 출판부, 1974.
______, 「中國哲學의 孕育期」, 『中國學論叢』, 第2輯, 고려대학교 중국학연구회, 1985.
閔晃基, 「先秦儒學에 있어서의 '中'思想에 관한 연구」, 충남대학교 박사학위논문, 1992.
朴美羅, 「中國 祭天儀禮 硏究」, 서울대학교 박사학위논문, 1997.
朴鍾鴻, 「否定에 關한 硏究」, 『인문사회과학논문집』, 제8집, 서울대학교 연구위원회, 1959.
朴泰玉, 「荀子 積僞說의 철학적 체계」, 대전대학교 박사학위논문, 2000.
백도근, 「中國 天觀念의 變遷-周公에서 朱子까지」, 『哲學會誌』, 제19집, 영남대학교 철학연구회, 1994.
蘇光熙, 「時間과 時間意識」, 서울대학교 박사학위논문, 1977.
孫世濟, 「天道觀의 變遷에 관한 연구」, 성균관대학교 박사학위논문, 1992.
宋兢燮, 「天命思想과 災荒의 史實分析」, 『哲學硏究』, 제7집, 한국철학연구회, 1968.
宋寅昌, 「孔子의 德治思想」, 『현대사상연구』, 제4집, 목원대학교 현대사상연구소, 1987.
______, 「先秦儒學에 있어서의 人性의 문제」, 『동서철학연구』, 제8호, 한국동서철학연구회, 1991.
______, 「先秦儒學에 있어서의 天命自覺의 문제」, 『동서철학연구』, 제9호, 한국동서철학연구회, 1992.
______, 「孟子 王道思想의 體系」, 『동양철학연구』, 제17집, 동양철학연구회, 1997.

______, 「『周易』에 있어서 '感通'의 문제」, 『周易研究』, 제3집, 한국주역학회, 1998.

______, 「『周易』에 있어서 '窮理'의 문제」, 『周易研究』, 제4집, 한국주역학회, 1999.

______, 「天, 命, 그리고 天命」, 『동아시아 문화와 사상』, 제3호, 열화당, 1999.

______, 「『周易』에 있어서 '盡性'의 문제」, 『周易研究』, 제5집, 한국주역학회, 2000.

______, 「계룡산문화에 나타난 후천개벽사상」, 『동서철학연구』, 제46호, 한국동서철학연구회, 2007.

______, 「多夕 柳永模의 周易觀」, 『철학』, 제106집, 한국철학회, 2011.

宋在國, 「先秦易學의 人間理解에 관한 연구」, 충남대학교 박사학위논문, 1992.

宋貞姬, 「孔子의 '天'사상에 관한 연구」, 『중국학보』, 제18집, 한국중국학회, 1978.

申東浩, 「墨家十論의 體系」, 『哲學研究』, 第20輯, 韓國哲學研究會, 1975.

______, 「孟·荀性說의 比較研究」, 『論文集』, 제2권 제5호, 충남대학교 인문과학연구소, 1975.

______, 「先秦儒學에 있어서의 人本思想의 展開」, 『새마음論叢』, 創刊號, 충남대학교 부설 새마음연구소, 1977.

______, 「莊子 『齊物論』研究」, 『論文集』, 제7권 제2호, 충남대학교 인문과학연구소, 1980.

______, 「老子思想의 存在論的 檢討」, 『論文集』, 제19호, 충남대학교 인문과학연구소, 1981.

신정근, 「고대중국 '仁'사상의 형성과 발전에 관한 연구」, 서울대학교 박사학위논문, 1999.

심귀득, 「周易의 生命觀에 관한 연구」, 성균관대학교 박사학위논문, 1996.

安炳周, 「儒敎의 民本思想에 관한 연구」, 성균관대학교 박사학위논문, 1986.

安鍾沄, 「孔子·孟子의 정치철학에 관한 연구」, 고려대학교 박사학위논문, 1985.

楊在鶴, 「朱子의 易學思想에 관한 연구」, 충남대학교 박사학위논문, 1992.

柳南相, 「韓國古代思想에 나타난 人本精神」, 『새마음論叢』, 창간호, 충남대학교 부설 새마음研究所, 1977.

______, 「正易思想의 根本問題」, 『論文集』, 제7권 제2호, 충남대학교 인문과학연

구소, 1980.

______, 「東洋哲學에 있어서의 主題의 變遷(Ⅰ)」, 『東西哲學硏究』, 創刊號, 韓國東西哲學硏會, 1984.

劉明鍾, 「古代 中國의 上帝와 天」, 『철학연구』, 제25집, 한국철학연구회, 1978.

柳炳德, 「一圓相 眞理의 硏究」, 원광대학교 박사학위논문, 1974.

柳聖泰, 「孟子 · 莊子의 修養論 比較硏究」, 원광대학교 박사학위논문, 1990.

劉勝鍾, 「先秦儒家의 天思想 硏究」, 동국대학교 박사학위논문, 1996.

李 權, 「老莊과 『周易』의 天人合一觀 비교연구」, 연세대학교 박사학위논문, 1999.

李光虎, 「李退溪 學問論의 體用的 構造에 관한 연구」, 서울대학교 박사학위논문, 2000.

이국봉, 「순자의 '命'개념에 관한 연구」, 『제자백가의 다양한 철학흐름』, 사회평론, 2009.

李相益, 「儒敎에 있어서의 聖과 俗」, 『종교연구』, 제10집, 한국종교학회, 1994.

李世鉉, 「先秦儒家의 天人關係論 硏究」, 성균관대학교 박사학위논문, 2000.

李愛熙, 「宋代의 天命觀에 관하여」, 『인문학연구』, 제19집, 강원대학교 인문학연구편집위원회, 1984.

이재봉, 「中國哲學에 있어서의 天人合一論에 관한 연구」, 부산대학교 박사학위논문, 1990.

이종성, 「莊子哲學에 있어서의 眞知에 관한 연구」, 충남대학교 박사학위논문, 1998.

이한구, 「역사의 초월적 의미와 내재적 의미」, 『삶의 의미를 찾아서』, 이문출판사, 1994.

李鉉澤, 「孔子思想에 있어서 宗敎性 考察」, 『사회사상연구』, 제1집, 원광대학교 사회사상연구소, 1984.

임익권, 「反統合의 논리와 王道정치의 구현」, 『蓮崗中國學論叢』, 창간호, 蓮崗中國學會, 1999.

임헌규, 「儒家의 心性論 硏究」, 한국학대학원 박사학위논문, 1999.

張基槿, 「古代中國의 敬天思想」, 『아카데미논총』, 제7집, 세계평화교수협의회, 1979.

張永伯, 「古代 中國人의 天觀 硏究」, 연세대학교 박사학위논문, 1994.

趙駿河, 「禮論의 淵源과 그 전개에 관한 연구」, 성균관대학교 박사학위논문, 1993.
최기섭, 「古代中國의 天人關係 考察」, 『신학과 사상』, 제18호, 가톨릭대학 출판부, 1996 겨울.
崔文馨, 「中國 古代의 神槪念에 관한 연구」, 성균관대학교 박사학위논문, 1997.
崔瑛甲, 「先秦儒家의 道德哲學에 관한 연구」, 성균관대학교 박사학위논문, 1999.
최영선, 「『中庸』의 '天'思想 硏究」, 대구가톨릭대학교 박사학위논문, 2008.
崔英辰, 「역학사상의 철학적 탐구」, 성균관대학교 박사학위논문, 1989.
崔一凡, 「儒教의 中庸思想과 佛教의 中道思想에 관한 연구」, 성균관대학교 박사학위논문, 1991.
한정관, 「神秘的 體驗과 그 표현에 대한 고찰」, 『신학과 사상 제1호』, 가톨릭대학 출판부, 1989.
許昌武, 「중국 전통 정의관의 맥락과 성격」, 『정신문화연구』, 제16권 제2호, 한국정신문화연구원, 1993.
黃俊淵, 「孟子의 天道에 관한 연구」, 『論文集』(인문 · 사회계열편), 제14집, 원광대학교, 1980.

金炳釆, 「先秦儒家哲學的道德意識硏究」, 台北: 輔仁大 博士學位論文, 1986.
金聖基, 「易經哲學中人之硏究」, 台北: 文化大 博士學位論文, 1993.
羅　光, 「書經 · 詩經以及後代儒家的天」, 『哲學與文化』, 55호, 台北: 輔仁大學校, 1978.
______, 「孔子的宗教信仰」, 『哲學與文化』, 167호, 台北: 輔仁大學校, 1988.
譚煊吾, 「孟子的民本思想」, 『孔孟學報』, 第十五期, 中華民國孔孟學會, 1968.
唐端正, 「儒家的 天道鬼神觀」, 『孔子硏究』, 第二期, 1986.
蒙培元, 「中國的天人合一哲學與可持續發展」, 『哲學硏究』, 北京: 中國人民大學書報資料中心, 1998.
朴正根, 「易經之人生哲學硏究」, 台北: 輔仁大 博士學位論文, 1987.
傅隸樸, 「夫子之言性與天道」, 『孔孟學報』, 第二十七期, 中華民國孔孟學會, 1974.
楊一峯, 「孔子言天 · 命 · 天道 · 天命臆測」, 『孔孟學報』, 第十七期, 中華民國孔孟學會, 1969.
王棣棠, 「先秦儒家天命觀從孔子孟子到荀子的發展」, 『孔子思想硏究文集』, 山西:

山西人民出版社, 1988.
劉正浩, 「孔子『正名』考」, 『孔孟學報』, 第三十六期, 中華民國孔孟學會, 1978.
鄭炳碩, 「易經哲學中人與道德理念之硏究」, 台北: 文化大 博士學位論文, 1990.
蔡明田, 「論孔子仁學中的正名思想」, 『孔孟學報』, 第四十八期, 中華民國孔孟學會, 1984.
蔡仁厚, 「孟子心性論之硏究」, 『孔孟學報』, 第二十二期, 中華民國孔孟學會, 1971.
胡厚宣, 「中國奴隷社會的人殉和人祭(上・下)」, 『文物』, 第七・八期, 1974.
黃　中, 「儒家的天道觀」, 『孔孟月刊』, 第十三卷 第五期, 中華民國孔孟學會, 1975.

鈴本隆一, 「宗法の成立事情」, 『東方學報』, 第三十一冊, 1961.
服部宇之吉, 「儒教天命說」, 『哲學雜誌』, 第278號, 東京: 哲學硏究會, 1910.

찾아보기